Investire
FOR DUMMIES®

Investire FOR DUMMIES®

di Massimo Intropido

EDITORE ULRICO HOEPLI MILANO

via Hoepli 5, 20121 Milano (Italy)
tel. +39 02 864871 – fax +39 02 8052886
e-mail hoepli@hoepli.it

www.hoepli.it

ISBN 978-88-203-6763-3

Ristampa:

4 3 2017 2018 2019

Progetto editoriale e realizzazione: Maurizio Vedovati – Servizi editoriali (info@iltrio.it)

Stampa: L.E.G.O. S.p.A., stabilimento di Lavis (TN)

Printed in Italy

A colpo d'occhio

Indice

Ringraziamenti

In questo libro voglio porgere due sentiti ringraziamenti.

Il primo è per Carla Signorile, caporedattore di Radio Classica, alle cui trasmissioni ho il privilegio di partecipare ormai da diversi anni e al cui stile vivace e discorsivo mi sono ispirato nella stesura di alcune parti del libro.

Il secondo è per mia moglie Ida Francesca, che da anni mi sostiene instancabilmente nella mia avventura professionale di Ricerca Finanza.

Alle mie figlie Eleonora e Margherita va il mio saluto affettuoso. È a loro e a tutti i giovani che sono rivolte le mie speranze per il futuro, perché la finanza ha bisogno di menti fresche e indipendenti che abbiano il coraggio di ringiovanire un ambiente che ricade ciclicamente negli stessi errori. È soprattutto pensando a loro che è stato scritto questo libro.

Biografia

Massimo Intropido è un analista finanziario indipendente. Laureato in Economia e Commercio all'Università Cattolica di Milano, ha ricoperto diversi incarichi in alcuni importanti istituti di credito, prima di fondare *Ricerca Finanza*, di cui è l'attuale responsabile. È ospite frequente di popolari trasmissioni finanziarie radiofoniche e televisive. Nel 1998 ha vinto il prestigioso premio "Le Tre Frecce d'Argento della Finanza". È autore di alcuni best-seller finanziari, tra i quali *La teoria di portafoglio*, *Il meglio di technical analysis di stocks & commodities* e *Il Piano di Accumulo del Capitale (PAC)*.

Prefazione

L'investimento finanziario è una delle attività umane la cui conoscenza media non è assolutamente adeguata all'importanza. È una materia quasi del tutto assente dalla scuola italiana, anche a livello universitario. Eppure i principi fondamentali dell'investimento godono di una semplicità che li renderebbe adatti a essere insegnati già nelle scuole superiori. Per questo motivo scrivere un libro sull'investimento da inserire all'interno della collana *For Dummies* mi ha permesso di redigere un vero e proprio manuale sintetico sugli investimenti, senza però tralasciare alcun aspetto della materia. Il lato positivo, ma al tempo stesso anche negativo, della finanza è quello di essere un ambito fortemente incerto e competitivo, nel quale il rigore e la complessità inevitabili in altre materie non sono affatto di giovamento e anzi rappresentano il più delle volte un problema.

Investire For Dummies costituisce dunque un programma completo di tecnica dell'investimento nei mercati finanziari, costituito da una serie di schede tecniche sintetiche che descrivono i mercati e gli strumenti finanziari e da una serie di dialoghi tra l'autore e un'ipotetica investitrice alle prime armi ma con grande voglia di imparare. Negli anni sono stati scritti pochissimi testi di economia con uno stile espositivo improntato al metodo socratico, cioè sotto forma di dialogo con domande e risposte. Eppure la finanza è una delle materie che maggiormente si impara con l'esperienza, e dunque per aneddoti. All'inizio della mia ormai più che ventennale esperienza nei mercati finanziari ho avuto la fortuna di collaborare con gli ultimi agenti di cambio della Borsa di Milano che mi hanno insegnato a operare su questi mercati con approccio semplice e professionale, lo stesso che ora ho il piacere di offrire ai lettori di *Investire For Dummies*.

Introduzione

L'investimento è un'attività il cui esito è aleatorio, dunque è uno di quegli ambiti dell'agire umano in cui nella valutazione dei risultati non sempre è facile distinguere quanta parte è dovuta alle scelte umane e quanto è dipesa invece dall'andamento di altri fattori, prima di tutto dell'ambiente circostante. Per questo motivo imparare a investire presenta una difficoltà maggiore rispetto alla maggior parte delle conoscenze di cui ci si serve nella vita quotidiana. È difficile essere convinti di aver imparato una regola se, nonostante la sua applicazione, si subisce comunque un danno. Così come è facile illudersi di aver capito solo perché si è ottenuto un risultato favorevole. Una grossa percentuale degli errori che si commettono nell'investimento deriva proprio da queste difficoltà.

Per questo motivo è importante che i concetti fondamentali dell'investimento vengano imparati in maniera molto semplice e schematica, e poi subito messi in pratica, anche solo a livello di discussione. L'investimento è un'attività che si presta molto bene a essere insegnata con il metodo socratico, cioè in forma di discussione sui *pro* e i *contro* dei vari strumenti e delle varie scelte.

Investire For Dummies affronta ogni argomento narrando il dialogo tra l'autore e un'ipotetica investitrice, delusa dal fai-da-te inconsapevole e dalla scarsa consulenza ricevuta dalla propria banca e dal proprio promotore finanziario, a cui si affiancano brevi schede tecniche. Questa investitrice è dotata di una cultura media e si interessa di mercati finanziari già da qualche anno, ma non ne ha una conoscenza particolarmente approfondita. Ciò che conosce le viene dalla lettura dei giornali e dalla scarsa consulenza che ha ricevuto dagli addetti ai lavori.

Perché un'investitrice e non un investitore? Perché purtroppo le donne non hanno una grande fama di brave investitrici e tendono a essere considerate troppo emotive per poterlo diventare. Si tratta ovviamente di pregiudizi.

Nel corso del libro la nostra investitrice impara dall'autore a mettere in discussione gli stessi concetti basilari della finanza, senza che ciò tuttavia la scoraggi, ma anzi convincendola sempre di più che esiste un metodo e che questo va applicato anche quando l'investimento non genera i risultati sperati.

Al termine della lettura del libro sarete perciò pronti per effettuare subito investimenti di successo? L'opinione dell'autore è che di certo i concetti basilari della finanza e dell'investimento saranno stati appresi con l'ottica dell'addetto ai lavori, dunque senza l'illusione che esista uno strumento finanziario perfetto e vincente ogni volta. Proprio per questo motivo suggeriamo di seguire i mercati finanziari per qualche mese successivamente alla lettura, per imparare a riconoscere nell'ambiente finanziario i concetti che sono stati insegnati e i retroscena che sono stati svelati.

"Troppo spesso si pensa al risparmio come a una specie di investimento per la vecchiaia. Ma la sua funzione più importante è quella di darci l'indipendenza adesso."

V. Packard

Contenuto del volume

Questo libro vuole essere un corso di investimento semplice ma al tempo stesso completo. Per questo motivo ciascun capitolo prevede delle schede tecniche per comprendere il funzionamento delle attività e dei mercati finanziari, oltre che delle principali regole dell'investimento. Altrettanto importante è però la serie di dialoghi che lo compongono, nella quale un'investitrice che vuole imparare ad agire autonomamente interroga l'autore per comprendere gli aspetti più pratici e i retroscena di ogni aspetto della finanza.

Ciascun capitolo del libro può essere letto autonomamente, anche se naturalmente consigliamo di seguire l'indice da noi predisposto. All'interno dei capitoli, comunque, gli argomenti sono affrontati in maniera sufficientemente schematica, evitando il più possibile le sovrapposizioni, in maniera da poter rendere più semplice e rapida la lettura e altrettanto agevole la rilettura.

Nel libro abbiamo saltato la descrizione degli aspetti specifici dei vari strumenti finanziari, per evitare di appesantire troppo il lavoro di chi è un neofita della materia e per sottolineare che l'approccio alla finanza, come di qualsiasi altra materia, deve avvenire con una logica top-down, cioè dal generale al particolare. Ma la lettura completa del libro può consentire di informarsi sugli eventuali aspetti specifici del singolo investimento dopo aver acquisito il bagaglio culturale che consente di non ricascare negli errori più gravi.

Che cosa potete non leggere

Il libro è organizzato seguendo un approccio il più possibile tematico. È possibile quindi saltare la lettura delle schede dedicate agli argomenti che già si conoscono per concentrarsi poi sui dialoghi tra l'autore e l'investitrice. In ogni caso sconsigliamo di tralasciare parti del libro, in quanto l'approccio che abbiamo seguito è decisamente orientato all'operatività, differenziandosi in questo modo dagli schemi che caratterizzano la maggior parte dei libri disponibili sull'argomento.

Presupposti per la lettura

Un sincero interesse per la materia, un minimo di intelligenza e la massima flessibilità mentale. Il libro è stato scritto per essere esaustivo, almeno per quanto riguarda i fondamenti della materia. Pertanto non è necessaria alcuna lettura preventiva, anche se certamente sarà più facile da leggere per coloro che possiedono già un minimo di dimestichezza con i concetti finanziari.

Com'è organizzato questo libro

Il testo è suddiviso in dieci capitoli che consentono di partire dai rudimenti della finanza per arrivare progressivamente a discutere i *pro* e i *contro* di ogni tipo di investimento.

Capitolo 1

La prima parte è senz'altro dedicata ai vari strumenti di investimento, in quanto ciascuno di essi può nascondere aspetti di cui si parla poco e che invece possono fare la differenza. La spiegazione è stata resa il più semplice possibile, saltando i particolari di minore importanza e quelli eccessivamente specifici. In questo primo capitolo introduciamo gli strumenti di investimento a basso rischio.

Capitolo 2

In questo secondo capitolo continuiamo l'analisi degli strumenti di investimento. Vengono introdotti e analizzati tutti quegli strumenti che comportano un maggiore rischio per chi decide di operare in Borsa.

Capitolo 3

Questa introduzione alla finanza procede a questo punto presentando il mondo dell'investimento gestito. Vediamo che cosa sono i fondi di investimento e quali sono le differenze tra polizze vita e fondi pensione privati.

Capitolo 4

Il quarto capitolo, sebbene breve, è molto importante per chi decide di investire nelle materie prime. Una tipologia di investimento che solo di recente è stata resa disponibile a tutti e non più solo agli operatori direttamente interessati.

Capitolo 5

L'ultimo capitolo introduttivo agli strumenti finanziari non poteva non affrontare l'argomento della fiscalità. Argomento molto delicato, soprattutto quando l'investimento viene fatto su titoli stranieri.

Capitolo 6

In questo capitolo si entra nel vivo dei mercati finanziari e del loro funzionamento, concentrandoci sulle operazioni più importanti: i collocamenti, le offerte pubbliche d'acquisto e gli aumenti di capitale. Inoltre, viene trattato un argomento altrettanto importante, cioè quello della stagionalità dei mercati, la cui conoscenza aiuta a entrare in Borsa nei periodi dell'anno in cui ci sono maggiori probabilità di guadagno.

Capitolo 7

Nel settimo capitolo viene spiegato come si utilizzano le principali fonti di informazione finanziaria, a cominciare dai rating. Successivamente si illustrano le principali regole della macroeconomia e la loro incidenza sull'andamento dei mercati finanziari. Si tratta di un vero e proprio semestre universitario condensato in poche pagine. Infine si discute sugli analisti finanziari e su come utilizzare le loro indicazioni.

Capitolo 8

In questa parte del libro si descrive l'aspetto operativo, cioè si illustrano le tecniche e le regole per la corretta effettuazione degli investimenti. L'approccio è totalmente professionale, senza nulla concedere agli aspetti troppo teorici. Questo capitolo contiene insegnamenti che possono essere difficili da accettare, soprattutto per il neofita, ma che fanno la differenza quando si tratta di decidere per un vero investimento.

Capitolo 9

Questo capitolo completa il precedente visto che spiega che cosa non si deve fare; si discute cioè degli errori più comuni che si commettono durante l'investimento. Il capitolo consente di evitare molte perdite e l'augurio dell'autore è che nessun lettore debba mai rileggerlo con rammarico dopo aver subìto una perdita ingente.

Capitolo 10

Il capitolo conclusivo completa il testo e fornisce quelle ulteriori indicazioni che servono per completare il quadro e comprendere meglio i concetti esposti in precedenza.

Come proseguire

Iniziate a investire seguendo le regole imparate nel testo. Nella bibliografia il lettore può trovare dei validi riferimenti per approfondire i singoli argomenti, ma lo scopo di questo libro è quello di essere di concreto aiuto per l'investitore. Pertanto consigliamo di seguirne il più possibile le indicazioni e di ripassarle, di tanto in tanto.

Icone utilizzate in questo libro

Questa icona evidenzia gli errori più comuni commessi dagli investitori.

Cercate di comprendere bene e ricordare i contenuti che troverete di fianco a questa icona.

Questi sono i consigli forniti da un addetto ai lavori.

Questo argomento è stato sintetizzato ma il lettore, particolarmente diligente, è tenuto ad approfondirlo.

Parte I

Gli strumenti della finanza

In questa parte ...

- ✓Scoprirete quali sono gli strumenti principali della finanza, quali sono quelli a basso rischio, quelli ad alto rischio, che cosa sono i fondi di investimento.
- ✓Imparerete a muovervi tra i prodotti di Borsa in modo da poter valutare il più adatto a voi in base al vostro profilo di rischio o al capitale che volete investire.
- ✓Approfondirete il rapporto e l'incidenza che il fisco può avere sui vostri investimenti.

Capitolo 1

Investimenti a basso rischio

In questo capitolo

- Quali sono i prodotti a basso rischio sui quali investire
- Quali e quante sono le tipologie di Obbligazione
- Che cosa è la *duration* e che ruolo ha sui vostri investimenti
- Come districarsi nella giungla di sigle tra BoT, BTp, CcT ecc.

Il risparmio postale, la prima volta per molti italiani

Il risparmio postale

Per diversi decenni il risparmio postale nel nostro Paese ha costituito la prima fonte di investimento degli italiani, specialmente nei periodi più lontani, quando aprire un conto corrente bancario non era consentito a tutti. A quei tempi, l'apertura di un libretto di risparmio postale diventava l'unica alternativa percorribile.

I libretti postali sono una forma di "risparmio prudenziale", cioè tale da presupporre l'immediata liquidabilità dell'investimento senza perdita né penalizzazioni, che ha iniziato a essere disponibile in Italia fin dal 1875. I libretti postali sono emessi dalla Cassa Depositi e Prestiti (che è posta sotto la garanzia dello Stato) e sono collocati in via esclusiva presso la rete degli uffici postali presenti sul territorio nazionale. La Cassa Depositi e Prestiti fu creata dalla legge 27 maggio 1875, n. 2779, proposta dall'allora Ministro delle finanze Quintino Sella, sull'esempio di quanto era già avvenuto in Gran Bretagna nel 1861.

Il libretto postale non prevede spese e commissioni per l'apertura, la gestione, la chiusura e per tutte le operazioni di versamento e prelievo. In qualsiasi momento si possono effettuare versamenti e prelievi senza limitazione. Gli interessi sulle somme presenti nel libretto di risparmio maturano ogni giorno e vengono capitalizzati ogni anno al 31 dicembre. L'aliquota che grava sugli interessi maturati è pari al 26%.

(continua)

(segue)

Sui libretti si paga un'imposta annua fissa pari a 34,20 euro, ma solo se il cliente è una persona fisica e la giacenza media annua è complessivamente superiore a 5000 euro. I libretti postali possono essere nominativi o al portatore, ma per questi ultimi la legge antiriciclaggio prevede che la giacenza non possa essere superiore a 1000 euro. I libretti nominativi possono essere cointestati fino a quattro nominativi. Esistono anche i libretti postali giudiziari nei quali vengono inserite le somme derivanti da procedimenti giudiziari.

I buoni fruttiferi postali sono un'altra forma storica di investimento del risparmio postale. A differenza dei libretti di risparmio, offrono la possibilità di ottenere un rendimento crescente in funzione del periodo di possesso del buono stesso. Anche in questo caso è possibile investire a lunga scadenza, pur mantenendo la possibilità di disinvestire in qualsiasi istante ricevendo l'intero capitale maggiorato degli interessi maturati.

Esistono anche buoni ordinari con scadenza ventennale, sempre a interessi via via crescenti. Anche i buoni fruttiferi sono garantiti dallo Stato. Recentemente sono stati emessi anche buoni indicizzati all'inflazione italiana. Anche nel caso dei buoni postali, l'emissione, la gestione e il rimborso sono totalmente gratuiti. Così come nel caso dei libretti di deposito, è prevista la cointestazione sino a quattro nominativi.

Iniziamo ora un viaggio attraverso le caratteristiche dei principali strumenti di investimento. Mi sembra che un percorso del genere debba necessariamente iniziare dal risparmio postale, la prima forma veramente popolare di accantonamento privato nella storia d'Italia.

Sì, direi che un inizio del genere è doveroso, proprio perché si tratta della forma di risparmio più antica d'Italia. Un tempo le persone comuni non potevano aprire un conto corrente in banca, quindi ci si doveva necessariamente rivolgere alla Posta. Dagli anni Settanta e Ottanta in poi le cose sono gradualmente cambiate, ma il risparmio postale ha continuato a essere la forma di investimento considerata più accessibile.

Ed è davvero così?

Sì, è totalmente gratuita, totalmente garantita e semplicissima da gestire, direi elementare. Il 31 dicembre di ogni anno gli interessi vengono capitalizzati sui libretti.

Una bella differenza rispetto ai "derivati" di Borsa...

Più o meno la differenza che c'è tra le scuole elementari e l'Università.

Ma, oltre all'indiscutibile maggiore semplicità, il risparmio postale è competitivo rispetto ad altre forme di investimento?

Direi proprio di sì. Perché se è vero che i rendimenti dei prodotti di investimento sono paragonabili a quelli dei titoli di Stato, rispetto a questi ultimi le forme di risparmio postale comportano minori costi perché non è necessario aprire un dossier titoli per potervi accedere. L'essere una forma di risparmio elementare va considerata una caratteristica di valore e non una minore qualità.

Quindi mi stai dicendo che in molti casi investire in Posta è meglio che acquistare titoli di Stato in banca?

Ti sto dicendo proprio questo, soprattutto quando le cifre sono ridotte e non si ha necessariamente bisogno di una grande remunerazione, preferendo invece la totale sicurezza del capitale.

Ma prima o poi quasi a tutti viene voglia di ottenere rendimenti superiori.

Certo, ma questo non significa che si debba disinvestire totalmente il proprio risparmio collocato in Posta.

Quindi tu ritieni che il risparmio postale sia ancora competitivo in un periodo come questo, caratterizzato da un'offerta bancaria di prodotti finanziari sempre più sofisticati?

Paradossalmente è proprio per questo motivo che bisogna avere ancora molta considerazione per i prodotti postali, e cioè per il fatto che stanno esattamente al polo opposto rispetto ai prodotti sofisticati, rappresentando il massimo della semplicità e dell'economicità.

I conti di deposito: finalmente anche in Italia!

I conti di deposito

Il conto di deposito, pur essendo un prodotto bancario, è un vero e proprio **strumento di investimento**, che si appoggia a un conto corrente tradizionale e che consente di ottenere una remunerazione più elevata rispetto a quella del conto corrente ordinario, quasi sempre in cambio del vincolo sulle somme depositate. Il conto di deposito, pertanto, consente un'operatività limitata a **versamenti e prelievi da e verso il conto di appoggio**. Pertanto non è possibile utilizzarlo per effettuare le normali operazioni bancarie, come per esempio accreditarvi lo stipendio o la pensione, effettuare prelevamenti in contanti, disporre la domiciliazione delle bollette, effettuare pagamenti tramite bancomat o carta di credito ecc.

Per aprire un conto di deposito è **necessario essere titolari di un conto corrente ordinario,** che funge da appoggio e consente di effettuare i trasferimenti di denaro da e verso di esso. La remunerazione offerta da queste tipologie di conto corrente è assimilabile a quella prodotta dai titoli di Stato a breve scadenza.

Ormai da diversi anni le banche pubblicizzano i conti di deposito. Eppure mi sembra che siano uno strumento che è stato introdotto in Italia con molto ritardo rispetto agli altri Paesi.

Sì, è così. La diffusione di queste forme di investimento è iniziata negli anni Novanta e rientra nel quadro del ritardo complessivo con cui si sono diffusi tutti i prodotti bancari in Italia. In un certo senso si può dire che i conti di deposito nascono dallo scarso successo commerciale ottenuto dai Certificati di Deposito, nel senso che questi ultimi non hanno ricevuto il gradimento sperato dalle banche.

Perché è accaduto ciò?

Perché i Certificati di Deposito erano poco flessibili rispetto alle basse remunerazioni che offrivano. Il loro smobilizzo non sempre era semplice e la loro vendita era piuttosto complicata. A quei tempi, poi, il rendimento offerto dai titoli di Stato italiani era piuttosto elevato.

Quindi, a parità di rendimento ridotto, il conto di deposito è più appetibile?

Sicuramente sì.

La formula dei conti di deposito mi sembra piuttosto semplice: io vincolo del denaro in un conto corrente e in cambio mi offrono una remunerazione piccola ma non trascurabile, considerando che mi garantiscono il capitale.

Le cifre versate su di un conto di deposito sono garantite dal Fondo Interbancario di Tutela dei Depositi fino a un massimo di 103.291,38 euro per depositante e per istituto di credito. Ma si può dire che, di fatto, qualsiasi cifra depositata sul conto corrente di una banca italiana sia garantita, in quanto le probabilità di un fallimento bancario di entità così disastrosa da provocare perdite ai correntisti sono irrisorie, grazie anche agli sviluppi della normativa di controllo italiana ed europea. Il capitale è sostanzialmente garantito e in cambio di un vincolo si ottiene una remunerazione minima ma in qualche modo apprezzabile.

E se avessi bisogno del mio denaro prima della scadenza del vincolo?

I conti di deposito possono prevedere delle scadenze intermedie, in corrispondenza delle quali è possibile il disinvestimento a costo di doversi accontentare di un rendimento inferiore. Se non sono previste queste opportunità, il disinvestimento è sempre possibile con una penalizzazione che al massimo può arrivare alla perdita dell'intero interesse.

Quindi, male che vada, ho diritto quanto meno alla restituzione del mio capitale?

Sì.

Beh, ma allora tutto sommato può essere una forma di investimento da tenere in grande considerazione.

Quando si tratta di parcheggiare della liquidità va senz'altro tenuta in considerazione. L'importante è far bene i conti sul momento in cui si potrà aver bisogno di quella liquidità, altrimenti si rischia di perdere l'interesse, rendendo così inutile l'investimento.

I titoli di Stato: i BoT

I titoli di Stato

Quando si parla di titoli di Stato italiani ci si riferisce a un'attività finanziaria che la maggior parte dei risparmiatori del nostro Paese ha detenuto nel proprio portafoglio almeno una volta nella vita. D'altra parte, la sicurezza che li ha sempre caratterizzati (nonostante quello che sostengono le agenzie di rating), la semplicità e il regime fiscale favorevole ne hanno fatto uno strumento finanziario che è difficile ignorare, soprattutto quando non si vuole assumere il rischio legato ai mercati azionari.

Nel 2011 i titoli di Stato sono stati oggetto di attacchi speculativi da parte di chi credeva e/o voleva far credere che l'Italia potesse cadere in dissesto finanziario. L'intervento della Banca Centrale Europea ha riportato tranquillità sui mercati, ma il cosiddetto *spread*, cioè il differenziale di rendimento tra le nostre obbligazioni governative e quelle tedesche, rimane un elemento che, se da un lato rende più interessanti i rendimenti dei nostri titoli rispetto a quelli di Paesi ritenuti più solidi, dall'altro lato sottolinea come le finanze pubbliche italiane si trovino in uno stato che certamente non può definirsi ottimale e che prima o poi andrà migliorato.

I titoli di Stato vengono emessi dal Ministero del tesoro mediante aste pubbliche a cui partecipano le banche e altri intermediari finanziari qualificati. Le aste costituiscono il cosiddetto "mercato primario". Esiste però anche il "mercato secondario", rappresentato dalla Borsa e dai circuiti interbancari, nei quali ogni giorno si scambiano importanti volumi di titoli di Stato.

La maggior parte delle obbligazioni governative viene emessa a scadenze relativamente brevi, per soddisfare un mercato primario che è fatto da specialisti, i quali amano vedersi offrire spesso nuove obbligazioni i cui rendimenti siano il più possibile allineati a quelli di mercato e che possano essere portate facilmente a scadenza, in modo da minimizzare i costi di detenzione.

I BoT, grande amore degli italiani

I Buoni Ordinari del Tesoro sono certamente i titoli di Stato italiani più graditi dagli italiani negli ultimi decenni, al punto che è stato coniato il soprannome di "BoT people" per i loro detentori più assidui. Il loro elemento fondamentale è la breve durata, poiché le scadenze con cui vengono emessi sono pari a 3, 6 e 12 mesi. La durata effettiva può superare la mensilità esatta, perché il Ministero del tesoro fissa la scadenza dei BoT in maniera tale che non coincida con un giorno festivo.

(continua)

(segue)

Il loro prezzo di emissione è sempre inferiore a 100 (cioè al loro valore nominale). Il rendimento è determinato dalla differenza tra il prezzo di sottoscrizione (o di acquisto, per quelli già emessi) e 100. Il prezzo dei BoT quotato in Borsa è "tel quel" (tale e quale), cioè comprende anche gli interessi maturati (il cosiddetto "rateo"). Quindi il prezzo tende automaticamente a salire a mano a mano che ci si avvicina alla scadenza, semplicemente perché deve incorporare gli interessi maturati.

I BoT vengono impiegati da risparmiatori privati e operatori istituzionali non come investimento vero e proprio, ma come parcheggio temporaneo della liquidità che rende poco ma si può disinvestire automaticamente (dunque senza ulteriori costi) nel momento della scadenza.

Nell'ultimo ventennio il rendimento dei BoT è progressivamente diminuito, grazie all'ingresso dell'Italia nell'Area euro, come si può vedere nel grafico della Figura 1.1 che illustra l'andamento negli ultimi vent'anni del rendimento (lordo) dei BoT trimestrali.

Con questa discesa quasi ininterrotta, i rendimenti italiani si sono allineati a quelli dei Paesi più evoluti. Addirittura, il 18 dicembre 2014, il rendimento dei BoT a tre mesi per la prima volta nella storia è sceso al di sotto dello zero, arrivando al -0,027%. Dunque, anche l'Italia ha chiesto di essere pagata per farsi prestare denaro, una circostanza di cui già da tempo si avvantaggia la Germania.

Rendimenti negativi sui titoli di Stato rappresentano comunque una situazione patologica dei mercati obbligazionari, anche se certamente offrono un grande vantaggio per gli emittenti. Ma d'altra parte rappresenta una situazione patologica anche un rendimento superiore al 10% in presenza di un'inflazione non superiore al 2-3%. In questo caso i mercati esprimerebbero forte preoccupazione per il fatto che l'emittente possa non essere in grado, se non di rimborsare il capitale, quanto meno di pagare regolarmente gli interessi.

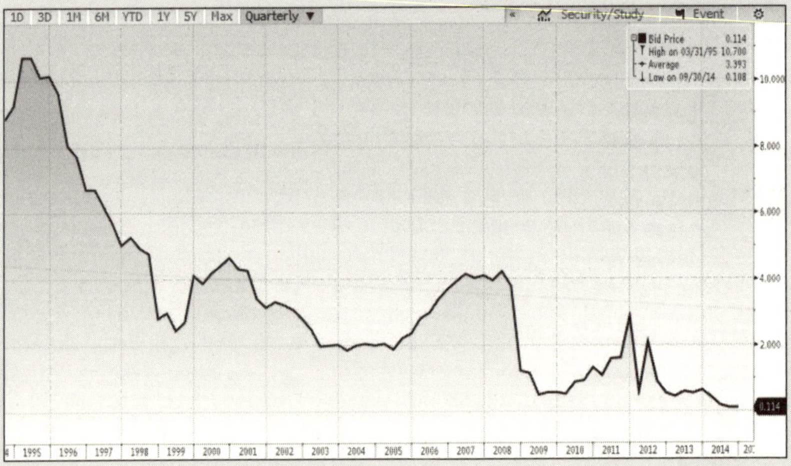

Figura 1.1 Andamento negli ultimi vent'anni del rendimento lordo dei BoT trimestrali.

Subito dopo il risparmio postale il grande amore storico degli italiani è stato rappresentato dai BoT, vero?

Come darti torto! Si può dire, senza timore di esagerare, che i BoT hanno costituito per diversi decenni la spina dorsale dei portafogli dei risparmiatori italiani. Ma, forse questo è meno risaputo, anche banche e assicurazioni ne hanno fatto incetta.

Perché sono stati acquistati massicciamente anche da banche e assicurazioni?

Per lo stesso motivo per cui avevano successo con i privati: rendono poco, ma sono assolutamente sicuri.

Sicuri al 100%?

Guarda, se lo Stato italiano fosse ridotto così male da non essere in grado nemmeno di rimborsare i BoT, allora avremo molti altri problemi oltre a quello del risparmio!

Va bene. Convengono ancora i BoT?

Dipende dal livello raggiunto dai tassi di interesse rispetto all'inflazione e, soprattutto, dalle esigenze di disinvestimento, più che di investimento, del risparmiatore. Ma iniziamo dal principio. I Buoni Ordinari del Tesoro sono titoli di Stato con scadenza a 3, 6 e 12 mesi privi di cedola, per i quali, cioè, l'interesse viene corrisposto come differenza tra il prezzo di acquisto e il valore di rimborso.

Sono dunque degli zero coupon.

Si, anche se se ne parla raramente in questi termini.

Quando si dovrebbe investire in BoT?

Quando si deve parcheggiare temporaneamente una certa somma di denaro in un investimento sicuro, in grado di difendere il capitale dall'inflazione e di fornire una piccolissima remunerazione aggiuntiva.

Sono dunque un investimento difensivo, temporaneo...

In termini tecnici rigorosi non sarebbero nemmeno un investimento, ma un semplice parcheggio della liquidità.

Perché allora in passato si investiva sistematicamente in BoT?

Principalmente perché fino alla metà degli anni Novanta l'Italia, a causa del suo elevato debito pubblico oltre che dell'inflazione (in parte conseguenza indiretta del debito pubblico stesso), offriva tassi di interesse elevatissimi, spesso a doppia cifra. Negli anni Ottanta un BoT che rendeva il 10%, anche se a fronte di un'inflazione dell'8%, sembrava un grande investimento. Tu vincolavi un capitale pari a 90 e dopo un anno ti ritrovarvi con un montante di 100.

Quindi la convenienza dei BoT era soprattutto un'illusione?

Diciamo che era un'illusione il loro grande rendimento. La convenienza non era poi così illusoria, perché per troppi anni la nostra Borsa, possibile alternativa di investimento, ha fornito performance davvero deludenti. Pertanto decidere di lucrare elevati tassi di interesse nominali, anche se poi si traducevano in rendimenti reali davvero contenuti, era pur sempre meglio che perdere in Borsa e subire poi in aggiunta anche gli effetti dell'inflazione.

E oggi qual è la situazione?

Oggi, grazie all'ingresso dell'Italia nell'Unione Europea e alla sua adesione all'euro, anche i tassi nominali dei BoT sono davvero contenuti. Tuttavia, le loro caratteristiche di convenienza rimangono esattamente le stesse di 20 o 30 anni fa, cioè sono l'ideale per investimenti brevi e sicuri, anche se non ti renderanno mai ricco! Oltretutto ora rischiamo di avere rendimenti negativi a causa delle manovre di stimolo monetario effettuate dalla Banca Centrale Europea. Ma non sarà sempre così.

Allora possiamo dire che, in genere, i BoT ti evitano di diventare povero…

Sì, ti evitano di diventare povero a causa delle perdite e dell'inflazione.

I pronti contro termine, alternativa ai BoT, ma non troppo

Un altro investimento che piace molto agli italiani, magari un po' più evoluti, è il famoso "pronti contro termine". Che cosa possiamo dire su questa alternativa?

Che rappresenta un parente stretto del BoT, differenziandosene per il fatto che, anziché essere rappresentato da un titolo, questo investimento è invece costituito da due operazioni contemporanee sulla stessa obbligazione, quasi sempre un titolo di Stato: un acquisto a pronti, cioè immediato, e una vendita a termine, cioè con consegna differita.
Come nel caso del BoT, il rendimento è costituito dalla differenza tra il prezzo di acquisto e il prezzo di vendita. Inoltre, è diversa la durata, poiché è un'operazione ancora più breve del BoT, svolgendosi tipicamente a 1, 2 o 3 mesi. Sono rari i pronti contro termine a 4 mesi e più.

Il rendimento è molto simile a quello dei BoT...

Sì, esatto. Va da sé che nel caso del pronti contro termine a 1 mese il rendimento effettivo è pari a 1/12 di un tasso generalmente non molto elevato. Pertanto occorre prestare molta attenzione quando si decide di effettuare un'operazione del genere, poiché c'è il rischio che il guadagno sia così limitato da poter essere, se non eroso, perlomeno intaccato seriamente dai semplici costi dell'operazione, quali i bolli e le altre spese.

Dunque, a chi si addice il pronti contro termine?

Come nel caso dei BoT, il pronti contro termine costituisce un parcheggio temporaneo della liquidità a brevissima scadenza e si addice soprattutto a chi dispone di capitali importanti, proprio a causa dell'elevata incidenza delle spese su un rendimento assai ridotto. Tuttavia, sempre a differenza dei BoT, l'investimento non è facilmente liquidabile, poiché è un'operazione di cui si stabilisce la scadenza già nel momento della sottoscrizione. Pertanto, anche se la scadenza è davvero brevissima, occorre ricordarsi di questa caratteristica ed essere sicuri di non aver bisogno del denaro durante l'operazione. Diverso è il caso dei BoT, i quali sono facilmente rivendibili in Borsa, anche se con costi elevati a causa dell'elevata incidenza delle commissioni sul rendimento molto contenuto.

Proprio per questo motivo i pronti contro termine hanno un grande successo fra le aziende, per la gestione della loro liquidità.

Esattamente. Nel caso delle aziende gli importi sono così elevati che normalmente esse sono in grado di concordare con la banca il giorno esatto della scadenza, in maniera fortemente personalizzata. A questo punto anche un'operazione semplice come il pronti contro termine si rivela di grande valore, di grande adattabilità, soprattutto in momenti di inflazione non bassa.

Quindi, se volessimo riassumere le differenze fra quest'operazione e i BoT, che cosa dovremmo dire?

I pronti contro termine hanno una durata più breve dei BoT, sono meno facilmente liquidabili e, almeno per grandi importi, sono molto più adattabili alle esigenze del cliente. Come vedi non sono grandi differenze, tuttavia possono essere importanti.

I Certificati del Tesoro Zero coupon (CTz), "cugini" dei BoT

I Certificati del Tesoro Zero coupon

I CTz sono titoli di Stato concettualmente simili ai BoT, ma emessi con una scadenza superiore, generalmente 24 mesi. Anche in questo caso il prezzo di emissione è sempre inferiore a 100. Anche i CTz sono quotati in Borsa a un prezzo "tel quel", cioè comprensivo degli interessi maturati. A parte alcune piccole differenze fiscali, si può dire che la gestione di un CTz è del tutto simile a quella di un BoT: cioè è un titolo che va preso in considerazione per un parcheggio di liquidità e/o per un investimento a breve scadenza. A differenza del BoT, però, il CTz rappresenta una soluzione da valutare con una certa prudenza nei momenti in cui i rendimenti di mercato tendono a crescere rapidamente. Infatti, in momenti come quelli, nel corso dei 24 mesi di vita di questo titolo, le remunerazioni di mercato potrebbero anche salire di alcuni punti percentuali, rendendo l'investimento in CTz sempre meno conveniente nel tempo e, naturalmente, sempre più penalizzante per chi lo ha effettuato nei mesi precedenti l'inizio dell'aumento dei rendimenti.

Un'altra tipologia di titoli di Stato, forse meno conosciuta, è rappresentata dai CTz, il cui funzionamento è pressappoco quello dei BoT...

Esatto, la differenza principale è costituita dalla scadenza. Infatti, i Certificati di Credito del Tesoro Zero Coupon, proprio come i BoT, sono titoli che pagano un interesse rappresentato dalla differenza tra il prezzo di sottoscrizione o di acquisto e quello di rimborso. Tuttavia, differiscono dai BoT per il fatto che la loro scadenza è a 24 mesi, cioè due anni.

Esiste poi un'altra piccola differenza, legata al fatto che il CTz rimborsa a un valore di 100 meno l'imposta stabilita al momento dell'emissione, mentre il BoT rimborsa a 100.

Questo spiega perché spesso questi titoli vengono chiamati "BoT lunghi"...

Sì, il motivo è proprio questo.

RICORDA!

A chi si addice questo tipo di investimento?

Più o meno agli stessi soggetti per i quali può essere ideale investire in BoT, cioè i risparmiatori che non vogliono correre rischi e che si accontentano della difesa del capitale dall'inflazione e di un'ulteriore piccola parte di rendimento.

La scadenza più lunga, tuttavia, consente già di effettuare le prime speculazioni sui tassi di interesse. Pertanto, chi volesse scommettere su un abbassamento dei tassi e non volesse prendere altri rischi potrebbe, anche se questo strumento non è proprio il titolo ideale per farlo, acquistare un Certificato Zero Coupon e, se avrà ragione, la diminuzione dei tassi di interesse farà salire il prezzo del CTz, per la nota regola di mercato. A quel punto sarà conveniente sia vendere il titolo prima della scadenza sia portarlo fino alla scadenza, poiché lo si avrà sottoscritto quando i tassi di interesse erano maggiori di quelli vigenti sul mercato al momento della scadenza. Dunque si fa in tempo a "fare l'affare".

Immagino che anche questo titolo piaccia molto a banche e assicurazioni.

Altroché! È un titolo ideale per la loro tipologia di portafoglio. Infatti offre due anni di rendimento composto, cioè con la capitalizzazione degli interessi.

Appunto, la capitalizzazione degli interessi. Rinnovando i BoT può essere un problema. Con il CTz il problema è meno frequente, poiché dura il doppio.

Sì, proprio così. In effetti il problema della capitalizzazione piena degli interessi, cioè della capacità per l'investitore di percepire l'interesse composto su tutto il capitale e tutti gli interessi maturati o, se lo vuoi vedere da un altro punto di vista, il reinvestimento pieno delle cedole, è un problema di non facile soluzione, poiché i titoli di Stato mantengono i quantitativi minimi, cioè sono sottoscrivibili di 1000 euro in 1000 euro. Va comunque detto che il problema si affievolisce all'aumentare del capitale che si investe, poiché, per quanto abbiamo appena detto, è impossibile reinvestire una cedola di 300 euro, mentre è facile farlo per una cedola di 3000 euro.

Anche in questo, dunque, chi ha a disposizione capitali maggiori è favorito.

Sì.

Quindi, chi vuole investire piccole cifre può avere qualche problema anche con i titoli di Stato.

Purtroppo sì. In questo caso è decisamente più facile investire in fondi comuni monetari, i quali, poiché per regolamento detengono titoli di Stato con scadenza non superiore a 24 mesi, di fatto replicano abbastanza da vicino il rendimento dei CTz. Naturalmente essi possono detenere in portafoglio anche altri titoli di Stato, quali i CcT e i BTp, purché essi siano negli ultimi due anni della loro vita.

I Buoni del Tesoro Poliennali (BTp): sicuri, ma attenzione alla scadenza e ai tassi!

I Buoni del Tesoro Poliennali

I BTp sono delle vere e proprie obbligazioni a tasso fisso e a scadenza medio-lunga. Solitamente vengono emessi con durate che vanno da 3 a 30 anni. Alcune scadenze, in particolare quella a 5 anni, quella a 10 anni e quella a 30 anni, assumono più importanza da un punto di vista informativo e speculativo perché su di esse, per convenzione, si concentra l'attività di scambio dei mercati. Dunque, queste scadenze diventano dei veri e propri benchmark (punti di riferimento).

Nella denominazione ufficiale del BTp è sempre compreso anche il tasso di interesse annuo, che però il titolo paga in forma semestrale (quindi ogni cedola dà diritto a un tasso di interesse che è la metà di quello annuale). Il prezzo di Borsa non è "tel quel", in quanto questi titoli liquidano automaticamente l'interesse ai loro detentori senza alcun bisogno di incorporarlo nel prezzo di mercato, il quale varia in continuazione per aggiornare il rendimento del titolo alle condizioni di mercato. Infatti, l'unico modo per far variare la remunerazione offerta da un titolo a tasso fisso è quella di aggiustarne il prezzo.

Nel prezzo "tel quel" che viene determinato in Borsa il rateo di interessi maturato non è compreso, ma viene comunque incorporato nel prezzo complessivo di compravendita del titolo, in quanto deve essere riconosciuto a chi lo vende prima del giorno in cui è previsto il pagamento della cedola, perché quest'ultima verrà incassata interamente da chi deterrà il titolo nel momento del suo pagamento. La variazione del prezzo dei BTp, dovuta agli aggiustamenti del rendimento, può essere sensibile. Il grafico della Figura 1.2 mostra l'andamento del prezzo del future sul BTp a 10 anni nel periodo 2009-2014.

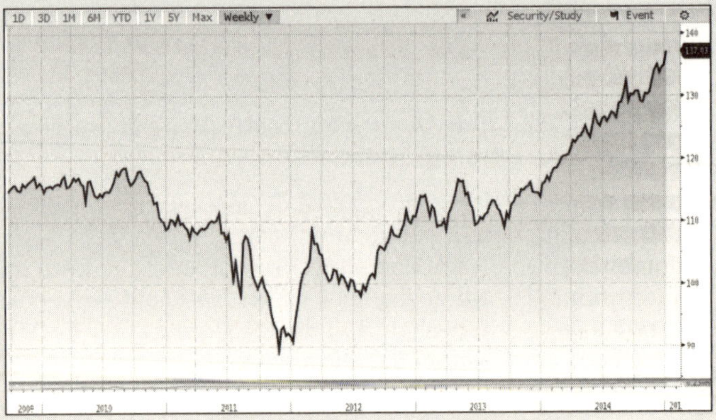

Figura 1.2 Andamento del prezzo del future sul BTp a 10 anni nel periodo 2009-2014.

(continua)

(segue)

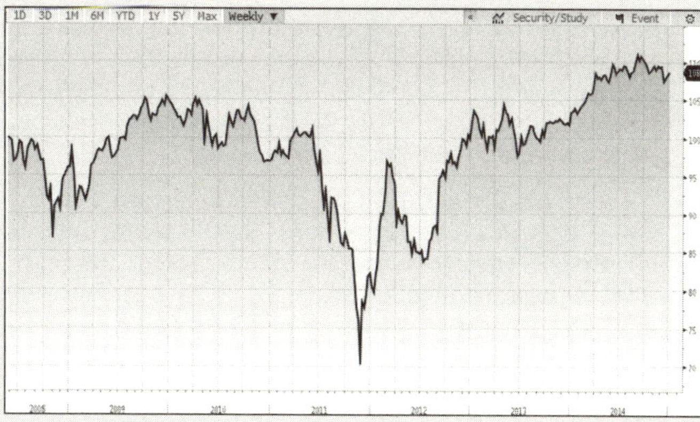

Figura 1.3 Andamento del valore del BTp€i 15 settembre 2019 2,35% nel periodo 2008-2014.

Come si nota, il suo valore è variato da 90 a 137 centesimi, un range di oscillazione paragonabile a quello di un titolo azionario. Compravendendo BTp a 10 anni è dunque possibile speculare sia sull'andamento dei rendimenti di mercato sia sul grado di sicurezza delle emissioni dello Stato italiano (il cosiddetto "rischio paese") così come viene percepito dagli operatori.

I BTp indicizzati all'inflazione europea

Vengono generalmente identificati con la sigla "BTp€i". Tecnicamente si tratta di titoli obbligazionari "ibridi", nel senso che offrono un tasso fisso ma anche una rivalutazione del capitale legata all'andamento dell'indice Eurostat armonizzato dei prezzi al consumo nell'Eurozona. In questo modo la loro struttura è un ibrido tra un titolo a rendimento fisso e uno a rendimento variabile. Sono titoli che pagano una cedola fissa piuttosto limitata. La loro scadenza al momento è stata fissata in 5, 10, 15 e 30 anni. Le cedole sono a tasso fisso, ma godono della rivalutazione del capitale che verrà rimborsato alla scadenza calcolata mediante il già citato indice del costo della vita. Dal punto di vista tecnico si tratta di titoli molto più semplici da gestire rispetto ai BTp ordinari, purché ci si accontenti di un rendimento non particolarmente elevato. In ogni caso, pur essendo indicizzati, anche il loro prezzo ha dimostrato di poter variare in maniera importante, sempre per tener conto dell'andamento dei rendimenti di mercato e del "rischio paese" legato all'Italia, come si nota facilmente nel grafico in Figura 1.3 che riporta l'andamento del valore del BTp€i 15 settembre 2019 2,35% nel periodo 2008-2014. Il campo di variazione del prezzo è andato da circa 70 a circa 111 centesimi.

I BTp Italia

Questo strumento vanta diversi primati: è il primo titolo di Stato acquistabile direttamente (via Internet) in asta anche dai piccoli risparmiatori. È anche il primo BTp a prevedere un "premio fedeltà" pari a 40 centesimi per gli investitori privati che lo deterranno ininterrottamente dall'emissione alla scadenza. È stato il primo titolo di Stato a essere emesso senza limite di ammontare. Infine, è il primo BTp a essere indicizzato al costo della vita italiano, rappresentato dall'indice nazionale dei prezzi al consumo per le famiglie di operai e impiegati (FOI) con esclusione dei prezzi dei tabacchi.

Questi titoli, a differenza dei BTp€i, hanno una cedola semestrale che prevede la rivalutazione del capitale ogni sei mesi, invece che in un'unica soluzione alla scadenza, come accade appunto nel caso del BTp€i.

I BTp sembrano titoli semplici da capire e da gestire, ma credo che non sia proprio così...

Credi bene. I BTp sono titoli sicuri per quanto riguarda la qualità dell'emittente, ma sono decisamente più "tecnici", cioè richiedono una maggiore conoscenza dell'andamento del mercato obbligazionario.

Allora andiamo per gradi, come sempre.

D'accordo. I Buoni del Tesoro Poliennali sono titoli di Stato a tasso fisso, con scadenza a 3, 5, 10 e 30 anni. L'ammontare della cedola viene stabilito all'atto dell'emissione ed essa, proprio come nel caso dei CcT, è semestrale e viene pagata due volte l'anno. Di conseguenza il tasso di ogni cedola è la metà del tasso attribuito ai BTp all'atto dell'emissione.

Come viene stabilito questo tasso fisso?

Il Ministero del tesoro, all'atto dell'emissione, cerca di dotare il BTp di un tasso che sia il più vicino e il più congruo ai rendimenti di mercato in quel momento, anche per evitare grosse maggiorazioni o grossi sconti sul prezzo di emissione.

Appunto, per la regola che lega prezzi e rendimenti delle obbligazioni, fissando il tasso, praticamente si fissa anche il prezzo.

Proprio così. Il prezzo delle obbligazioni è espresso in centesimi, cioè un'obbligazione che vale 100 centesimi richiede un esborso di 1000 euro ogni 1000 euro di valore nominale. Invece, un'obbligazione con un prezzo di 110 (centesimi) richiede un esborso di 1100 euro, sempre per acquistare 1000 euro nominali. A questo punto è giocoforza che un titolo che paga un tasso fisso dell'8% non può valere 100 centesimi se in quel momento i tassi di mercato sono al 4%. Il suo prezzo sarà certamente superiore. Così come, al contrario, se i tassi di mercato sono al 10%, un titolo a tasso fisso che paghi il 4%, vale molto meno di 100 (centesimi).

Dunque in base a queste considerazioni possiamo dire che è normale aspettarsi che il prezzo dei BTp vari come conseguenza della variazione dei tassi di mercato.

Certo. Come già detto, se i tassi di mercato salgono, il prezzo dei BTp scende. Se invece i rendimenti diminuiscono, il prezzo dei BTp cresce.

Anche la scadenza gioca un ruolo importante nel determinare l'entità della variazione del prezzo.

Altroché! Come diciamo in un'altra parte del libro, più lontana è la scadenza del titolo, maggiore sarà la variazione del prezzo in risposta a una modifica dei tassi di mercato. In realtà, più che di scadenza, sarebbe più corretto parlare di duration, cioè di durata finanziaria del titolo, che è una misura del tempo che manca alla sua scadenza corretta tenendo conto dell'ammontare delle cedole. In sostanza la duration accorcia la scadenza dei titoli a tasso fisso dotati di cedole elevate, mentre tende a far aumentare quella dei titoli dotati di cedole di importo limitato o del tutto privi di cedole. Pertanto i BTp a 30 anni sono quelli che presentano la maggiore variabilità di prezzo.

I titoli di Stato a tasso fisso, specialmente quelli con scadenza a 10 anni, sono i più utilizzati per speculare sull'andamento futuro dei tassi di interesse, vero?

Proprio così. Infatti i principali future sui titoli di Stato sono tipicamente quelli sui decennali. Il Bund tedesco e il T-Bond americano sono future che hanno per oggetto la consegna di titoli di Stato a 10 anni.

È difficile per un risparmiatore speculare sui tassi utilizzando i BTp?

Non è semplice, ma è generalmente più facile che speculare sul mercato azionario, poiché di solito i tassi di interesse, quando prendono una certa direzione, cioè iniziano a salire o scendere, la mantengono per diversi mesi. Di conseguenza è più facile capire quando è il momento giusto per scegliere il tasso fisso o il tasso variabile. Inoltre, proprio perché la tendenza dura parecchi mesi, la speculazione richiede meno tempestività di quella necessaria per agire con successo in Borsa.

Quindi, chi vuole imparare a speculare dovrebbe iniziare dal mercato obbligazionario?

Sì, potrebbe essere una buona palestra. Purché ci si mantenga sui titoli di Stato, perché quando si passa alle obbligazioni emesse dalle società iniziano i problemi legati alla solidità dell'emittente, che non è la stessa per tutti i titoli.

Ci siamo imbattuti in discorsi molto tecnici, ma non abbiamo ancora detto a chi si addice l'investimento in BTp.

Allora, proprio per tutto quello che abbiamo detto, nel caso dei BTp occorre individuare non solo chi, ma anche quando. Voglio dire che l'investimento in BTp è senz'altro adatto al risparmiatore che abbia intenzione di percepire un buon tasso di interesse, poiché, essendo titoli con scadenza pari a diversi anni, il rendimento che essi pagano è di solito decisamente superiore a quello offerto dai CcT. Tuttavia, proprio perché la variazione di prezzo in questi titoli è importante, occorre anche scegliere la tempistica giusta per poter investire al meglio in BTp. E il momento giusto per investire in questi strumenti è senz'altro quello in cui i tassi di mercato sono ai massimi o vicino ai massimi, cioè verso la fine del ciclo economico, quando l'inflazione è decisamente elevata. In quel momento i tassi che si lucrano acquistando BTp non sono particolarmente vantaggiosi, ma lo diventano in seguito, quando i rendimenti di mercato scendono mentre il rendimento offerto dal buono rimane sempre lo stesso, poiché il tasso di interesse pagato dal titolo non cambia ma il prezzo sale di molto, rendendo così vantaggiosa una possibile vendita sul mercato prima della scadenza.

Quindi, riassumendo: l'investitore che indovina il momento giusto per acquistare BTp può lucrare un buon tasso di interesse e ottenere un ottimo guadagno in conto capitale.

Esattamente. Mentre si verifica un disastro nel caso opposto: acquistando un BTp nel momento in cui i rendimenti pagati dal mercato sono ai minimi, si inserisce in portafoglio un titolo che è destinato a vedere il suo prezzo scendere di molto.

Ma, se la cedola del BTp è elevata, il tasso pagato è altrettanto elevato?

Sì, ma acquistare un BTp dotato di cedola molto elevata in un momento di rendimenti di mercato ai minimi, ammesso che ce ne siano ancora in circolazione, significa pagare un prezzo davvero molto alto, nell'ordine dei 130 centesimi. Ma i 30 centesimi di sovrapprezzo sono destinati a scomparire mano a mano che le cedole vengono pagate, generando una perdita in conto capitale progressiva e inarrestabile. Non si scappa dalla regola fondamentale: se acquisti un BTp nel momento giusto, ti troverai con un titolo che ti rende un buon tasso, e per giunta si apprezza con il passare del tempo. Se invece lo acquisti al momento sbagliato, ti ritroverai con un titolo che offre una rendita che ben presto diventa insoddisfacente e che per giunta si rivela sempre più difficile da vendere, perché il suo prezzo continua a scendere.

Una specie di incubo!

Proprio così.

Attenzione dunque ai BTp con cedole elevate!

Certo, occorre prestare la massima attenzione! Sono convenienti solo se acquistati quando i rendimenti pagati dal mercato sono molto elevati. Fai attenzione che la maggior parte dei risparmiatori che sono caduti nella vicenda delle obbligazioni argentine sono stati invogliati ad acquistarle proprio perché erano abituati agli elevati rendimenti dei BTp, cioè a titoli che pagavano il 10-12% e si acquistavano praticamente alla pari. Ma quei titoli appartenevano all'epoca precedente all'ingresso dell'Italia nell'euro, epoca in cui i nostri tassi di interesse erano particolarmente elevati. In seguito, rendimenti del genere non si sono più visti, e allora, proprio per cercare di ottenerli nuovamente, molti risparmiatori italiani sono stati invogliati a investire in obbligazioni dell'Argentina, esponendosi a un rischio decisamente maggiore.

Per concludere ti pongo la solita domanda: i BTp piacciono agli investitori istituzionali?

Sicuramente, ma vengono gestiti con una logica speculativa o comunque facendo molta attenzione a questo aspetto, poiché altrimenti i risultati possono essere disastrosi anche per gli addetti ai lavori. Detto questo, non deve stupire che i BTp piacciono senz'altro di più delle obbligazioni societarie, poiché, se si sanno gestire, sono meno rischiosi.

I Certificati di Credito del Tesoro (CcT), cioè il tasso variabile di Stato

I Certificati di Credito del Tesoro

I CcT sono titoli di Stato indicizzati, cioè la loro cedola successiva alla prima è variabile. Pertanto diventano particolarmente interessanti quando i rendimenti di mercato aumentano, e cioè proprio nel momento in cui diventano rischiosi, per non dire controproducenti, i BTp. In realtà, a essere indicizzata nei CcT è solo la cedola e non tutto il valore del titolo. Alla scadenza, infatti, il valore di rimborso è pari a 100. Invece la cedola viene calcolata partendo dal rendimento dei BoT semestrali collocati nell'asta che si tiene nel mese precedente a quella in cui viene determinata la nuova cedola dei CcT e pagata la vecchia.

Alcuni Certificati di Credito del Tesoro indicizzano la loro cedola al tasso Euribor semestrale. Anche questa tipologia di titoli viene emessa in asta e poi quotata in Borsa. La durata con cui vengono emessi, in questo periodo, è sempre pari a 7 anni. Poiché il loro rendimento si adegua in maniera automatica (anche se con 6 mesi di ritardo e anche se con riferimento alle scadenze brevi, di solito non particolarmente remunerative), il loro prezzo nel tempo è piuttosto stabile, anche se in teoria può mostrare una certa variabilità nei periodi in cui i rendimenti di mercato variano rapidamente e si presume che continueranno a farlo anche negli anni successivi. In questo caso il prezzo del titolo può incorporare il vantaggio o lo svantaggio che comporta la lentezza di adeguamento del rendimento dei CcT a quello di mercato.

I CcT sono strettamente legati ai BoT, vero?

Vero. I Certificati di Credito del Tesoro sono titoli di Stato a tasso variabile con scadenza a 3, 5 e 7 anni. A differenza dei BoT e dei CTz, essi pagano una cedola semestrale, che viene calcolata di volta in volta aggiungendo 15 centesimi di punto percentuale al rendimento dell'emissione dei BoT che precede di un mese l'inizio di maturazione della cedola stessa.

Quindi sono titoli di Stato a lunga scadenza, che però seguono da vicino il rendimento dei BoT, offrendo rispetto a essi un piccolo incremento di rendimento.

Brava, mi sembra un'ottima definizione: semplice e completa!

Come sempre ti chiedo a chi si addice questo tipo di investimento.

Questo è l'investimento ideale per chi vorrebbe sottoscrivere per diversi anni i BoT. Infatti, cosa c'è di meglio che possedere un titolo la cui remunerazione segue da vicino quella dei BoT, la maggiora e per giunta per diversi anni ti consente di risparmiare i costi di rinnovo?

Certo! Ma se il risparmiatore avesse bisogno del suo denaro prima della scadenza dei CcT?

Li rivende con estrema semplicità in Borsa.

Dal momento che i CcT sono a tasso variabile, molti sono convinti che essi non siano lo strumento ideale per speculare sui tassi di interesse.

Niente di più sbagliato. È sufficiente ricordarsi la regola per sfruttare al meglio l'investimento in obbligazioni, ossia: se le previsioni sull'andamento dei tassi di interesse sono per un aumento, conviene investire a tasso variabile, per cogliere questo aumento. Se invece le aspettative sono di una diminuzione dei tassi di interesse, allora occorre investire a tasso fisso, dunque in questo caso i BTp sarebbero decisamente meglio dei CcT.

Gli investitori istituzionali amano i CcT?

Sì, molto, proprio perché consentono di seguire da vicino l'andamento dei tassi di interesse a breve italiani minimizzando i costi. Inoltre, questo pochi lo sanno, sono la tipologia di titoli di Stato ideale da fornire in pegno a una banca come garanzia per ottenere un prestito. La banca infatti si sente tranquilla, poiché i CcT sono praticamente privi di rischi.

Rimane comunque il problema del reinvestimento delle cedole.

Sì. Anche in questo caso chi dispone di capitali limitati può non riuscire a reinvestire pienamente i frutti, cioè l'ammontare delle cedole che vengono pagate.

Le obbligazioni zero coupon

Le obbligazioni zero coupon

Dopo aver parlato di BoT e di CTz non resta molto da dire sulle obbligazioni zero coupon, se non che vengono emesse anche da aziende private (quasi sempre banche) e con scadenze decisamente più lunghe rispetto a quelle dei titoli di Stato, che spesso arrivano fino a vent'anni. Non pagando alcuna cedola, nel momento dell'emissione questi titoli vengono offerti a un prezzo notevolmente ridotto, nell'ordine dei 20-30 centesimi circa. Per questo motivo i sottoscrittori di queste obbligazioni investono con l'obiettivo di garantirsi una crescita sicura del capitale, alimentato dalla piena capitalizzazione degli interessi, i quali non vengono pagati ma trattenuti all'interno del titolo, poiché essi sono corrisposti come semplice differenza tra il valore di sottoscrizione/acquisto e quello di vendita/rimborso. Naturalmente le obbligazioni zero coupon non sono dei titoli a tasso fisso, quindi il loro prezzo varia moltissimo non solo per l'accumulo degli interessi nel tempo, ma anche a causa della variazione dei rendimenti di mercato. Nel grafico della Figura 1.4 mostriamo l'andamento storico del prezzo dell'obbligazione "Banca Intesa 8 gennaio 2027 zero coupon", emessa nel 1997 a un prezzo di 10,85 centesimi.

Le obbligazioni zero coupon possono essere quindi un valido strumento per speculare sull'andamento dei rendimenti di mercato, anche se bisogna ricordare che la loro liquidità sui mercati è decisamente inferiore, quindi l'operatività può risultare difficile.

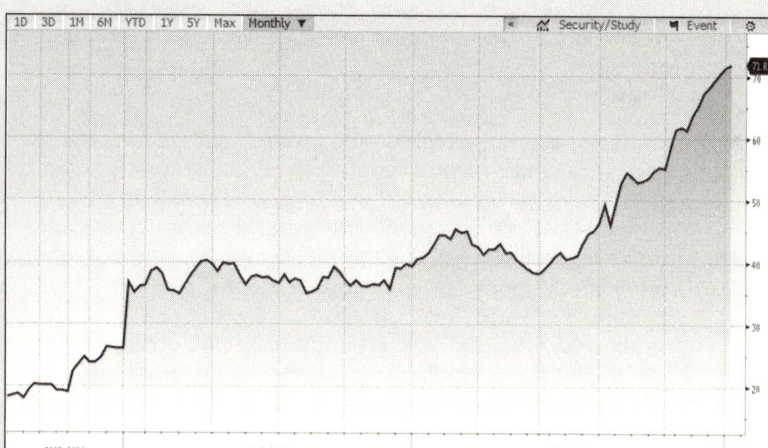

Figura 1.4 Andamento storico del prezzo dell'obbligazione Banca Intesa 8 gennaio 2027 zero coupon, emessa nel 1997 a un prezzo di 10,85 centesimi.

Avendo parlato di BoT e CTz, mi piacerebbe completare il discorso sugli zero coupon in generale.

Sì, anche a me sembra opportuno. Diciamo che gli zero coupon sono una tipologia di obbligazioni assolutamente atipica, cioè priva della caratteristica che contraddistingue la maggior parte dei titoli obbligazionari, le cedole. Questa circostanza lega questa tipologia di titoli esclusivamente alla variazione di prezzo per esprimere ogni e qualsiasi variazione di rendimento. Ma ciò significa anche che dobbiamo aspettarci la massima variazione di prezzo possibile tra tutte le tipologie obbligazionarie, proprio perché mancano le cedole.

Questo naturalmente significa che, per quanto riguarda l'andamento del tasso di interesse, queste sono le obbligazioni in assoluto più rischiose?

In realtà non lo sono, poiché esiste una categoria ancora più rischiosa, rappresentata dai cosiddetti *reverse floater*, cioè titoli il cui rendimento varia in modo inversamente proporzionale ai tassi di mercato. Ma lasciamoli momentaneamente da parte e concentriamoci sugli zero coupon.

D'accordo.

Allora, gli zero coupon sono un meraviglioso strumento per speculare sull'andamento dei tassi di interesse. Quindi, se mi aspetto diversi mesi di riduzioni dei tassi, lo strumento migliore su cui puntare è senz'altro un titolo zero coupon, perché è quello che rifletterà al massimo nel suo prezzo la variazione dei tassi di mercato. Naturalmente, se le mie aspettative sull'andamento dei rendimenti di mercato sono sbagliate, saranno dolori, perché lo zero coupon sarà il titolo il cui prezzo scenderà più in fretta. Ma gli zero coupon presentano anche un'altra caratteristica interessante…

E cioè?

Cioè quella di costare poco nel momento della loro emissione. Mi spiego: i titoli zero coupon con scadenza almeno decennale all'emissione presentano dei prezzi attorno ai 50 centesimi. Il ventennale arriva addirittura a costare circa 20 centesimi. Capisci il vantaggio? Se tu hai una cifra da investire anche piccola e sei sicuro di non averne bisogno per almeno 20 anni, puoi avere la soddisfazione di vedere quella piccola cifra diventare un grande capitale mediante l'investimento in uno zero coupon. Questo tipo di obbligazioni funziona più o meno come una polizza assicurativa sulla vita (caso vita) e, ma a differenza di questa, è vendibile in qualsiasi momento; naturalmente subendo le forti oscillazioni di prezzo dovute all'andamento dei tassi di interesse, ma senza dover pagare le alte commissioni che normalmente caratterizzano le polizze vita. Con questo non voglio dire che queste ultime sono da scartare a favore degli zero coupon. Voglio semplicemente dire che l'investitore a cui una polizza vita tecnicamente potrebbe anche andare bene, ma non ha la sicurezza di non aver bisogno del suo denaro per tutta la durata della polizza stessa, potrebbe investire alternativamente il suo capitale in un titolo zero coupon, che oltretutto costa meno, anche se naturalmente non offre i vantaggi che quella fornisce in caso di morte, come per esempio la (piccola) maggiorazione del capitale.

Dunque uno zero coupon per difendersi dalle offerte pressanti degli assicuratori "d'assalto"...

Diciamo che chi conosce bene gli zero coupon è meno propenso a lasciarsi convincere che la polizza vita sia l'unico investimento pluriennale realmente sicuro e vantaggioso.

E le oscillazioni di prezzo?

Le oscillazioni di prezzo sono poco importanti per chi riesce a detenere il titolo fino alla scadenza. Infatti, se il prezzo pagato al momento della sottoscrizione garantisce un tasso di interesse ben preciso, per esempio il 5,50%, tale sarà la rendita del titolo alla scadenza, indipendentemente da quello che succede durante la sua vita. Certo, se uno sottoscrive uno zero coupon al minimo ciclico dei tassi d'interesse e successivamente lo va a rivendere, rischia addirittura di uscire dall'investimento in perdita: questo perché la diminuzione del valore dovuta alla variazione dei tassi supera l'ammontare del rateo, cioè la quota di interessi maturati con il trascorrere del tempo. Queste due componenti si fondono nel prezzo di mercato, che può essere favorevole o sfavorevole all'investitore. Tuttavia pochi sanno che in una polizza vita le commissioni vengono pagate subito e quindi vanno a decurtare subito il capitale che effettivamente viene investito. In questo modo le commissioni incidono su tutta la capitalizzazione degli interessi fin dall'inizio. È infatti ben diverso pagare un 5-6% di commissioni alla fine dell'investimento, e per 10 anni aver potuto far fruttare l'intero capitale, dal pagare invece quelle commissioni subito e partire immediatamente con un capitale decurtato su cui si andrà a calcolare la rivalutazione. Ti faccio un esempio. Se una polizza rende il 5% per 10 anni, un capitale iniziale di 100 alla scadenza sarà pari a circa 163. Ora, se decurti un 6% di commissioni alla fine dell'investimento, anziché 163 incasserai 157. Se invece trattieni subito il 6% di commissioni sul suo capitale pari a 100, investirai solo 94, che alla fine dei 10 anni saranno pari a circa 153. Capito la differenza? Si tratta di decidere tra il rischio di penalizzazione che la rivendita prima della scadenza di uno zero coupon può comportare e la certezza di un'importante penalizzazione iniziale nel caso della polizza vita.
Inoltre, la maggior parte delle polizza vita non sono affatto riscattabili nei primi anni e qualora, in via del tutto eccezionale, la compagnia lo consenta ciò comporta un'ulteriore penale. Da quest'esempio credo che sia facile capire come lo zero coupon sia decisamente più flessibile.

Dunque gli zero coupon battono sempre le polizze vita?

Se vengono acquistati nel momento giusto, cioè quando i tassi di interesse sono ai massimi, senz'altro sì. Ma se vengono acquistati nel momento sbagliato, la polizza vita offre un rendimento maggiore, poiché il fondo assicurativo sarà in grado di cogliere l'incremento dei rendimenti grazie al fatto che una parte dei suoi titoli obbligazionari ogni anno scade e dunque consente di reinvestire ai tassi di mercato più favorevoli.

Quindi possiamo dire che gli zero coupon rappresentano perlomeno un termine di paragone per chi vuole valutare la convenienza di una polizza vita?

Sì, senz'altro.

Le obbligazioni societarie

Le obbligazioni societarie

In questa tipologia di obbligazioni rientrano tutti i titoli emessi da società private. In alcuni casi si tende a escludere da questa categoria le obbligazioni bancarie, ma ciò rappresenta un errore, in quanto le banche sono società di capitali a tutti gli effetti. Perché è necessario trattarle a parte? Semplicemente perché il numero degli emittenti è di gran lunga maggiore rispetto a quello dei titoli di Stato (pur comprendendo in quest'ultima categoria anche le obbligazioni governative straniere). Di conseguenza diventa più problematico giudicare l'affidabilità dell'emittente. Per fare questo ci si affida ai rating, ma questi hanno già dimostrato di non essere sempre e del tutto affidabili, come per esempio nel clamoroso caso di Lehman Brothers.

Le obbligazioni societarie tendono ad avere mediamente una scadenza più breve rispetto a quella dei titoli di Stato perché i loro emittenti sono esposti a una maggior dinamica evolutiva, determinata dall'andamento della congiuntura mondiale, del loro Paese e del loro settore, oltre che, naturalmente, anche dalla qualità del management. Vi sono comunque diversi casi di emissioni societarie con scadenze decisamente lunghe, ma si tratta senz'altro di rarità.

L'elemento aggiuntivo di questa tipologia di obbligazioni, concludendo, è senz'altro la maggior attenzione necessaria per mantenere sotto controllo l'evoluzione della solidità dell'emittente. Per questo motivo in questa tipologia di titoli è più probabile assistere a una variazione del prezzo, dovuta soprattutto ai timori per la solvibilità della società che l'ha emessa.

Ora parliamo di un mercato che al momento, in Italia, non ha ancora lo spessore di cui invece gode all'estero: le obbligazioni societarie.

Sì, in effetti da noi il mercato del debito delle aziende non è paragonabile a quello degli altri Paesi, soprattutto al mercato americano.

Per quale motivo?

Beh, fino a una trentina di anni fa il nostro è stato un capitalismo piuttosto anomalo, fortemente dominato dalla presenza dello Stato e, di fatto, concentrato su poche famiglie imprenditoriali. Questo ha fatto sì che una buona fetta del debito delle aziende statali fosse finanziato indirettamente con il debito pubblico, cioè con i titoli di Stato, che indubbiamente ai risparmiatori italiani piacevano di più, anche perché una grossa parte di essi era a breve termine, perché era costituita da BoT. Emettere obbligazioni così a breve termine nella stessa proporzione non sarebbe stato altrettanto facile con il debito industriale.

Dunque l'industria di Stato, almeno per quanto riguarda la raccolta dei capitali, ha procurato vantaggiose economie di scala?

Sì, da questo punto di vista senz'altro sì.

E per quanto riguarda il capitalismo familiare?

Beh, le aziende private hanno sempre fatto ricorso in maniera anomala all'indebitamento bancario rispetto a quanto succede negli altri Paesi industrializzati. Questo comportamento è stato favorito anche dalla dimensione media delle aziende italiane che, essendo molto piccola, rende difficile l'accesso ai mercati finanziari.

E ora com'è la situazione?

Lo Stato ha fortemente diluito il controllo sulle aziende energetiche, ma di fatto lo detiene ancora. Le banche sono state privatizzate, trasformandosi così da enti pseudo-pubblici, in grandi compagnie private ed esclusivamente orientate al profitto.
Ho fatto questo breve excursus per dire che il MOT, cioè il Mercato Obbligazionario Telematico, è di fatto monopolizzato dalle obbligazioni emesse dalle aziende statali o ex-statali e dalle banche. L'accesso delle aziende private di medie dimensioni è ancora piuttosto raro.

Dunque la situazione risente ancora molto dei decenni precedenti.

Di fatto, sì. Lo sviluppo del mercato delle obbligazioni private è ancora piuttosto lento. Ma probabilmente sono le aziende stesse a essere ancora troppo poco stimolate a emettere obbligazioni quotate, dal momento che il nostro mercato obbligazionario, almeno nel segmento delle emissioni private, non è liquidissimo, per cui i titoli collocati dalle aziende più piccole per il momento godono di pochissima visibilità. A questo punto continua a essere molto attraente rivolgersi direttamente alle banche, visto che oltretutto è anche più semplice.

RICORDA!

Passiamo ora al punto di vista del risparmiatore. Conviene investire nelle obbligazioni societarie?

Senz'altro conviene, ma occorre fare molta attenzione nella selezione dei titoli e nella loro successiva gestione. Prima ho parlato della scarsa liquidità di parecchie emissioni private. Ebbene, questo aggiunge un ulteriore elemento di rischio, cioè la possibilità di pagare prezzi più elevati del dovuto quando si acquista il titolo e, peggio, la difficoltà nel liquidare le obbligazioni in caso di bisogno e/o il rischio di riuscire a venderle solo a prezzi sconvenienti.

Poi c'è anche il rischio di insolvenza dell'emittente!

Sì, e proprio di recente ne abbiamo avute alcune piuttosto clamorose, vale a dire Cirio, Parmalat e Lehman Brothers. In questo caso, il rischio è quello di sottoscrivere titoli eccessivamente rischiosi perché attratti dal maggior rendimento che essi pagano rispetto ai titoli di Stato. Ma la regola è che il titolo che paga meglio è anche più rischioso.

Come si può capire la rischiosità dell'emittente?

Non è semplicissimo, per lo meno per l'investitore non avvezzo a questo tipo di problemi. Lo strumento informativo principale in materia di solvibilità è rappresentato senz'altro dai rating, di cui parliamo in un'altra sezione del libro. Tuttavia, essi costituiscono una soluzione solo a metà, poiché innanzitutto non sono di immediata lettura e poi, purtroppo, nel caso delle obbligazioni societarie sono generalmente bassi. Pertanto, essendo il grado di rischio mediamente più elevato rispetto a quello dei titoli di Stato, diventa davvero molto difficile saper fare una selezione, cioè sapere scegliere.

Inoltre, il caso di Lehman Brothers ha dimostrato la non completa affidabilità di questi giudizi.

Dunque è meglio farsi consigliare da un esperto.

Diciamo che aiuterebbe molto le prime volte che si investe in titoli del genere. Tuttavia, l'esperto non deve essere un consulente qualunque, ma dovrebbe avere qualche anno di esperienza e avere visto con i propri occhi qualche default, cioè qualche insolvenza.

Perché?

Perché solo chi ha visto per davvero qualche default sa che quando queste situazioni si verificano sono quasi sempre inattese e che spesso anche i rating non riescono ad anticiparli.

Che cosa succede ai titoli quando si verifica un default?

Dipende. A volte il default viene anticipato da una serie di voci sulla possibile incapacità dell'azienda di rimborsare il proprio debito. In quel caso la quotazione delle obbligazioni (se sono quotate) precipita in maniera violenta, arrivando rapidamente a circa 40-60 centesimi. Se poi il default si verifica per davvero, le obbligazioni vengono sospese dalle contrattazioni, sempre nel caso in cui esse siano quotate. A quel punto diventano dei documenti che attestano l'esistenza del credito nei confronti della società, ma non danno più la certezza di essere rimborsati integralmente. Quindi è possibile che la società emittente venga rilevata da una nuova proprietà, la quale si accolla il debito e dunque paga le obbligazioni. Altre volte viene proposta una forma di dilazione, cioè il prolungamento abbastanza sensibile della scadenza, oppure viene proposto un rimborso parziale, come per esempio nel caso delle obbligazioni argentine. Infine può essere proposta la conversione delle obbligazioni in azioni, come nel caso Parmalat.

Quindi, comunque vadano le cose, la vita dell'investitore si complica?

Purtroppo sì.

Alla luce di tutto questo, in che percentuale un investitore saggio dovrebbe detenere obbligazioni societarie?

Come sempre dipende dal suo profilo di rischio. In ogni caso un portafoglio in cui le obbligazioni societarie arrivino a superare il 50% inizia senz'altro a essere piuttosto aggressivo, quindi abbastanza rischioso. Per lo meno se, come purtroppo spesso accade, quel 50% è rappresentato da non più di due o tre titoli societari. Come sempre la differenziazione è un'arma vincente.

Le euro obbligazioni

Le euro obbligazioni

Gli *eurobond* hanno una storia relativamente lunga. Nascono durante gli anni Sessanta, come conseguenza dell'introduzione di normative stringenti negli Stati Uniti, nel 1963, a opera dell'amministrazione Kennedy, per frenare l'acquisto di titoli stranieri. La caratteristica principale di questi titoli è quella di avere una valuta di emissione diversa da quella della nazionalità dell'emittente e la libera circolazione in Paesi diversi da quello di emissione.

La prima "euro obbligazione" fu italiana, essendo stata emessa nel 1963 da Società Autostrade. Da allora, il significato attribuito a questi titoli è progressivamente cambiato, anche se gli elementi di fondo rimangono pressappoco gli stessi, compreso il fatto che avere accesso al mercato internazionale, in cui la fanno da padrone le grandi banche, è certamente una circostanza importante per un'emittente di medie-grandi dimensioni perché il suo fabbisogno finanziario, per grande che possa essere, una volta paragonato ai grandi flussi internazionali, diventa più facilmente soddisfabile.

Dalla seconda metà degli anni Novanta le euro obbligazioni hanno iniziato ad apparire nei portafogli dei risparmiatori italiani. In seguito il fenomeno è cresciuto di importanza, ma dopo il caso delle obbligazioni argentine sembra stia vivendo un momento di crisi.

Sì, era inevitabile una caduta di popolarità dopo un caso così clamoroso. Tuttavia credo che sia sbagliato ora fare di tutta l'erba un fascio: non tutti i titoli di questo mercato presentano lo stesso rischio delle obbligazioni argentine, ma anzi vi sono diverse interessanti opportunità di investimento, naturalmente con diversi profili di rendimento e di rischio.

In effetti è del tutto sbagliato paragonare la rischiosità di emittenti sovranazionali come la BEI, Banca Europea degli Investimenti, o la BIRS, Banca Internazionale per la Ricostruzione e lo Sviluppo, con quelle dei Paesi sudamericani.

Senz'altro, ma quando si vanno a vedere i rendimenti delle diverse tipologie di titoli, nascono le inevitabili note dolenti.

Perché?

Perché vi sono notevoli differenze tra i rendimenti offerti dalle due banche che tu hai citato, che per la cronaca sono addirittura inferiori a quelli dei titoli di Stato italiani, con quelli offerti dalle obbligazioni societarie o con quelli dei titoli dei Paesi in via di sviluppo. Il risparmiatore medio ormai sa che differenza c'è in termini di sicurezza tra i titoli della BEI e i titoli dell'Argentina o del Brasile. Ciò che ancora fa fatica ad accettare è proprio la differenza di rendimento dei titoli sicuri, cioè quelli con rating alti quali "AAA", e quello dei titoli decisamente più rischiosi. Come dicevamo prima a proposito dei titoli di Stato italiani, gli alti livelli di rendimento che l'Italia ha pagato per molti decenni adesso rendono difficile per i risparmiatori una corretta selezione dei titoli obbligazionari in cui investire.
Non c'è nulla da fare: gli italiani al momento non si sono ancora abituati alla nuova struttura dei tassi di interesse che è collocata decisamente a un livello più basso rispetto a ciò che è stato per molti anni in passato.

Dunque i risparmiatori sono condannati a sbagliare sistematicamente le loro scelte di investimento?

Spero proprio di no! Diciamo che temo che siano condannati ancora per diversi anni a far fatica ad accettare la nuova struttura dei tassi di interesse e ciò fa sì che il rischio di sbagliare le proprie scelte, almeno per ciò che concerne le euro obbligazioni, rimanga piuttosto elevato.

RICORDA!

Staremo a vedere. Ma ora parliamo dei corretti criteri di scelta per le euro obbligazioni.

Dobbiamo innanzitutto precisare che questo è un mercato non regolamentato, che non si svolge all'interno di una vera e propria Borsa valori, ma avviene mediante l'interconnessione di un certo numero di banche che agiscono da market maker e che si impegnano a presentare tutti i giorni dei prezzi, naturalmente che fanno comodo a loro. Ciò significa che bisogna stare molto attenti quando si acquistano queste obbligazioni, perché ci può essere una bella differenza tra il prezzo indicativo che viene fornito dalla stampa finanziaria e quello che poi effettivamente si è in grado di lucrare. A volte queste differenze arrivano anche a uno-due punti (per esempio 101,50 anziché 99,50), che naturalmente significano altrettanti punti percentuali in meno in termini di rendimento, sulla durata dell'intero investimento.

RICORDA!

Che cosa fare allora?

Innanzitutto non acquistare mai questi titoli con ordini "al meglio", cioè senza limite di prezzo. Conviene, prima di comprarli, cercare di seguirne l'andamento del prezzo per alcuni giorni, mediante i giornali o chiedendo le quotazioni direttamente alla propria banca o alla propria SIM, per farsi un'idea della liquidità del titolo. Se vi è un enorme scostamento nel prezzo da un giorno all'altro, nell'ordine dei 20-30 centesimi, occorre essere molto prudenti circa i prezzi che si è disposti ad accettare e conviene sempre inviare un ordine alla propria banca indicando un prezzo più vicino alla parte bassa della forchetta di quelli che si sono osservati. Quindi, per esempio: se i prezzi dell'ultima settimana sono stati 98,30, 98,50, 98,65, 98,48 e 98,58, nel proprio ordine di acquisto sarebbe meglio proporre un prezzo tra 98,35, 98,40. Non di più. Se proprio non ci vogliono vendere i titoli al prezzo che noi vogliamo, meglio aspettare qualche giorno o cambiare il titolo. Se, al contrario, noi dovessimo vendere, il prezzo da proporre sarebbe tra 98,55 e 98,60. Acquistare o vendere bene le obbligazioni significa innalzarne decisamente il rendimento.
L'esatto contrario vale se si opera male.

CONSIGLIO

Ci sono altri segreti?

Certo. Proprio perché il prezzo incide molto sul rendimento finale, occorre evitare di acquistare titoli con scadenza troppo ravvicinata. Questa regola vale per qualsiasi obbligazione, non solo per i titoli quotati sull'euromercato. Tuttavia, quando si opera con questi ultimi il principio raggiunge la sua massima validità. Anche in questo caso un esempio può aiutare a capire molto rapidamente. Una differenza di 0,50 centesimi nel pezzo, come per esempio quella che va da 99,10 a 99,60, comporta un minor rendimento di mezzo punto percentuale se il titolo che acquistiamo scade dopo 1 anno, mentre questo minor rendimento si riduce a solo lo 0,25% se il titolo scade dopo 2 anni e così via. Ecco perché questo principio vale per qualsiasi tipo di obbligazione, anche quelle quotate sui mercati più efficienti: perché perlomeno consente di ammortizzare il più possibile le commissioni d'acquisto.

A volte queste obbligazioni sono quotate in valuta estera. Come comportarsi in quei casi?

Diciamo che acquistare obbligazioni quotate in valuta estera è il modo più efficiente per speculare o, meglio, per investire nella stessa valuta. In questo modo, cioè acquistando obbligazioni espresse in quella valuta, è possibile lucrare sull'apprezzamento della valuta stessa e si ottiene in più il rendimento cedolare pagato da quel titolo. In questo caso un fattore che incide in maniera importante sulla redditività dell'operazione è il cambio che viene applicato nel momento in cui si acquistano obbligazioni. Infatti, quando i titoli, siano essi azionari od obbligazionari, sono quotati in una divisa diversa dall'euro, nel momento in cui si acquistano, la banca o la SIM effettua contestualmente anche una compravendita di valuta per poter regolare l'operazione. L'esatto contrario avviene quando si vende il titolo. In quel momento, infatti, noi vendiamo l'obbligazione e contemporaneamente la banca o la SIM vendono la valuta in cui era espressa l'obbligazione. Questo significa che il tasso di cambio che viene applicato all'operazione può incidere in maniera importante, specialmente se si detiene l'obbligazione per poco tempo. In questo caso, infatti, essendovi prima un acquisto e poi una vendita, le operazioni di cambio sono due. Se l'operazione su quella valuta avviene *una tantum*, come per esempio può succedere su una divisa di Paesi lontani come il rand sudafricano o il rublo russo, conviene lasciare che la gestione della valuta estera venga effettuata in automatico dall'intermediario finanziario. Se invece si opera spesso su una singola divisa estera, come per esempio può avvenire nel caso del dollaro statunitense, allora è sicuramente più conveniente aprire, presso la banca o la SIM in cui sono custoditi i titoli, anche un conto valutario e depositarvi i dollari nell'intervallo tra un investimento e l'altro. In questo caso si limitano al minimo le operazioni di compravendita di valuta e quindi si evita di pagare commissioni e di perdere sul cambio.

E se la valuta dovesse perdere parecchio valore?

Allora certamente tenerla sul conto valutario comporterebbe delle perdite, ma a quel punto la stessa cosa accadrebbe anche detenendo l'obbligazione. Meglio evitare qualunque investimento in quella divisa.

Mi sembrano ottimi consigli. Che cosa possiamo dire, invece, sui criteri con cui scegliere la singola obbligazione?

Valgono gli stessi principi che abbiamo enunciato a proposito delle obbligazioni societarie quotate sul Mercato Obbligazionario Telematico italiano, con l'aggiunta del consiglio di investire, se possibile, in società delle quali sia relativamente facile avere notizie, quindi società europee o americane. Infatti, se non è facile reperire notizie, non è nemmeno facile rendersi conto se le cose per l'emittente iniziano ad andare male, salvo poi trovarsi di colpo sgradevoli sorprese direttamente sulla quotazione dei titoli. Invece, se vi sono problemi per grandi e famose società, quali per esempio General Motors o Deutsche Telekom, è relativamente facile venirne a conoscenza, poiché i mass media italiani, finanziari e non, ne parlano senz'altro con tempestività. Non a caso le grandi banche, quando decidono di investire massicciamente in un Paese, come minimo vi aprono un ufficio di rappresentanza non solo per acquisire i clienti, ma anche per rendersi conto di ciò che accade realmente all'economia e alla politica di quello Stato.

Le obbligazioni strutturate convengono?

Le obbligazioni strutturate

Le obbligazioni strutturate rappresentano una tipologia molto interessante di strumenti di finanziamento. A essere "strutturato" è il modo in cui viene calcolata la remunerazione che esse offrono, cioè l'importo della cedola e l'eventuale indicizzazione del capitale che viene rimborsato alla scadenza.

Questa tipologia di titoli esiste da diversi decenni, ma ha vissuto un vero e proprio boom negli anni Ottanta, periodo caratterizzato da alta inflazione e da un aumento della propensione al rischio di molte società emergenti, due fattori che hanno senz'altro alimentato la fantasia degli specialisti che progettavano questi titoli, chiamati "strutturatori". Di seguito mostreremo rapidamente le principali tipologie di obbligazioni strutturate, le quali non possono pretendere di esaurire tutti i casi che si possono incontrare sul mercato, soprattutto perché la continua evoluzione dei mercati finanziari stimola la creazione di nuove architetture obbligazionarie.

Obbligazioni con floor e/o cap. Sono titoli strutturati a tasso variabile con i quali l'emittente non riconosce al sottoscrittore eventuali aumenti dei tassi di interesse al di sopra di un determinato livello (*cap*) e/o garantisce che il tasso d'interesse pagato dall'obbligazione non scenda al di sotto di un certo livello (*floor*). Quando queste due clausole sono entrambe presenti nell'obbligazione si dice che quest'ultima è *collared*, cioè il tasso d'interesse che essa riconosce è compreso all'interno di una fascia di oscillazione, chiamata *collar*.

Obbligazioni step up e step down. Come lascia intuire il nome, si tratta di obbligazioni che prevedono un aumento programmato (*step up*) o una diminuzione programmata (*step down*) del tasso di interesse corrisposto. Che differenza c'è tra questi titoli e un'obbligazione a tasso variabile? La differenza è che in questo caso la variazione della cedola è programmata *a priori* e non tiene conto in alcun modo dell'andamento di mercato. Così, per esempio, chi si aspetta una rapida diminuzione dei rendimenti di mercato, potrebbe trovare interessante un'obbligazione "step down" se ritiene che la discesa dei rendimenti sarà più rapida rispetto al programma di riduzione della cedola.

Obbligazioni reverse floater. Si tratta di titoli obbligazionari a tasso variabile ma a indicizzazione contraria rispetto all'andamento dei rendimenti di mercato. Quindi, quando questi ultimi aumentano, il tasso d'interesse pagato da questa tipologia di obbligazioni si riduce e viceversa. Va da sé che si tratta di titoli che diventano interessanti in momenti in cui ci si aspetta una netta e duratura discesa dei rendimenti di mercato. Tuttavia bisogna ricordare che, per motivi matematici legati alla loro particolarissima modalità di calcolo della cedola

(continua)

(segue)

(spesso composta da un tasso fisso a cui viene sottratto il doppio di un tasso variabile), la volatilità del loro prezzo è molto elevata e dunque, pur essendo titoli indicizzati, non possono certo considerarsi un investimento tranquillo. Pertanto l'acquisto di un titolo del genere va valutato con calma e attenzione.

Obbligazioni fixed-floater. Sono obbligazioni che nei primi anni di vita pagano un tasso di interesse fisso e generalmente piuttosto elevato. Successivamente diventano titoli a tasso variabile indicizzati a un rendimento di mercato in maniera tale che la remunerazione che essi offrono si riduca, spesso in maniera sensibile.

Obbligazioni reverse convertible. Sono costituite dalla combinazione di un'obbligazione ordinaria a breve termine (di durata inferiore all'anno) e un'opzione put implicitamente venduta dal sottoscrittore all'emittente. Un'obbligazione reverse convertible corrisponde al possessore una cedola di ammontare elevato rispetto a obbligazioni di pari durata. Il differenziale di cedola rappresenta il premio dell'opzione implicita venduta dal sottoscrittore all'emittente. La componente opzionale fa sì che alla scadenza il capitale investito venga rimborsato alla pari solo se il prezzo di un determinato titolo azionario (sottostante l'opzione) è superiore a un determinato livello (*strike price*). In caso contrario il rimborso avverrà mediante consegna di un prefissato numero di azioni sottostanti (oppure mediante versamento del loro controvalore) il cui valore è inferiore al valore nominale del prestito obbligazionario.

L'opzione put implicita può anche essere di tipo *knock-in*. In tal caso la consegna delle azioni è subordinata a due condizioni: prezzo del titolo inferiore allo strike price e superamento al ribasso di un determinato livello di prezzo, almeno una volta nel corso della vita dell'obbligazione.

Adesso parliamo di un argomento estremamente controverso per i risparmiatori. E cioè: le obbligazioni strutturate convengono?

Il campo delle obbligazioni strutturate è estremamente vario e articolato. Sono molteplici infatti le forme di indicizzazione offerte da questi strumenti, cioè sono molto diversi tra di loro i meccanismi che determinano il rendimento di queste attività finanziarie. Comunque, nella maggior parte dei casi il primo grosso problema a carico dell'investitore è che questi titoli non sono quasi mai quotati e spesso il loro prezzo viene determinato unicamente dall'emittente, che poi è anche l'unico disposto a riacquistarli.

Dunque c'è un conflitto di interessi.

Sì. Il conflitto di interessi è evidente e deve obbligatoriamente venire dichiarato al cliente al momento della sottoscrizione.

Torniamo a parlare della convenienza di questi titoli. Dicevi che il loro rendimento viene determinato nelle forme più svariate.

Assolutamente sì. Le obbligazioni strutturate più diffuse offrono un rendimento che è legato all'andamento di qualche indice di borsa. Il capitale è garantito, ma la loro performance può non essere completamente legata all'andamento dell'indice di riferimento, ma solo in parte, per esempio all'80%. La parte che viene trattenuta serve alla banca per compensare il rischio che l'indice, anziché salire, scenda.

Questo tipo di obbligazione è conveniente?

Sì. Direi che è conveniente ed è sufficientemente equa, nel senso che la percentuale trattenuta dalla banca mi sembra tutto sommato ragionevole. L'unica incognita rimane sempre la rivendibilità del titolo prima della scadenza.

Esistono delle tipologie di titoli meno convenienti?

Beh, in passato sono state emesse obbligazioni la cui remunerazione era calcolata in base alla performance del peggiore di una serie di titoli azionari. È chiaro che anche il peggiore dei titoli azionari in un momento favorevole può offrire un buon rendimento. Tuttavia, almeno dal punto di vista della comunicazione, queste operazioni non sono state delle migliori. Inoltre, questi titoli sono stati emessi nei periodi in cui le Borse erano vicine ai massimi, per cui i valori azionari hanno poi iniziato a scendere e le performance dei peggiori sono state davvero pessime. Questi titoli, però, diventano interessanti se acquistati dopo forti cali di Borsa.

Volevo farti un paio di domande sulla strategia di utilizzo di questi strumenti. La prima riguarda le obbligazioni step up e step down. Il quesito è questo: se si prevede una discesa dei rendimenti di mercato, non si dovrebbero acquistare quasi esclusivamente obbligazioni con clausola step up?

La risposta è che in realtà il mercato non permetterebbe questa convenienza, perché attribuirebbe un prezzo all'obbligazione step up di gran lunga maggiore rispetto a quello richiesto per l'obbligazione step down. Nel caso in cui anche l'obbligazione step up dovesse avere un prezzo interessante, potrebbe essere indice del fatto che invece gli operatori si attendono un aumento dei rendimenti di mercato molto più rapido rispetto al programma di adeguamento della cedola contenuto nell'obbligazione stessa.
Per concludere la nostra analisi giova ricordare una circostanza meno ovvia di quello che sembri, cioè che in questa tipologia di obbligazioni, pur essendo composta da titoli a tasso variabile, l'ammontare complessivo degli interessi pagati al sottoscrittore è fisso e dunque determinabile con certezza, a differenza di quanto accade invece nel caso delle semplici obbligazioni a tasso variabile. Quindi, in questa tipologia di titoli il tasso di interesse non è fisso, ma lo è il programma con cui sarà variato. Per questo motivo i loro prezzi possono comunque mostrare una certa variabilità in adeguamento alla variazione dei rendimenti di mercato.

La seconda domanda di tipo strategico è questa: le obbligazioni fixed-floater spesso prevedono che le prime cedole siano di ammontare particolarmente elevato per attirare la domanda, ma in seguito il rendimento può ridursi di molto. Non c'è il rischio che l'investitore possa subire un'eccessiva attrazione per queste cedole iniziali particolarmente generose?

Altroché! Spesso queste obbligazioni generano troppa attrazione nei confronti dei risparmiatori a causa delle elevate cedole iniziali. Nel tempo, però, si dimostrano titoli molto meno convenienti di quanto si pensasse. L'investitore potrebbe pensare, erroneamente, di acquistare queste obbligazioni fin tanto che è in vigore il regime di tasso fisso elevato, per poi venderle successivamente nel momento in cui il loro rendimento diventerà variabile e si ridurrà. Ma nel momento in cui si verifica questo passaggio dal tasso fisso al tasso variabile, spesso il loro prezzo precipita e questo può provocare perdite in conto capitale per chi non ha valutato attentamente le loro caratteristiche.

Va comunque detto che, in alcuni casi, l'informativa che viene fornita sul rendimento di queste obbligazioni è errata, in quanto si comunica che il rendimento a scadenza del titolo è pari al tasso fisso. Ciò accade perché non è possibile determinare a priori il valore delle cedole variabili, essendo legata all'andamento futuro di un parametro di mercato. Per convenzione (discutibile), alcune fonti forniscono l'unico tasso certo in quel momento, che però è provvisorio. Ecco perché è importante che il risparmiatore legga attentamente il regolamento di questi titoli (come di qualsiasi titolo obbligazionario) per non commettere errori nel suo investimento.

Parlavi prima dei reverse floater. Che cosa sono esattamente?

Sono delle obbligazioni costruite in maniera tale da offrire un rendimento inversamente proporzionale ai tassi di mercato. Normalmente pagano un tasso che è dato dalla differenza tra un tasso fisso elevato e il doppio di un tasso di mercato. Quindi, se i tassi di mercato aumentano, è maggiore la componente che viene decurtata dal tasso fisso. Va da sé che il loro prezzo funziona al contrario di quello delle altre obbligazioni: sale quando i tassi salgono e scende quando i tassi calano.

Quindi rappresentano lo strumento ideale per chi vuole investire proprio nel momento in cui i tassi di mercato sono ai massimi?

Sì, esattamente.

Dicevi prima che sono in assoluto le obbligazioni che mostrano la maggior variazione di prezzo...

Sì, poiché di fatto sono due obbligazioni, una a tasso fisso e una a tasso variabile. La variabilità complessiva del titolo è la somma delle variabilità di queste due componenti, e pertanto è molto elevata.

Dunque occorre prestare molta attenzione quando si investe in questo tipo di titolo.

Assolutamente sì. Oltretutto poi non sono nemmeno molto liquide, nel senso che spesso sui mercati vengono proposti dei prezzi di acquisto e di vendita ben lontani da quello che dovrebbe essere il giusto valore.

Esistono anche le cosiddette obbligazioni "reverse convertible".

Sì. Queste erano obbligazioni di durata brevissima, 18 mesi, che offrivano, nel caso in cui il titolo azionario a cui erano legate fosse salito, un interesse molto alto; mentre se l'azione fosse scesa, alla scadenza, invece di rimborsare il capitale, sarebbe stato consegnato il titolo azionario. È chiaro che già in partenza il titolo era molto rischioso per il sottoscrittore perché offriva un guadagno elevato ma limitato, contro il rischio pieno della svalutazione del titolo azionario sottostante. Poi i mercati hanno fatto il resto e diverse obbligazioni di questo tipo hanno comportato delle perdite per i sottoscrittori.

Abbiamo visto, dunque, che in molti casi le obbligazioni strutturate sono rischiose. Perché allora le banche continuano a proporle?

Perché rappresentano una raccolta diretta non soggetta a riserva obbligatoria. Sono cioè denaro che la banca può utilizzare tranquillamente fino alla scadenza per i propri investimenti senza essere sottoposta ad alcuni dei vincoli che riguardano la raccolta in conto corrente, anche se naturalmente vi è sempre il controllo da parte della Banca d'Italia dell'utilizzo che viene fatto di questi fondi.

Quindi sono un buon prodotto per le banche!

Sì, direi ottimo! Ed è per questo che dovrebbero offrire ai sottoscrittori rendimenti sicuri e allettanti. Comunque, le forme a volte strane con cui vengono emesse sono soprattutto figlie delle condizioni di mercato. Se si pensa che il boom di queste emissioni si è verificato a cavallo del Duemila, risulta ben chiaro come mai siano state così strettamente legate a strumenti azionari. In quel periodo, infatti, la Borsa andava bene.

Ma allora queste obbligazioni sono convenienti oppure no?

Se si comprende bene il loro funzionamento e vi si investe un capitale non elevato, visto che non sono quotate, possono essere molto interessanti. Oltretutto l'emittente, cioè la banca, in Italia è solido e particolarmente tutelato. Naturalmente bisogna acquistarle nei momenti giusti. Pertanto si deve evitare di acquistare titoli legati a indici azionari nei momenti di euforia borsistica, di investire in titoli a tasso fisso quando le aspettative sono di aumento dei tassi, e occorre fare molta attenzione a investire in titoli "reverse", cioè il cui andamento è opposto rispetto alla grandezza di riferimento, come per esempio nel caso delle obbligazioni a tasso variabile in cui l'andamento della cedola è il contrario di quello di mercato. In questi casi, infatti, vale la regola aurea: non investire in strumenti che non si conoscono o che non si riesce a comprendere.

Dunque tu non sei tra gli scettici nei confronti di questi titoli.

Assolutamente no, non c'è motivo di esserlo. L'importante è investire in titoli il cui funzionamento favorisca il detentore. E questi titoli, acquistati al momento giusto, possono rendere bene. Spesso succede che il momento migliore per comprarli sia non in emissione, ma successivamente, sul mercato secondario organizzato dalla banca emittente.

Ci sono anche obbligazioni strutturate quotate...

Quelle sono senz'altro le migliori in termini di trasparenza di prezzo. Se ne può studiare regolarmente l'andamento. Ma anche quelle non quotate, lo ribadisco, se acquistate al momento giusto possono essere ottime!

Le obbligazioni convertibili e convertende

Le obbligazioni convertibili e convertende

Le obbligazioni **convertibili** offrono al sottoscrittore la facoltà di convertire questi titoli di debito in titoli azionari entro determinati periodi di tempo (chiamati "periodo di conversione") e a rapporti di cambio prefissati ("rapporti di conversione"). Queste obbligazioni forniscono al sottoscrittore la certezza di un rendimento e del rimborso del capitale (tranne, naturalmente, nel caso di dissesto finanziario dell'emittente) e la possibilità di essere convertite in titoli azionari dell'emittente stesso qualora sia conveniente nell'istante in cui è possibile farlo, o si ritenga che lo diventerà in futuro, perché il prezzo di borsa delle azioni è cresciuto o crescerà oltre il valore di conversione previsto dall'obbligazione. Per l'emittente il vantaggio è quello di poter evitare il rimborso dell'obbligazione, se nel frattempo i suoi titoli azionari si sono apprezzati in maniera allettante. In questa tipologia di obbligazioni spetta al detentore decidere se effettuare o meno la conversione.

Nel caso delle obbligazioni **convertende**, invece, la conversione in azioni è già stabilita a priori, sempre a rapporti di cambio prefissati. È facile comprendere come in questa seconda categoria di obbligazioni il rischio per il sottoscrittore sia maggiore, in quanto l'obbligazione non prevede il rimborso del capitale. Per questo motivo, però, il rendimento pagato dall'obbligazione durante la sua vita è di solito nettamente superiore a quello offerto dall'obbligazione convertibile.

Le obbligazioni convertibili sembrano uno strumento decisamente interessante...

Lo sono certamente, anche se spesso si tende a sopravvalutare il valore della facoltà di conversione.

In che senso?

Nel senso che non è affatto detto che la conversione in azioni sia conveniente e a quel punto ci si ritrova a detenere un titolo obbligazionario che, proprio perché offre questa facoltà, nel momento dell'emissione viene dotato di una cedola generalmente piuttosto contenuta.

Però almeno si evitano le perdite, a differenza di quanto succede detenendo azioni.

Dipende dal prezzo a cui si sono acquistate le obbligazioni. Se è superiore al valore di rimborso, può capitare di subire perdite, per quanto lievi, anche acquistando obbligazioni convertibili.

Comunque le perdite sono inferiori a quelle in cui si può incorrere acquistando inizialmente l'azione della società che emette l'obbligazione convertibile.

Sì, questo è senz'altro vero. Ma in questo caso si sta parlando di sottoscrivere le obbligazioni convertibili, cioè di acquistarle direttamente al momento dell'emissione e non in un secondo tempo, quando il loro prezzo può essere molto elevato.

Quindi la chiave del successo dell'investimento in obbligazioni convertibili è fortemente legata al momento in cui si acquistano, in maniera simile a quanto accade per l'investimento azionario...

Proprio così. Nel caso delle obbligazioni convertibili si rischia di meno, ma l'effetto della corretta scelta di tempo si fa sentire, eccome!

Ma allora possono essere considerate una sorta di investimento propedeutico all'acquisto di azioni vere proprie?

Non direi, soprattutto se vengono acquistate all'emissione, quando offrono la massima protezione del capitale. In questo caso, infatti, il loro livello di rischio è decisamente inferiore rispetto a quello che si corre acquistando le azioni. Direi che, se si deve parlare di propedeuticità, va intesa con riferimento all'acquisto delle azioni della società emittente. In altre parole, io sarei interessato ad acquistare queste azioni, ma ritengo che in questo momento siano troppo rischiose. Vengo però a sapere che la società offre delle obbligazioni convertibili, che pagano una cedola contenuta ma interessante e che mi danno in seguito la possibilità di essere convertite in azioni, magari dopo che i titoli della società hanno acquistato molto valore. In questo caso acquistare obbligazioni convertibili può essere propedeutico alla successiva conversione in azioni.

Le obbligazioni subordinate

Le obbligazioni subordinate

Si tratta di una tipologia obbligazionaria che di recente è stata molto utilizzata dalle banche italiane. Questi titoli costituiscono **strumenti ibridi** tra obbligazioni vere e proprie e azioni, nel senso che il pagamento delle cedole e il rimborso del capitale può essere subordinato al non verificarsi di eventi sfavorevoli nella gestione della società emittente. Per questo motivo le obbligazioni subordinate vengono divise in classi in base a quella che gli anglosassoni definiscono *seniority*, la quale rappresenta la priorità con cui vengono pagati gli interessi e rimborsato il capitale nei momenti di difficoltà dell'emittente. I livelli (*tier*) di seniority sono i seguenti:

- ✓ Tier 3
- ✓ Lower Tier 2
- ✓ Upper Tier 2
- ✓ Tier 1

In caso di dissesto dell'emittente verrebbero prima pagate tutte le obbligazioni *senior* (cioè le obbligazioni comuni, non subordinate), poi le subordinate nell'ordine riportato qui sopra. Ma, anche senza arrivare al fallimento, esiste la possibilità che venga differito oppure sospeso il pagamento della cedola, o anche che il valore di rimborso venga decurtato.

Dal lato dell'emittente questi rischi diventano invece punti di forza, perché il debito subordinato pesa di meno nel computo della solidità finanziaria, in quanto il suo rimborso può essere sottoposto a condizioni ben precise. Questo migliora i suoi *ratio* patrimoniali, cioè i suoi indici di solidità finanziaria. È chiaro che, all'aumentare del livello di subordinazione del titolo, aumenta anche l'ammontare dell'interesse composto per renderlo attraente per i sottoscrittori.

Per concludere può essere interessante analizzare in dettaglio le caratteristiche dei vari livelli di subordinazione.

- ✓ Le obbligazioni di livello **Tier 3** sono le più privilegiate all'interno delle subordinate. Hanno scadenza breve, di solito dai 2 ai 4 anni. Qualora la banca emittente subisca delle perdite, non potrà ripianarle utilizzando le somme provenienti da questi titoli.
- ✓ Le obbligazioni **Lower Tier 2** sono un po' meno protette rispetto alle Tier 3, ma possono anch'esse considerarsi piuttosto privilegiate. Infatti il pagamento delle cedole viene bloccato solamente nel caso in cui si manifesti un grave caso di insolvenza. Il rimborso anticipato può avvenire solo su iniziativa dell'emittente previa autorizzazione della Banca d'Italia. La durata del rapporto deve essere pari o superiore a 5 anni e, se indeterminata (cioè nel caso di pubblicazioni perpetue), deve prevedere un preavviso di almeno 5 anni prima del rimborso.
- ✓ I titoli **Upper Tier 2** iniziano a sopportare maggiormente il peso della subordinazione. Con durata minima di 10 anni, nel caso di andamenti negativi non prevedono la cancellazione delle cedole, ma solo la sospensione. Esse saranno pagate successivamente al primo anno in cui l'emittente otterrà un utile.
- ✓ Infine le obbligazioni **Tier 1**, in caso di andamenti negativi della gestione o di liquidazione della società, garantiscono solo il privilegio rispetto ai detentori di azioni, ma sono subordinate rispetto a tutti gli altri crediti. Inoltre, la cedola può essere cancellata nel caso in cui la banca non paghi il dividendo agli azionisti.

Le obbligazioni subordinate sono, dal punto di vista tecnico, la tipologia più rischiosa, vero?

Sì, certamente. Il rimborso del capitale e il pagamento della cedola non sono certi ma, per l'appunto, subordinati alla mancanza di accadimenti sfavorevoli.

Ma allora che senso ha acquistarle?

Generalmente l'attrattiva che offrono è legata all'alto rendimento offerto da questi titoli. Altrimenti non avrebbe davvero senso acquistarle.

Ma il gioco vale la candela?

Beh, non sono certo titoli che si possono acquistare e successivamente dimenticare in un cassetto. Però a volte si nota una certa correlazione tra l'andamento dei titoli azionari e quello delle obbligazioni subordinate emesse dalla stessa banca. In questo caso il titolo obbligazionario subordinato offre una cedola piuttosto generosa in cambio del rischio legato all'andamento del prezzo.

Quindi si può dire che, rispetto all'investimento nell'azione vera e propria, l'obbligazione subordinata è meno rischiosa?

In linea di massima sì. Anche se spesso l'obbligazione viene emessa con importi minimi piuttosto elevati, il che aggiunge rischio in termini di dimensione minima dell'investimento.

Allora possiamo dire che si tratta di obbligazioni destinate a investitori dotati di buoni patrimoni e di una certa dimestichezza con i mercati finanziari?

Sì, possiamo dire così. In ogni caso è giusto anche osservare che a volte si parla di questi titoli obbligazionari con un'enfasi eccessiva sulla loro rischiosità. Il fatto che non sia sempre garantito il rimborso del capitale li fa diventare una sorta di obbligazioni "di serie B". Quando invece il problema non sta nella loro qualità, ma piuttosto nella loro forma giuridica, che comporta rischi maggiori rispetto a quelli impliciti nelle obbligazioni comuni, spingendo anche l'emittente a offrire un rendimento decisamente interessante.

Perché, secondo te, ciò accade?

Perché la differenza tra un'obbligazione subordinata a una comune si nota nel momento del dissesto o della grave difficoltà finanziaria dell'emittente. Dal momento che le peculiarità di questi titoli sono legate a casi sfavorevoli nella vita di chi le emette, per un'antonomasia errata, li si associa al dissesto. Però si dimentica che in questo caso anche le obbligazioni ordinarie possono perdere molto del loro valore e non necessariamente riescono a essere rimborsate. Le azioni, poi, possono vedere il loro valore completamente azzerato senza che l'emittente abbia alcun obbligo nei confronti degli azionisti. Dunque si tratta semplicemente di un'abitudine mentale scorretta.

Duration: molti ne parlano, pochi la conoscono

La duration

Descrivendo le varie tipologie di obbligazioni e titoli di Stato abbiamo spesso sottolineato che il prezzo dei titoli a tasso fisso può variare (e anche di molto) per allineare il rendimento del titolo a quelli di mercato. Questa variabilità di prezzo comporta un rischio, il quale va quantificato se si vuole impostare la strategia di investimento più conveniente. Lo strumento principale per calcolare questa variabilità è la **duration**, che rappresenta la **durata finanziaria** di un titolo obbligazionario, cioè la sua vita residua, ponderata con il flusso di cedole che il titolo pagherà in futuro.

Il valore della duration viene espresso in anni e giorni e indica la data entro cui il possessore di un titolo obbligazionario rientra in possesso del capitale inizialmente investito, tenendo conto delle cedole. Dunque, per esempio, se leggiamo che un'obbligazione ha una duration pari a 4,221, vuol dire che egli rientrerà mediamente in possesso del suo capitale in 4 anni e 221 giorni. Che cosa significa "mediamente"? Significa che alcuni flussi, di solito il capitale e alcune cedole, vengono rimborsati effettivamente dopo i 4 anni e 221 giorni. Tuttavia, siccome molte cedole vengono rimborsate prima di quell'epoca, la media dei tempi con i quali il detentore incassa le cedole e il capitale rimborsato, cioè la durata media di quel titolo, è pari a 4 anni e 221 giorni.

La duration diminuisce con l'avvicinarsi della scadenza dell'obbligazione e al crescere dell'ammontare della cedola; mentre aumenta se si riduce la frequenza di pagamento delle cedole. Perché accade ciò? Lasceremo da parte le formule matematiche e ci concentreremo sugli elementi più intuitivi. Possiamo dire che, se un'obbligazione ha scadenza breve, nel caso in cui i rendimenti di mercato aumentino, sarà necessario riallineare il rendimento di poche cedole. Se invece l'obbligazione ha scadenza più lunga, il numero di cedole da riallineare sarà decisamente maggiore, quindi la variazione di prezzo dovrà essere più ingente. A parità di scadenza, l'obbligazione con cedole più alte e/o rendimento più alto avrà una duration più bassa rispetto a un titolo che paga cedole più basse, perché, com'è facile da intuire, i flussi di capitale derivanti da cedole più alte sono più elevati rispetto a quelli prodotti da cedole di minor importo. Ma questo significa che i flussi finanziari che il detentore percepirà prima della scadenza saranno maggiori. Di conseguenza, la media dei tempi con cui vengono effettuati i pagamenti da parte dell'obbligazione si sposterà su un tempo più vicino. Lo stesso effetto sarà provocato da un maggior frazionamento delle cedole, quindi: a parità di altre condizioni, un titolo obbligazionario con cedola semestrale avrà una duration inferiore rispetto a quella di un titolo che paga cedole annuali.

(continua)

(segue)

Si comprende come la duration offra il grande vantaggio di sintetizzare in un'unica cifra una serie di informazioni di estrema importanza: frequenza delle cedole, tipo di rimborso e di ammortamento e rendimento. In questo modo è possibile confrontare tra loro vari titoli obbligazionari, e pertanto si possono scegliere le strategie di portafoglio più appropriate. Se, per esempio, ci si aspetta un aumento dei rendimenti di mercato, il comportamento più razionale consiste nel limitare le potenziali perdite scegliendo obbligazioni a tasso variabile o, se si vogliono comunque acquistare obbligazioni a tasso fisso per poter calcolare in anticipo con esattezza il loro rendimento a scadenza, è preferibile scegliere quelle caratterizzate da una duration più bassa.

Il calcolo della duration è semplice nel caso di obbligazioni a tasso fisso, mentre per i titoli indicizzati la difficoltà di stimare i flussi futuri costringe a ricorrere a ipotesi probabilistiche che alterano talvolta la significatività di questa misura.

Esiste poi la cosiddetta **duration modificata,** che non è più una misura di tempo ma di variabilità del prezzo dell'obbligazione al variare del suo rendimento interno. A titolo di esempio riportiamo la duration modificata di alcuni titoli BTp suddivisi per scadenza:

Scadenza	2 anni	5 anni	10 anni	30 anni
Duration modificata	1,91	4,37	8,70	17,21

Che cosa significano queste cifre? La duration modificata di 4,37, per esempio, indica che, se i rendimenti di mercato a cinque anni scendono dell'1%, il valore di un'obbligazione che abbia questa duration modificata sale 4,37 volte tanto, cioè del 4,37%. Si nota facilmente che la duration modificata diminuisce in maniera sempre più rapida all'aumentare della scadenza. Ciò succede per due motivi. Innanzitutto perché nel calcolo della media dei tempi di rimborso i vari flussi finanziari vengono scontati, quindi più sono lontani nel tempo più il loro valore diminuisce. Il secondo motivo è un puro e semplice "effetto media", cioè i titoli a lunga scadenza pagano un numero maggiore di cedole durante la loro vita e questo fa sì che la media dei tempi con cui il titolo produce flussi finanziari si avvicini al breve periodo piuttosto che al lungo.

Massimo, quando si parla di obbligazioni si sente spesso utilizzare il termine duration, che sembra dare l'idea della durata del titolo. Di che cosa si tratta esattamente?

La duration è, sì, una durata, ma viene calcolata secondo un procedimento speciale e la sua utilità va oltre la semplice indicazione della scadenza del titolo. La duration è la durata finanziaria del titolo, cioè una media ponderata dei tempi di pagamento delle cedole e di rimborso del capitale. Questa media è ponderata utilizzando come pesi il valore delle cedole e l'ammontare del capitale e viene espressa in anni e giorni.

Perché è importante fare questo calcolo?

Perché c'è una bella differenza tra un BTp decennale con cedola al 4% acquistato a 90 centesimi, cioè sotto la pari, e un altro, sempre decennale, con cedola al 6%, acquistato sopra la pari, cioè a un prezzo di 110. Il secondo avrà una duration inferiore al primo.

Hai fatto il calcolo a mente! È così facile da intuire la misura della duration?

In linea di massima sì. Una misura approssimativa della duration è facile da calcolare. Seguimi. Il primo BTp, quello che acquisti a 90 e ti paga un interesse del 4%, è un titolo che ti remunera in due modi: con la classica cedola e con un guadagno in conto capitale di 10, da ripartire in 10 anni. Per cui il possessore di questo titolo vedrà il suo BTp apprezzarsi indicativamente di 1 centesimo ogni anno.

Perché questo? Perché un titolo con cedola del 4% che paghi 90 centesimi indica che i tassi di mercato sono superiori al 4%, diciamo intorno al 5%; dunque, un titolo che paga meno del tasso di mercato vale meno della pari, cioè viene trattato a sconto; e quest'ultimo serve a compensare la cedola inferiore al tasso di mercato. Ogni anno che passa, se i tassi non variano, ci sono meno cedole rimanenti che pagano meno del mercato, quindi lo sconto diminuisce.

Mentre cosa succede con l'altro BTp?

Con l'altro BTp succede esattamente il contrario. Siccome la cedola è superiore al tasso di mercato, anche il prezzo sarà superiore alla pari e ogni anno diminuirà, perché nel titolo saranno incorporate sempre meno cedole che sono più convenienti rispetto ai tassi di mercato.

Chiaro! Ma allora perché la duration è inferiore nel secondo caso?

Perché se la duration è la media delle scadenze pesata per l'importo delle scadenze stesse, nel secondo caso abbiamo cedole più elevate che attribuiscono più peso alle date di pagamento più vicine e quindi accorciano la duration. Nel primo caso, invece le cedole sono più basse quindi pesano meno e abbiamo un componente di guadagno in conto capitale che dura nel tempo e che allunga la media delle scadenze e dunque anche la duration.

Mi sembra chiaro: maggiori sono i flussi di cassa che si percepiscono nel breve termine, minore è la duration, giusto?

Brava! È proprio così

Allora, però, non oso immaginare quanto elevata possa essere la duration di un titolo zero coupon, cioè senza cedole?

Non è nulla di mostruoso, è semplicemente pari alla scadenza del titolo. È la duration dei titoli con cedola a essere inferiore alla scadenza.

Detto questo, come si deve gestire la duration?

È fondamentale saper utilizzare la duration dei titoli obbligazionari per massimizzare i guadagni. Inoltre vi è poca scelta: o la si sa utilizzare e si guadagna, o non la si sa utilizzare e allora si rischia seriamente di perdere.

Si dice comunemente che la duration è un indice di variabilità del prezzo del titolo obbligazionario al variare dei tassi di mercato.

Certo! Quando cambiano i tassi di mercato, tutte le cedole di un titolo a tasso fisso non sono più in linea con il mercato stesso. Non potendo variare le cedole, per riequilibrare la situazione deve essere il prezzo a variare. Più lunga sarà la scadenza del titolo, maggiore sarà il numero di cedole che andranno fuori mercato. Maggiore è il numero di cedole che vanno fuori mercato, maggiore deve essere la variazione di prezzo del titolo per rendere nuovamente equo il suo rendimento.

Se i tassi di mercato salgono, il prezzo dei titoli a tasso fisso scende e viceversa. Dunque in base all'aspettativa dell'andamento futuro dei tassi dovrei scegliere la tipologia e la scadenza, o meglio, la duration dei titoli...

Sicuramente. Se ci si aspetta che i tassi salgano, meglio investire in titoli a tasso variabile. Se si pensa che i tassi scendano, meglio il tasso fisso. Se voglio guadagnare di più quando i tassi scendono, devo investire in titoli a tasso fisso e a lunga scadenza o, meglio, a duration elevata. Ricordiamo che a parità di scadenza, il titolo che ha la massima duration è lo zero coupon, cioè l'obbligazione senza cedole.

Che cosa succede con i titoli a tasso variabile?

La duration dei titoli a tasso variabile è più o meno pari alla somma del tempo necessario per fissare il valore della cedola successiva e della durata di tale cedola. Così, se un titolo a tasso variabile paga una cedola semestrale che viene determinata due mesi prima che inizi il suo periodo di maturazione, la sua duration sarà circa di 8 mesi.

Quindi non si può giocare con i prezzi nel caso dei titoli a tasso variabile.

Diciamo che si può fare ben poco per quanto riguarda la speculazione sui tassi. Il prezzo può variare sensibilmente a causa del variare della rischiosità dell'emittente, ma la speculazione sui tassi è davvero limitata e riservata ai titoli con cedola annuale, a meno di variazioni davvero molto rapide dei rendimenti di mercato...

...per i quali la duration è pari a poco più di un anno.

Sostanzialmente sì.

CONSIGLIO

Torniamo al tasso fisso. A chi conviene investire in uno zero coupon?

Investire in un titolo zero coupon conviene a chi vuole ricevere un grande capitale con un piccolo investimento iniziale (a patto di saper aspettare diversi anni), e a chi vuole un titolo con la massima duration a parità di scadenza, per ottenere il massimo effetto della speculazione.

Capitolo 2

Investimenti ad alto rischio

In questo capitolo

- Perché investire nelle valute non vuol dire comprare banconote
- Le azioni non sono tutte uguali
- Quanto è importante conoscere e capire il mondo in continua evoluzione dei derivati

Speculare sulle valute: non comprate banconote!

Le valute

L'investimento in valute straniere è stato finalmente aperto anche ai privati circa 15 anni fa, dopo che per tanto tempo è stato severamente limitato dalla legislazione italiana e riservato alle grandi istituzioni finanziarie. Ora le valute sono facilmente acquistabili anche mediante il trading online.

Le valute non hanno una Borsa in cui sono scambiate. Il loro mercato, denominato FOREX, o FX, è sostanzialmente un mercato interbancario che è stato creato nel 1971, quando il mercato internazionale è passato ai tassi di cambio fluttuanti, ponendo ufficialmente fine al sistema a cambi fissi di Bretton Woods. Da allora, il mercato FOREX è diventato il più grande e più significativo mercato finanziario al mondo, oltre che il più liquido, in quanto gode delle seguenti caratteristiche:

- ✓ È aperto 24 ore su 24.
- ✓ Vi si scambiano giornalmente oltre 4 trilioni di dollari.
- ✓ È facile operare sia al rialzo, sia al ribasso.
- ✓ È possibile effettuare trading con leva con requisiti di margine bassi.

Il FOREX gioca il ruolo indispensabile di determinare i tassi di cambio globali. Il tasso di cambio (o *cross*, "incrocio") tra una valuta A e una valuta B è il numero di unità della seconda che devono essere scambiate in modo da ottenere un'unità della prima. Per esempio, se il cambio euro/dollaro americano è pari a 1,20, vuol dire che servono 1,20 dollari per acquistare 1 euro.

I principali partecipanti al mercato FOREX sono: le banche centrali, le banche commerciali, le istituzioni finanziarie, i fondi speculativi (o Hedge), le compagnie commerciali e gli investitori singoli. Questi soggetti partecipano al mercato per vantaggio dalle fluttuazioni nelle coppie di valute (speculare) e per proteggersi dalle fluttuazioni del tasso di cambio.

Parliamo di investimento e speculazione sulle valute. Si tratta, in fondo, di un'operatività che gli italiani conoscono bene da tempo...

...sì, anche se nel tempo questo tipo di investimento ha subito diverse evoluzioni. Anche tenendo conto dei severi vincoli che Banca d'Italia, in determinate epoche storiche, vi ha imposto per evitare la fuga di capitali dal nostro Paese.

Ora però è del tutto libera, vero?

Sì, assolutamente.

Dunque cosa possiamo dire sull'argomento?

Diciamo che da sempre la maggior parte del pubblico identifica l'investimento in una valuta estera con l'acquisto di banconote. Questo è il modo più antieconomico, dunque il più inefficiente, di investire in una divisa straniera. Chi compra banconote straniere e poi le custodisce in cassetta di sicurezza non ha ben chiari i meccanismi di base della finanza. In questo modo non percepisce alcun interesse e per giunta si sobbarca anche il costo della cassetta di sicurezza. Vi è poi chi è un po' più evoluto e, pur non cadendo nell'errore di acquistare fisicamente le banconote, si limita comunque ad accendere un conto valutario, che è già più efficiente della detenzione dei biglietti, ma che tuttavia, al momento, non comporta una remunerazione particolarmente elevata.

Inoltre, anche la tenuta di un conto valutario comporta dei costi, senza contare il fatto che, sia in occasione dell'acquisto sia in quello della successiva vendita, le banche non offrono mai il cambio di mercato, ma piuttosto un cambio con incorporato un margine a loro favore.

Allora qual è la cosa migliore da fare?

È senz'altro preferibile acquistare obbligazioni in valuta straniera, meglio se titoli di Stato del Paese emittente la valuta (Stati Uniti, Gran Bretagna ecc.), oppure titoli di enti sovranazionali, quali BEI (Banca Europea per gli Investimenti) o BIRS (Banca Internazionale per la Ricostruzione e lo Sviluppo). Questi sono titoli che comportano un basso livello di rischio emittente e consentono dunque di concentrare l'efficacia dell'investimento sul tasso di interesse e sull'eventuale apprezzamento della valuta estera nei confronti di quella nazionale, nel nostro caso dell'euro.

Ci sono comunque dei costi anche in questo caso.

Certo, le spese di custodia e amministrazione delle obbligazioni, il bollo sul dossier titoli ed eventualmente qualche centesimo sul prezzo nell'acquisto e nella vendita dei titoli. Però viene applicato un cambio praticamente di mercato e, soprattutto, si può lucrare un interesse assolutamente in linea con i rendimenti di mercato, il che non mi sembra poco!

Per evitare le doppie spese di compravendita, non conviene acquistare i titoli obbligazionari in valuta estera e detenerli fino alla scadenza?

Dipende dall'andamento del tasso di cambio. Infatti, se è favorevole, cioè se si apprezza nei confronti della valuta nazionale, è senz'altro la cosa migliore da fare. Se invece, dopo un iniziale apprezzamento, la valuta estera comincia a deprezzarsi nei confronti della nostra divisa nazionale, allora è senz'altro meglio affrontare i costi di vendita del titolo e liberarsi di un'attività finanziaria che rischia di deprezzarsi troppo, vanificando i guadagni iniziali e trasformandoli addirittura in una perdita.

È più rischioso investire nelle valute estere o in azioni?

È impossibile dare una risposta che tenga conto di ogni evenienza, tuttavia possiamo senz'altro dire che, generalmente, è meno rischioso investire in valuta estera che non in azioni. Infatti, i dati di mercato parlano chiaro: la volatilità, cioè la rischiosità, delle valute estere è mediamente circa la metà di quella delle Borse.

In più, sempre nel caso in cui si acquistino obbligazioni denominate in valuta estera, investire in divisa permette di incassare un tasso di interesse, mentre nel caso dei titoli azionari il dividendo non è sempre certo. Naturalmente questo confronto regge nel caso in cui si paragonino le migliori valute estere con i migliori titoli azionari. Se comparassimo una valuta di un Paese emergente con un buon titolo azionario, i termini del discorso rischierebbero di capovolgersi, cioè potrebbe succedere che si riveli meno pericolosa l'azione.

Lo stesso discorso vale anche per i fondi azionari dei due tipi?

Sostanzialmente sì. Oltretutto sono sempre maggiori i fondi che investono in obbligazioni denominate in valuta estera. Ciò che accade più spesso è, invece, che una parte di titoli in divisa sia presente nei fondi obbligazionari generici, pertanto un paragone diretto non è sempre possibile. Comunque la regola vale senz'altro anche nel caso del risparmio gestito.

Le azioni

Le azioni

I titoli azionari sono tipicamente considerati come un investimento speculativo per i privati, a meno che non si tratti di acquisti effettuati da risparmiatori che hanno un orizzonte temporale di medio-lungo periodo (i cosiddetti "cassettisti"), nel qual caso si punta in maniera più duratura a una crescita del valore. In effetti, la crescita del valore offerta mediamente dal mercato azionario è di gran lunga superiore a quella offerta dalle obbligazioni, come mostra chiaramente il grafico della Figura 2.1, che paragona l'incremento di un indice di rendimento delle obbligazioni americane e quello dell'indice di borsa S&P500 total return (cioè comprensivo dei dividendi) negli ultimi 24 anni.

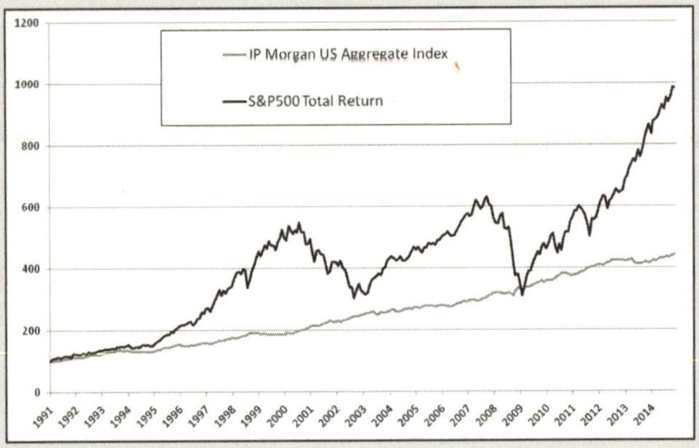

Figura 2.1 Andamento dell'indice JP Morgan US aggregate Index e dell'S&P500 total return negli ultimi 24 anni.

L'incremento dell'indice azionario è stato più che doppio rispetto a quello obbligazionario, ma anche le fasi di crisi sono nettamente più accentuate sulle azioni. Questo diagramma evidenzia la differenza che c'è tra investire in obbligazioni e investire in azioni: nel secondo caso si guadagna molto di più, ma si soffre anche molto di più.

Il momento ideale per investire in azioni è all'inizio di un periodo di crescita del valore e, naturalmente, si deve cercare anche di capire qual è il momento giusto per vendere. Tuttavia, per quanto l'analisi tecnica dei prezzi offra un supporto sicuramente valido, nessuno è ancora in possesso di un metodo in grado di prevedere l'andamento in modo sufficientemente affidabile.

Da un punto di vista legale un titolo azionario rappresenta una **quota del capitale sociale** di una società per azioni, dunque dà diritto a votare in assemblea e a percepire una parte degli utili sotto forma di dividendo, oltre che ad avere la prelazione sulle nuove azioni emesse in sede di aumento di capitale. Il valore di borsa di un'azione, però, non tiene conto solo dell'ammontare del patrimonio netto, ma anche di quello di tutte le riserve e degli utili attesi in futuro, il quale è spesso superiore.

(continua)

(segue)

Il valore delle azioni, però, può anche ridursi completamente nel caso in cui le passività dell'azienda siano pari o superiori alle attività e non ci si aspetti che in futuro possano arrivare degli utili. Di conseguenza, l'azionista può perdere tutto il valore del suo investimento anche senza che la società emittente fallisca, mentre l'obbligazionista perde il suo denaro se l'azienda incappa in un dissesto finanziario.

Le azioni possono essere di tre categorie:

1. Le **azioni ordinarie** sono nominative, attribuiscono ai possessori il diritto di voto nelle assemblee della società (in quella ordinaria e in quella straordinaria) e il diritto di percepire i dividendi che l'azienda deciderà di pagare.

2. Le **azioni privilegiate** sono nominative, conferiscono il diritto di voto nelle sole assemblee straordinarie, cioè quelle destinate ad approvare le modifiche dello statuto (aumenti di capitale, fusioni con altre società, distribuzione di dividendi straordinari, variazioni del valore nominale delle azioni ecc.). Alle azioni privilegiate spetta un dividendo maggiorato rispetto a quello delle ordinarie in una misura che viene stabilita dallo statuto ed è espressa in percentuale sul valore nominale.

3. Le **azioni di risparmio** sono al portatore (anche se può essere chiesta la loro conversione in nominative), sono del tutto prive del diritto di voto ma godono di un dividendo ancora superiore a quello delle azioni privilegiate.

Il fatto di essere parzialmente (nel caso delle azioni privilegiate) o totalmente (nel caso delle azioni di risparmio) prive del diritto di voto ha fatto sì che quasi sempre il valore delle azioni non ordinarie fosse inferiore a quello delle ordinarie.

Spostiamoci ora sul versante azionario. Direi che tutti coloro i quali hanno un minimo di esperienza di investimenti conoscono la maggiore rischiosità dei titoli azionari rispetto a quelli obbligazionari.

Sì, direi che questa differenza fondamentale è conosciuta in maniera sufficientemente diffusa.

Forse un po' meno risparmiatori sanno che esistono tre tipologie fondamentali di azioni: ordinarie, privilegiate e di risparmio.

Beh, accade spesso che alcuni investitori vengano a conoscenza della loro esistenza solo quando si interessano a una società che ha emesso più di una tipologia di azioni. A quel punto viene naturale domandarsi quali sono le differenze tra di esse.

Direi che questa è l'occasione giusta per illustrarle. Inizierei, naturalmente, dalle azioni ordinarie.

Diciamo che ancora troppi investitori pensano che le azioni ordinarie siano titoli su cui si scommette esclusivamente per puntare su di un loro eventuale apprezzamento. Certo, si sa che questo tipo di investimento consente in qualche modo di entrare in contatto con la società emittente, ma non credo che in generale si abbia un'idea precisa di che cosa significhi essere azionisti.

Essere azionisti di una società, di qualsiasi società, comporta l'assunzione di rischi ma offre anche una serie di diritti.

Esatto. Essere azionisti di una società significa esserne proprietari in misura direttamente proporzionale al numero di azioni che si posseggono. Essere proprietari di una società vuol dire però partecipare al rischio che essa possa andare male, così come, d'altra parte, godere dei benefici che derivano da un suo eventuale successo. Ma il concetto che dev'essere chiaro è che l'azione non è rischiosa perché il suo prezzo varia ogni giorno, è vero l'esatto contrario: il valore di un'azione, cioè il prezzo di borsa per quelle quotate, varia ogni giorno perché è il valore dell'azienda stessa che può modificarsi ogni giorno, in seguito ai fatti di gestione e/o all'andamento dell'economia.

Dal momento che in caso di fallimento dell'azienda stessa la legge prevede che nulla sia dovuto agli azionisti, cioè che il loro investimento azionario non debba essere obbligatoriamente rimborsato se non vi è denaro a sufficienza, va da sé che il prezzo di questo titolo può variare di molto, perché su di esso è credibile qualsiasi ipotesi, dalla più ottimistica alla più pessimistica. Ma questo è solo l'aspetto economico dell'essere azionisti.

Esiste poi anche un aspetto legale, il quale prevede per l'azionista una serie fondamentale di diritti, che possiamo riassumere così:

- ✓ Diritti di natura amministrativa.
- ✓ Diritto di intervento all'assemblea.
- ✓ Diritto di voto all'assemblea e conseguente diritto di impugnare le delibere assembleari.
- ✓ Diritto agli utili, naturalmente se ve ne sono.
- ✓ Diritto alla quota di liquidazione, naturalmente solo nel caso in cui la società venga liquidata e vi siano mezzi finanziari a sufficienza per rimborsare gli azionisti.

Ma tutti questi diritti interessano veramente al risparmiatore? Cioè sono effettivamente esercitabili in maniera facile?

Sono molti i risparmiatori che rimangono per decenni azionisti della stessa società, naturalmente di grandi e importanti società, quali per esempio la Generali, la Fiat, la Telecom, e non provano nemmeno una sola volta ad andare in assemblea. Io credo che, se si investe una parte importante del proprio patrimonio in una società per così tanto tempo, si dovrebbe almeno ogni tanto provare a partecipare all'assemblea per sentire le cose che si dicono. Se non altro per farsi un'idea di ciò in cui si è investito e, possibilmente, anche per sentire "che aria tira", cioè quali sono i commenti degli altri partecipanti, dei giornalisti ecc.

È complicato partecipare a un'assemblea societaria?

No, è sufficiente possedere anche una sola azione ed è meglio chiedere di essere iscritti al libro soci della società almeno sei mesi prima dell'assemblea. Gli estremi per contattare gli appositi uffici della società sono facilmente rintracciabili sul sito internet della società stessa, oppure si possono chiedere tranquillamente alla propria banca o alla propria SIM.

Comunque il maggiore interesse per la stragrande maggioranza degli azionisti riguarda la variazione del prezzo.

Senz'altro sì. E poi va detto che anche molti investitori istituzionali disertano le assemblee, quindi sono per lo più interessati all'andamento del prezzo delle azioni.

Dal punto di vista del risparmiatore, quali sono le principali differenze nella gestione dei titoli azionari rispetto a quella dei titoli obbligazionari?

Abbiamo già parlato della maggiore variabilità del prezzo delle azioni rispetto a quello delle obbligazioni. Inoltre, anche se questo non tutti lo sanno, le azioni sono nominative, cioè vengono intestate alla singola persona fisica o giuridica, a differenza della stragrande maggioranza delle obbligazioni che sono invece al portatore. Questa è una differenza importante, perché potrebbe creare qualche intoppo nella gestione delle azioni stesse. Infatti, anche se il dossier titoli in cui sono contenute è cointestato, le azioni di due soggetti diversi, per esempio marito e moglie, vengono collocate in due sotto-dossier differenti. Quindi, da un punto di vista strettamente legale, il marito non può operare con le azioni della moglie, anche se il dossier titoli è cointestato, a meno che non vi sia una specifica delega.

Mi sembra utile ricordarlo. Ora parliamo anche dei dividendi.

Sì. Il dividendo è un flusso di cassa che la società decide di pagare ogni anno ai propri azionisti, come rendita derivante dal buon andamento della gestione, cioè dagli utili aziendali. Naturalmente i dividendi vengono pagati solo se vi sono utili, tranne nel caso delle azioni di risparmio, di cui però parleremo più avanti.
Il dividendo può essere pieno, se viene pagato con riferimento all'intero anno amministrativo dell'azienda, oppure pro-rata, se viene pagato non in riferimento all'intero anno ma a una frazione di esso, per esempio 6 mesi. In quest'ultimo caso esso ammonterebbe alla metà del dividendo pieno.

I dividendi però non sempre rappresentano delle cifre grandissime

Generalmente sono più o meno in linea con il rendimento dei titoli di Stato breve, anche se proprio negli ultimissimi anni molte delle primarie aziende italiane hanno pagato davvero molto ai propri azionisti. Inoltre, nel caso in cui le aziende abbiano un andamento particolarmente positivo, possono anche essere distribuiti dei dividendi straordinari, che si aggiungono al dividendo ordinario o possono essere pagati in momenti successivi e contribuiscono a elevare notevolmente il rendimento del titolo azionario nell'anno in cui vengono corrisposti. Naturalmente i dividendi straordinari vengono pagati molto raramente dalle aziende. D'altra parte, però, l'importo spesso limitato dei dividendi è dovuto al fatto che solo una parte degli utili viene distribuita in questa forma.

Il rapporto tra gli utili complessivi e i dividendi pagati viene denominato Payout Ratio. Ma il fatto che una parte degli utili venga trattenuta all'interno dell'azienda, e dunque reinvestita in essa, fa sì che l'azione, almeno negli anni in cui l'economia e la Borsa hanno buon andamento, continui a rivalutarsi nonostante il pagamento di una parte degli utili sotto forma di dividendo e possa offrire, almeno in quei periodi, dei rendimenti assolutamente non paragonabili a quelli delle obbligazioni, perché nettamente superiori.

Altri vantaggi offerti dalle azioni ordinarie?

Poiché le azioni ordinarie offrono il diritto di voto nelle assemblee ordinarie e straordinarie, esse sono le uniche che consentono di avere il pieno controllo dell'azienda emittente. Va da sé, dunque, che un'eventuale scalata della società avvenga quasi esclusivamente, o comunque con particolare riguardo, mediante le azioni ordinarie, cioè quasi sempre lanciando un'OPA esclusivamente su di esse. Questo spiega perché in occasione della diffusione di voci che riguardano possibili scalate della società, a impennarsi sono soprattutto, se non esclusivamente, le azioni ordinarie.

Dunque le azioni ordinarie sono sempre le più interessanti?

Nella stragrande maggioranza dei casi direi proprio di sì.

Le azioni privilegiate

Vediamo ora le azioni privilegiate. Mi sembra che delle tre categorie siano quelle che riscuotono meno successo.

Diciamo che, essendo la via di mezzo tra le azioni ordinarie e le azioni di risparmio, non riescono a offrire pienamente nessuna caratteristica peculiare delle altre due categorie. Comunque, le azioni privilegiate sono anch'esse nominative e assicurano al loro possessore la prelazione,

cioè la precedenza, nel riparto degli utili e nel rimborso del capitale allo scioglimento della società, fatti però salvi i diritti delle azioni di risparmio.
La legge non prevede quale debba essere l'entità del privilegio in questo riparto. Di conseguenza esso può essere costituito da un privilegio nel dividendo, dal diritto a recuperare dividendi precedentemente non corrisposti perché gli utili aziendali erano troppo limitati ecc.
Anche per quanto riguarda la prelazione nel rimborso del capitale, le forme possono essere svariate e pertanto essa può essere rappresentata da una maggiorazione della somma rispetto a quella attribuita alle azioni ordinarie, oppure essere costituita da un premio rispetto al valore nominale ecc.
In cambio di questi diritti le azioni privilegiate possono, ma non necessariamente devono, essere a voto limitato, cioè possono dare il diritto di votare unicamente nelle assemblee straordinarie, ma concedono comunque il diritto di impugnare le assemblee ordinarie. Quest'ultima facoltà, però, raramente interessa i piccoli azionisti. Così come probabilmente interessa poco anche il fatto che una società può emettere azioni privilegiate solo in misura tale che esse, assieme alle azioni di risparmio, non superino il 50% del capitale.

Da cosa dipende allora il loro minor successo?

Possiamo dire che esse sono titoli molto tecnici, cioè dotati di diritti che occorre saper pesare in relazione alle possibili vicende della vita societaria. Questi diritti sono difficilmente soppesabili da molti risparmiatori, pertanto questi ultimi preferiscono concentrare la loro attenzione sulle azioni ordinarie e assumere in pieno il rischio azionario, oppure sulle azioni di risparmio, cercando in questo caso un maggior dividendo.

Tuttavia chi vuole scalare una società deve rastrellare anche le azioni privilegiate!

Sì, in molti casi sì. A meno che la quantità delle azioni privilegiate in circolazione non sia davvero poco significativa.

CONSIGLIO

Perciò, quando le cose vanno bene per le azioni ordinarie, dovrebbe accadere lo stesso anche per le azioni privilegiate.

Attenzione che il più delle volte è proprio quello che succede, magari non proprio con la stessa intensità. Tuttavia, le azioni privilegiate hanno una minore popolarità rispetto a quelle ordinarie.

Quindi è un problema di cultura?

Solo in parte. Soprattutto per quanto riguarda la capacità di saper calcolare se sono più convenienti le azioni privilegiate o le azioni ordinarie. Premetto che un calcolo del genere è molto difficile da fare anche per un addetto ai lavori. Tuttavia, a volte si riscontrano delle differenze di prezzo così ampie da apparire decisamente assurde. Ciò nonostante queste opportunità raramente vengono sfruttate, soprattutto dai piccoli risparmiatori, anche perché non è affatto detto che la differenza di prezzo che penalizza l'azione privilegiata venga in seguito riassorbita.

Le azioni di risparmio

Passiamo all'ultima categoria di azioni, cioè quelle di risparmio.

Da ultime, ma non ultime! Le azioni di risparmio possono essere emesse solo dalle società quotate. Possono anche non essere nominative ma al portatore. Sono del tutto prive del diritto di voto, anche se i possessori di azioni di risparmio possono comunque intervenire nelle speciali assemblee a loro riservate. In cambio di questa mancanza di influenza nella vita della società, le azioni di risparmio hanno un privilegio nel riparto degli utili distribuibili, che sono attribuibili a questa tipologia di azioni fino al 5% del loro valore nominale.
Inoltre, gli utili residui sono poi ripartiti tra tutte le azioni e a quelle di risparmio spetta un dividendo che deve essere comunque superiore rispetto a quello delle azioni ordinarie di almeno il 2% del valore nominale. Se in un esercizio viene pagato agli azionisti di risparmio un utile minore di quanto appena detto, la differenza deve andare in aumento del privilegio negli anni successivi. Quindi quanto si perde in un anno viene poi recuperato negli anni successivi.
Ancora, le azioni di risparmio sono privilegiate nel caso della riduzione del capitale sociale per perdite, poiché il loro abbattimento avviene per ultimo, cioè solo se il valore da abbattere eccede l'importo di tutte le altre tipologie di azioni.
Infine, l'ultimo privilegio riguarda il rimborso del capitale all'eventuale scioglimento della società, che deve essere effettuato in primo luogo nei confronti degli azionisti di risparmio.

Potremmo dunque chiamarle "azioni da rendita"...

Sì, direi che è un termine appropriato. Però generalmente esse richiamano l'interesse degli investitori solo in primavera, quando mancano poche settimane all'annuncio dei dividendi. Se ci si aspetta che venga pagata una buona remunerazione agli azionisti, allora il loro valore sale molto rapidamente.

Ma in questo modo la loro convenienza diminuisce.

Certo, infatti molti risparmiatori che non ne conoscono il funzionamento le acquistano dopo che esse già incorporano il valore del dividendo. Questo significa pagare contanti per ricevere contanti, perché il giorno dello stacco del dividendo le azioni perdono valore in maniera più o meno corrispondente. Dunque, se pensi che il dividendo sia, per esempio, di 5 e al momento attuale l'azione vale 100, non devi aspettare ad acquistarla quando essa varrà 105, perché a quel punto il dividendo non sarà più una rendita per te, dal momento che lo avrai pagato come sovrapprezzo.

E come si fa a evitare di cadere in questo errore?

Occorre acquistare le azioni di risparmio quando mancano ancora molti mesi e non allo stacco, ma addirittura all'annuncio del dividendo. Quindi, indicativamente, sono titoli che vanno acquistati tra febbraio e luglio, almeno per le società che chiudono il bilancio al 31 dicembre e dunque pagano il dividendo tra aprile e giugno dell'anno successivo. Invece, per le società che chiudono il loro bilancio al 30 giugno, come per esempio Mediobanca, e pagano il loro dividendo indicativamente ad ottobre, il periodo migliore per acquistarle è tra dicembre e luglio.

Ma, acquistandole con così tanto anticipo, si è esposti per molto tempo alle oscillazioni di prezzo.

Certo, ma non bisogna dimenticare che stiamo pur sempre parlando di azioni, cioè di titoli che rappresentano capitale di rischio.

Quindi anche le azioni di risparmio comportano un certo livello di rischio?

Inevitabilmente sì. Anche se il loro andamento è generalmente meno volatile di quello delle azioni ordinarie e privilegiate. Salvo però poi "svegliarsi" all'improvviso quando si avvicina la stagione dell'annuncio del dividendo.

Beh, allora anche queste mi sembrano un titolo un po' da specialisti...

In parte è così, ma in parte possiamo dire che basta conoscere i meccanismi di cui abbiamo appena parlato per gestirle un po' meglio.

I future, la punta di diamante dei mercati finanziari

I future

I future sono i discendenti dei più antichi contratti speculativi della storia, cioè le compravendite a termine, quelle con le quali si può acquistare o vendere un bene con pagamento e consegna molto differiti nel tempo. Qual è l'utilità di un contratto del genere? Non solo e non tanto il ritardo con cui viene onorato, ma anzi il contrario, cioè la possibilità di essere stipulato molto in anticipo rispetto al momento in cui è possibile onorarlo. Infatti, queste compravendite storicamente nascono sui prodotti agricoli, per i quali era necessario attendere il nuovo raccolto prima di poter effettuare la consegna. Si può capire l'utilità di comprare e vendere il bene se si teme che il raccolto possa essere scarso oppure troppo abbondante. Ma questa possibilità di poter, in fondo, comprare o vendere il futuro ha stimolato fin da subito pratiche speculative che in molti casi diventavano rapidamente simili al gioco d'azzardo.

I contratti a termine in lingua inglese vengono definiti **forward** e sono molto eterogenei tra di loro, essendo nient'altro che l'accordo tra due parti le cui modalità cambiano in base ai soggetti. Quando questi contratti vengono invece standardizzati, cioè hanno per oggetto lo *stesso bene*, nella *stessa quantità*, prevedono la *stessa data di esecuzione* e sono *scambiati nello stesso luogo*, diventano dei contratti *future*, i quali vengono scambiati come l'attività finanziaria sottostante (un indice azionario, una materia prima, una valuta) di cui prevedono la compravendita. Per questo motivo rappresentano delle attività finanziarie **derivate**, cioè tali per cui il loro valore *deriva* da quello di un altro bene o di un'altra attività finanziaria.

Dei contratti *forward*, i **future** mantengono la possibilità di versare inizialmente solo una piccola parte del valore del contratto, riservandosi di liquidare il resto alla scadenza. Per questo motivo è possibile venderli senza prima possederli, poiché prima della scadenza rappresentano un semplice impegno futuro. In questo modo è possibile assumere facilmente una posizione ribassista, cioè scommettere su un ribasso del valore dell'attività contenuta nel **future**, senza però effettuare una *vendita allo scoperto* vera e propria, perché in questo caso non è necessario farsi prestare da qualcun altro l'attività che si vende, come invece avviene nel caso della vendita allo scoperto di azioni od obbligazioni.

Per facilitare lo scambio di questi contratti in molti casi l'effettiva compravendita del bene fisico alla scadenza è stata eliminata o resa facoltativa, per evitare il rischio che i contratti comprati o venduti prima della scadenza e sui quali non fosse stato possibile effettuare l'operazione contraria dovessero essere onorati con danno. La possibilità di versare inizialmente solo una piccola parte del controvalore del future fa sì che su questi contratti possono essere facilmente costruite delle operazioni "a leva", cioè per un importo superiore a quello di cui effettivamente si dispone. Ma proprio per questo motivo, a differenza di quanto avviene nella compravendita di azioni e obbligazioni, la controparte del compratore e del venditore

(continua)

(segue)

non è mai un altro compratore o un altro venditore, ma direttamente la *cassa di compensazione* della Borsa nei quali sono scambiati, in sostanza la Borsa stessa. Questo avviene per garantire l'esecuzione del contratto anche nel caso in cui una delle due parti sia impossibilitata a effettuarla, evitando così una serie di inadempimenti a catena.

Ci siamo concentrati nella spiegazione tecnica dei contratti *future*, in quanto ormai essi vengono emessi praticamente su qualsiasi attività finanziaria, sia essa un indice azionario, ma anche una simulazione, oppure un titolo di Stato, una materia prima ecc. Pertanto, l'elencazione delle caratteristiche dei principali *future* scambiati nel mondo sarebbe oltremodo lunga e noiosa. Le caratteristiche di ciascun contratto sono facilmente reperibili nei siti web delle Borse nei quali viene contrattato.

Iniziamo a parlare di derivati, queste attività finanziarie a cui ogni volta si attribuiscono le colpe dei crolli di Borsa.

Più che altro è giusto attribuire loro le colpe dei fallimenti di alcuni enti finanziari, perché sono contratti la cui negoziazione prevede un pagamento solo parziale, in genere pochi punti percentuali del loro valore. Quindi è possibile acquistare molti più future di quanti poi si sia effettivamente in grado di pagare. Per questo motivo, quando i mercati finanziari si muovono molto, si scopre che la variazione di prezzo è superiore ai denari effettivamente posseduti da qualche operatore, il che ne comporta il fallimento immediato.

Ma i contratti future prevedono che la controparte di ogni negoziazione sia la cassa di compensazione della Borsa in cui sono scambiati, la quale dovrebbe facilmente controllare che effettivamente le operazioni siano onorate.

In realtà non è così. Una cassa di compensazione e garanzia prevede che la controparte solvente possa vedere onorata la propria operazione, ma non può garantire che alcune parti non siano insolventi. Ti faccio un esempio: se qualcuno spende tutti i soldi che ha comprando future, la cassa di compensazione e garanzia può controllare che egli paghi il margine iniziale. Se di fronte a un movimento straordinariamente abbondante del prezzo questo compratore non è in grado di pagare il resto del valore, la cassa può solo anticipare al venditore quanto gli è dovuto ma non può impedire al compratore di fallire, soprattutto se questo si è indebitato presso delle banche per trovare il denaro necessario a pagare semplicemente il margine iniziale.

Facendo un esempio numerico: se il margine iniziale richiesto per acquistare un future è del 5% del valore, invece che pagare subito 5 e trattenere da parte i restanti 95 per onorare il contratto alla scadenza, un operatore potrebbe essere tentato di comprare altri 19 contratti, spendendo tutti i 95 che ha a disposizione, o addirittura di comprarne altri 39, spendendo i suoi 95 e facendosi prestare altri 100 da una banca. È chiaro che un meccanismo del genere potrebbe portare rapidamente al fallimento di qualsiasi operatore se i mercati non prevedessero la possibilità di rivendere immediatamente tutti questi contratti. Ma tu capisci che se la variazione di prezzo è superiore al margine che viene chiesto in garanzia, chi ha speso tutti i suoi soldi in un giorno per comprare tutti i future che poteva è già fallito. Figurati poi se ha speso anche i soldi prestatigli da una banca.

In pratica mi stai dicendo che il fatto di pagare inizialmente solo una parte del controvalore spinge all'azzardo?

Purtroppo è proprio così. I future non sono pericolosi di per se stessi, ma per il modo in cui vengono scambiati: cioè, con un piccolo pagamento iniziale che, ironia della sorte, dovrebbe servire proprio a proteggere l'esecuzione del contratto dalle variazioni del prezzo.

Ecco dunque perché tu dici che a far saltare gli operatori sono soprattutto le variazioni straordinarie del prezzo.

Infatti. Probabilmente, nel mondo, le stesse autorità di controllo danno ancora troppa confidenza ai contratti future. Ma qui entra in gioco un conflitto di interessi: infatti, se a garantire l'esecuzione dei contratti è la stessa Borsa in cui vengono scambiati, essa avrà interesse non solo che i suoi contratti vengano onorati ma anche che se ne scambino il più possibile, poiché incassa delle commissioni su queste operazioni. Quindi anche per l'ente che deve garantire la regolarità di mercato nasce il dilemma tra sicurezza e profitti.

Mi sembra un punto molto importante che spiega molte cose.

Sì. È una circostanza che molti non conoscono.

Per il risparmiatore privato questi strumenti sono interessanti?

Sì, a patto di conoscerli e di non farsi prendere la mano dalla possibilità di investire a leva, per non commettere lo stesso errore in cui cadono molti istituzionali.

Qual è il vantaggio principale che offre uno strumento così sofisticato a un investitore privato?

Sicuramente il fatto di poter effettuare delle operazioni ribassiste, senza che siano delle vere e proprie vendite allo scoperto in quanto è nell'essenza stessa dei contratti future.

E gli svantaggi quali sono?

Il problema principale che un contratto future presenta a un investitore privato deriva dalla sua dimensione, che lo rende non adatto a tutte le tasche e, soprattutto, rende difficile investire la quantità esatta di denaro che si desidera allocare, in quanto gli incrementi della posizione si possono fare solo per multipli di contratto. Va comunque detto che ormai quasi tutti i future sono disponibili anche nella versione "mini", la quale ha lo stesso sottostante del future principale, ma ha una dimensione ridotta.

Spesso si dice che i future possono essere utilizzati per coprire un portafoglio. Puoi spiegarmi come?

Certamente: chi possiede un portafoglio di azioni può coprirsi dal rischio effettuando un'operazione che produca guadagni se le quotazioni di mercato si riducono. Questo è esattamente ciò che succede vendendo un future sull'indice azionario di cui fanno parte titoli che si hanno in portafoglio, o comunque su un indice azionario che si muove in sincronia con quello di cui si possiedono i titoli.

Ma, se invece le quotazioni salgono, aver venduto un future comporta una perdita.

Infatti! Questa è la regola fondamentale di tutte le coperture o "hedging" che dir si voglia: non fanno perdere (o fanno perdere di meno) ma non fanno nemmeno guadagnare (o fanno guadagnare di meno). Inoltre, per avere una copertura perfetta occorre che il guadagno giornaliero che si può tenere sul future sia uguale alla perdita giornaliera di cui si può soffrire sul portafoglio. Questo guadagno e questa perdita dipendono dal prodotto tra la volatilità media del future e dei titoli e il valore investito in ciascuno di essi. Capisci facilmente che la copertura è qualcosa di estremamente interessante da un punto di vista teorico, ma di non semplice realizzazione.

Allora, secondo te, non conviene affatto coprirsi?

Non dico questo, ma semplicemente che, tutto sommato, è meglio effettuare una copertura parziale, cioè per un valore inferiore a quello del portafoglio e solo nel caso in cui si sia convinti che l'eventuale discesa di mercato sia solo temporanea. In questo modo è possibile sfruttare un ribasso temporaneo per guadagnare un po' più di denaro, ricomprando il future quando si pensa che stia per riprendere in rialzo. Se invece si teme che il ribasso possa essere duraturo perché, per esempio, potrebbe iniziare un periodo di recessione economica, allora è meglio evitare qualsiasi tipo di copertura e iniziare a ridurre la dimensione del portafoglio, cioè è meglio vendere i titoli, non il future.

Quindi tu ritieni che la copertura con i future sia più che altro una precauzione di breve periodo?

Sì, per tutti gli svantaggi di cui abbiamo parlato prima.

Alla scoperta delle opzioni

Le opzioni

Le opzioni sono contratti finanziari che danno al compratore il diritto, ma non il dovere, di comprare, nel caso di **opzioni call**, o di vendere, nel caso di **opzioni put**, una quantità determinata di un'attività finanziaria o reale sottostante (titoli azionari e obbligazionari, indici azionari, tassi di interesse, future, valute, materie prime ecc.) a un prezzo determinato, a una data specifica (opzioni di tipo europeo) oppure entro una data specifica (opzioni di tipo americano). Grazie all'utilizzo di opzioni, l'investitore non è limitato alle sole operazioni di acquisto o vendita di azioni ma può mettere a punto le strategie che meglio si adattano alle proprie aspettative riguardo all'andamento dei mercati.

Le opzioni sono contratti il cui valore dipende da alcuni importanti elementi tecnici fondamentali, vale a dire:

- ✓ **Lo *strike price*** (in italiano "base" oppure "prezzo di esercizio") è il prezzo a cui l'investitore, esercitando il diritto incorporato nell'opzione, compra o vende il sottostante (cioè l'attività finanziaria alla cui vendita o al cui acquisto viene acquisito il diritto).
- ✓ **Il premio** (o valore) dell'opzione è quello che i compratori pagano per avere il diritto di esercitare alla scadenza (o entro la scadenza, nel caso di stile americano) i contratti stessi.
- ✓ **La *moneyness***. Le opzioni si definiscono *at-the-money* (ATM) quando il prezzo di mercato del sottostante coincide con il prezzo di esercizio dell'opzione; *in-the-money* (ITM) quando il prezzo di mercato del sottostante è superiore nel caso delle opzioni *call*, o inferiore nel caso delle opzioni *put*, a quello di esercizio; *out-the-money* (OTM) quando il prezzo di esercizio è superiore nel caso delle opzioni *call*, o inferiore nel caso delle opzioni *put*, al prezzo di mercato del sottostante.
- ✓ **La scadenza**. Le opzioni sono caratterizzate da una scadenza, alla quale (o entro la quale, nel caso di opzioni di stile americano) vengono esercitate oppure scadono senza valore.
- ✓ **Valore intrinseco** e **valore temporale**. Il valore (o premio) di un contratto d'opzione è composto da valore intrinseco e da valore temporale. Il primo è dato dalla differenza tra il valore di mercato del sottostante e quello di esercizio nel caso delle opzioni *call*, e dalla differenza tra il prezzo di esercizio e il valore di mercato del sottostante nel caso delle opzioni *put*.

Le opzioni si possono acquistare o vendere. Il risultato economico della loro vendita o del loro acquisto viene riassunto nel grafico della Figura 2.2.

(continua)

(segue)

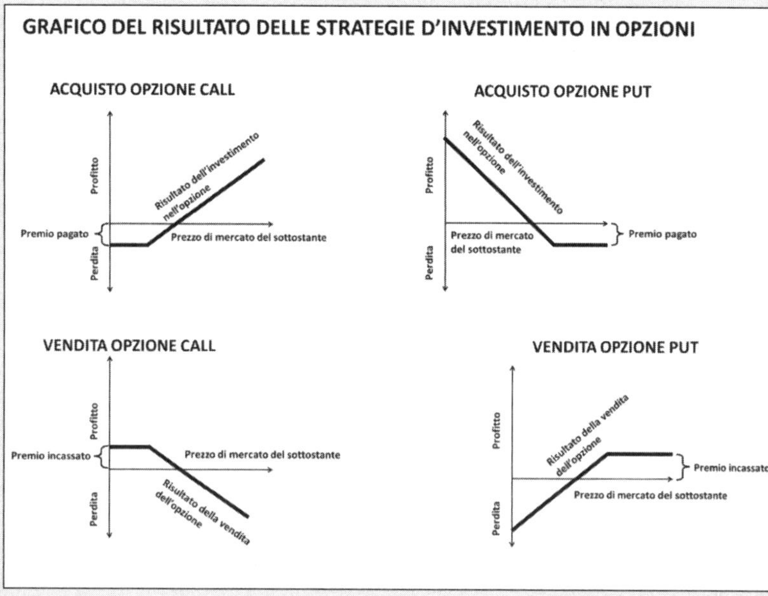

Figura 2.2 L'andamento delle quattro strategie di base che prevedono l'utilizzo delle opzioni.

Visto che si parla di derivati, è il momento di andare alla scoperta delle opzioni: uno strumento di cui molti hanno sentito parlare, ma che pochi utilizzano e ancor meno lo fanno correttamente.

In effetti le opzioni sono strumenti semplici concettualmente, ma che danno la possibilità, se utilizzate male, di costruire operazioni che sfuggono facilmente al controllo.

Eppure, come dici tu, concettualmente sono molto semplici...

Certo! Un'opzione è un'attività finanziaria con cui ci si assicura il diritto di acquistare, se è una call, o di vendere, se è una put, un'altra attività finanziaria, quella a cui si è veramente interessati, chiamata "sottostante", solo dopo aver visto l'andamento del suo prezzo. Le opzioni si dividono in due soli tipi:

1. Le opzioni call, sono contratti che danno a chi le acquista la facoltà, ma non l'obbligo, di acquistare una certa attività a un certo prezzo entro un certo termine.

2. Le opzioni put, al contrario, danno al compratore la facoltà, ma non l'obbligo, di vendere una certa attività a un certo prezzo entro un certo termine.

Tutto qui. È il corretto utilizzo che diventa un po' più complicato.

Beh, iniziamo dalle cose semplici. Qual è il vantaggio di chi acquista un'opzione call?

Il vantaggio sta nel fissare il prezzo di un eventuale acquisto dell'attività finanziaria sottostante e decidere in seguito se compierlo effettivamente oppure no, in base alla convenienza dell'operazione, cioè in base all'andamento del prezzo di mercato del sottostante. Così, se il prezzo di mercato dell'attività finanziaria salirà dopo l'acquisto dell'opzione, il compratore potrà esercitare l'opzione stessa, quindi acquistare l'attività finanziaria al prezzo fissato, denominato prezzo strike, e poi rivenderla subito al prezzo di mercato che è più alto.

E se invece il valore di mercato dell'attività finanziaria fosse sceso?

In questo caso il compratore "abbandonerebbe" (così si dice in gergo) l'opzione, cioè non la eserciterebbe entro la scadenza, evitando di compiere un'operazione che comporterebbe una perdita.

In questo caso però vi sarebbe una perdita pari al prezzo dell'opzione.

Sì. Infatti, il prezzo dell'opzione è l'unico costo sicuro, ma è un prezzo che si paga per acquistare la facoltà di decidere cosa fare.

RICORDA!

E come si gestisce un'opzione put?

Acquistando un'opzione put io ritengo che il valore dell'attività finanziaria sia destinato a scendere, per cui acquisto il diritto di vendere a un prezzo fisso e poi spero che il valore di mercato scenda veramente. Se è così, acquisto l'attività finanziaria svalutata e contemporaneamente esercito l'opzione vendendo l'attività stessa al prezzo prefissato, cioè lo strike, che sarà maggiore. Se il valore dell'attività finanziaria è invece salito, abbandono l'opzione put.

Quindi, riassumendo, acquistare un'opzione significa investire una piccola somma di denaro per avere il diritto di comprare o vendere un'attività finanziaria solo quando si sarà sicuri che sia conveniente farlo. È così?

Sì, è proprio così.

Dunque l'acquisto di un'opzione call è un'operazione rialzista, mentre quello di un'opzione put è ribassista.

Esattamente.

E che cosa succede a chi vende le opzioni?

È un discorso un po' meno scontato, perché è un'operazione di cui molti sottovalutano la rischiosità. Chi vende un'opzione incassa subito il denaro, ma da quel momento fino alla scadenza dell'opzione è in balia delle decisioni del compratore, che può decidere se esercitare l'opzione oppure no.

Immagino che questo comporti maggiori rischi...

Certamente. Pensa al venditore di un'opzione call. Se prima della scadenza il prezzo di mercato dell'attività finanziaria raddoppia, il compratore eserciterà l'opzione e allora per il venditore dell'opzione stessa ci sarà una perdita enorme, perché dovrà vendere, diciamo, a 50, qualcosa che sul mercato vale 100.

Potenzialmente la perdita di un venditore di opzione call è infinita perché, sempre dal punto di vista teorico, non c'è limite all'apprezzamento di un'attività finanziaria, dunque del sottostante. Questo rischio viene assunto in cambio del valore del premio, che può essere molto ridotto rispetto al valore di mercato dell'attività finanziaria sottostante.

E per il venditore di un'opzione put?

In questo caso la perdita teorica non è illimitata, in quanto il valore di un'attività finanziaria non può mai essere meno che nullo. Tuttavia, anche per il venditore di una put la perdita può essere enorme: può infatti trovarsi costretto ad acquistare a 100 ciò che sul mercato vale 10, il tutto sempre in cambio del semplice valore del premio.

Ma allora, se c'è tutto questo rischio, da chi vengono vendute le opzioni e perché?

Il segreto per capire quale possa essere la convenienza della vendita di un'opzione, dato il rischio che comporta, è la scadenza, cioè il tempo. La facoltà per il compratore di un'opzione dura solo fintanto che l'opzione stessa non scade. Se nel suo periodo di vita l'opzione non diventa conveniente per il compratore dell'opzione, cioè non diventa "in-the-money", essa scade e viene abbandonata, dunque vince il venditore perché incassa il premio senza vedersi costretto a compiere nessun'altra operazione.

Quindi il venditore di un'opzione gioca sul fatto che il tempo passi senza che sia chiamato a compiere l'operazione per lui svantaggiosa?

Esatto. E il trascorrere del tempo è il suo alleato. Molte vendite di opzioni hanno comunque una copertura, cioè prima di essere vendute è stata fatta un'operazione di segno opposto, altrimenti i rischi sarebbero veramente eccessivi.

Se ho ben capito il tempo influenza la convenienza dell'opzione, quindi anche il suo prezzo. Più passa il tempo e più il valore dell'opzione si riduce, a parità di altre condizioni.

Proprio così.

Oltre al tempo, che cosa influenza il prezzo di un'opzione?

Senz'altro la volatilità del prezzo dell'attività finanziaria sottostante. Più il prezzo è soggetto a cambiamenti repentini, più il mercato diventa rischioso, e allora più vale la possibilità di fissare in anticipo i termini dell'operazione. Questa facoltà diventa una vera e propria assicurazione.

Covered warrant: attenti alla volatilità!

I covered warrant

Il covered warrant è un titolo che dà il diritto di acquistare o di vendere un determinato sottostante a un determinato prezzo (*strike price*), entro un periodo prefissato (stile "americano") oppure alla data di scadenza prefissata (stile "europeo"). Il sottostante può essere rappresentato da azioni, indici, valute, materie prime ecc. I covered warrant possono essere ammessi alla negoziazione solo se emessi da società soggette a vigilanza prudenziale da parte della Banca d'Italia, e quindi essenzialmente da banche. Sono quotati e negoziati in Borsa Italiana SpA nel mercato dedicato, SeDeX.

Il motivo principale per cui vengono acquistati è quello di trarre vantaggio da movimenti di breve periodo del sottostante, quindi per motivi di trading. Si acquistano covered warrant *call* a fronte di aspettative di un rialzo del prezzo del sottostante e covered warrant *put* se invece ci si aspetta un calo del prezzo del sottostante. Il possesso di un covered warrant espone l'investitore a un rischio maggiore rispetto all'investimento diretto nel sottostante: infatti, il valore del covered warrant amplifica sempre le oscillazioni di prezzo dell'attività a cui è legato (cosiddetto effetto leva); valore che addirittura può anche annullarsi totalmente a scadenza, se il prezzo scende al di sotto dello *strike*. A fronte della possibilità di ottenere maggiori guadagni vi è dunque anche quella di incorrere in perdite maggiori.

I covered warrant possono essere usati non solo a fini puramente speculativi, ma anche per **proteggere il valore di singole azioni** oppure di un portafoglio di titoli. Per esempio, se si teme un ribasso generalizzato dei prezzi delle azioni detenute in portafoglio, si può proteggere il valore di quest'ultimo acquistando un covered warrant *put* sull'indice di mercato. In questo modo, qualora il prezzo delle azioni scendesse effettivamente, si avrà un aumento di valore del covered warrant, il quale compenserà il deprezzamento dei titoli azionari.

Questi strumenti hanno avuto un vero e proprio boom verso la fine degli anni Novanta, ma ora sembrano dimenticati.

Hai proprio ragione. D'altra parte i covered warrant sono degli strumenti derivati, che amplificano le variazioni del titolo sottostante, cioè da cui deriva il loro valore. Quando, nel 1999 e all'inizio del 2000, le Borse volavano, questi strumenti vedevano i loro prezzi crescere in maniera quasi esponenziale. Quando però lo scenario si è ribaltato, i risultati sono stati disastrosi.

Hai detto che un covered warrant è un derivato. Dunque è un'opzione?

Sì. E ce ne sono di due tipi: i covered warrant call, che simulano un'opzione call sul titolo sottostante, e i covered warrant put, che simulano un'opzione put.

Perché dici che simulano un'opzione?

Perché, a differenza di un'opzione vera, se l'opzione è in guadagno, non posso comperare o vendere i titoli sottostanti, ma solo incassare il valore monetario del guadagno.

È una differenza importante?

Certo, perché questa loro caratteristica fa sì che chi opera con le opzioni vere non possa essere interessato a questo settore. Inoltre, ormai quasi tutti i covered warrant sono "potenziati", nel senso che ogni covered ha per oggetto dieci azioni.

Tutto questo aumenta il rischio!

Sì, e di molto.

Mi sembra di capire che non ti attirano molto...

Hai proprio capito bene. Personalmente li considero dei giocattoli, per giunta molto pericolosi, adatti a chi vuole operare con grande leva, ma senza investire troppo capitale.

Quindi uno strumento per aspiranti speculatori.

Qualcosa del genere. Chi è bravo si può anche arricchire, però per essere veramente attraenti mancano di spessore negli scambi e quindi di credibilità delle quotazioni.

Vuoi dire che i loro prezzi non sono attendibili?

A volte ben poco. E poi il loro è un mercato di market maker, con volumi ridottissimi. Non c'è abbastanza spessore, troppo spesso le contrattazioni si riducono a un vero e proprio braccio di ferro tra il privato e il market maker. Anzi molti trader, più che a fare soldi, si divertono a tentare di fare *scalping* a danno del market maker. Io per mercato finanziario intendo qualcosa di più consistente, più grande.

Il fatto è che di covered warrant ne sono stati emessi troppi. Quindi è difficile che l'operatività si concentri, anzi, succede l'esatto contrario, cioè si disperde troppo.

Che cosa intendi con il termine *scalping*?

Lo *scalping* è una tecnica di trading che prevede l'apertura e la chiusura di una posizione nell'arco di pochi secondi, sfruttando micro-escursioni di prezzo (pochi tick/pips). Si tratta di una metodologia operativa che sfrutta in modo consistente l'effetto leva offerto dai vari broker.

Quindi sconsigli i covered warrant agli investitori?

Decisamente sì. A mio avviso sono solo uno strumento speculativo che a volte può anche essere divertente, ma nulla di più.

I certificate: turbofinanza o scatole nere?

I certificate

Rappresentano una delle forme di investimento più sofisticate attualmente disponibili sul mercato per i risparmiatori privati. Un *certificate* è un titolo emesso da una banca che prevede un investimento in un paniere di opzioni europee, sia call (rialziste) che put (ribassiste), scritte sul medesimo sottostante (azioni, indici di borsa, quote di fondi comuni di investimento, future su materie prime, valute, o anche panieri composti da più di una di queste attività).

I certificate sono negoziabili sui principali mercati regolamentati, quali il SeDeX o il Cert-X (segmento della piattaforma EuroTLX). La negoziazione presenta comunque un rischio liquidità dato da uno spread denaro/lettera (cioè la differenza tra il miglior prezzo d'acquisto e il miglior prezzo di vendita) superiore rispetto ad altri titoli. È possibile che il market maker sconti sulla quotazione il valore dei dividendi stimati fino a scadenza.

Il possesso di un certificate espone l'investitore al rischio di insolvenza della banca emittente. Se ciò avvenisse il certificato verrebbe liquidato anticipatamente rispetto alla scadenza considerando il suo valore di mercato.

I certificate vengono emessi con una grande varietà di caratteristiche. Una prima differenziazione è quella tra *investment certificate*, caratterizzati dall'assenza di leva finanziaria, e *leverage certificate*, dotati di leva e dunque più simili per struttura ai covered warrant.

Un'altra importante distinzione viene operata, a partire dal 2004, da Borsa Italiana, che li raggruppa in due classi:

- ✓ *classe A*, cioè i certificate che prevedono la replica lineare del sottostante e non offrono protezione del capitale;
- ✓ *classe B*, con aggiunta di una o più opzioni accessorie (garanzia del capitale, bonus, guadagno in entrambe le direzioni, partecipazioni in leva).

La differenziazione tra le varie tipologie è comunque più complessa e si andrà ampliando in maniera parallela all'offerta di questi prodotti.

I certificate sembrano essere la novità del momento, anche se sono presenti sul mercato da molti anni.

Più che altro le banche emittenti continuano a innovare le tipologie offerte, quindi riescono a offrire sempre nuove versioni di un prodotto che non è poi così recente.

Ma, al di là del vantaggio di ampliare la gamma commerciale, ha davvero senso continuare a inventare nuove tipologie di strumenti finanziari?

Diciamo che, per quanto riguarda l'offerta ai risparmiatori privati, si tende sempre a imparare dall'esperienza degli anni precedenti e a adeguare la propria gamma di prodotti in base alle condizioni di mercato del momento. Ma il tema comune è senz'altro la protezione del capitale. Direi che in genere è questa la vera differenza tra un certificate e un semplice ETF.

In effetti è quello che cerca la maggior parte dei risparmiatori, diciamo così, dinamici.

Sì. L'importante è capire che la protezione del capitale ha un costo e/o è condizionata al fatto che il prezzo di mercato dell'attività sottostante non superi una certa barriera. Ma già avere una protezione parziale del capitale investito è un vantaggio che può essere interessante, soprattutto per coloro che hanno meno dimestichezza con le strategie di investimento che vedremo nei prossimi capitoli.

Tra le così tanto numerose tipologie esistenti di certificate, qual è quella che ti piace di più e quella che ti piace di meno?

Mi piacciono poco i certificati a leva senza protezione del capitale, come per esempio alcuni benchmark. Mi piacciono molto i certificati che prevedono lo stop loss, cioè l'estinzione anticipata con rimborso del valore dell'investimento. Questi strumenti, oltre ad avere un valore protettivo dell'investimento, hanno anche un enorme valore educativo, perché insegnano a effettuare lo stop loss, cioè qualora il risultato alla chiusura dell'operazione sia o rischi di essere negativo. Si tratta di una strategia che molti conoscono ma non riescono ad applicare, perché gli manca il coraggio di ammettere una perdita. Se invece investono in uno strumento che la prevede in automatico, imparano a godere dei benefici e magari, avendoli toccati con mano, si decidono a effettuare gli stop loss autonomamente su altri loro investimenti.

Alcuni certificate offrono sicuramente molti vantaggi, ma potrebbero essere un po' complessi da capire per un investitore che non abbia molta esperienza di mercati finanziari.

Purtroppo sì. Infatti sconsiglio vivamente questo tipo di prodotto come primo investimento a chi non conosce i mercati. Il rischio di fraintenderne le caratteristiche è molto elevato.

Esiste il rischio che la negoziazione di questi strumenti possa riservare prezzi poco liquidi?

Certamente. Sulle tipologie più complesse spesso l'illiquidità, cioè la grande differenza tra prezzo di acquisto a prezzo di vendita, è la regola più che l'eccezione.

Se tu dovessi dare un consiglio a un investitore che le acquista per la prima volta nella sua vita, che cosa gli suggeriresti?

Gli consiglierei senz'altro di partire dai certificate che offrono la totale protezione del capitale. Anche a costo di offrire una performance ridotta in caso di andamento favorevole del mercato su cui investono. E, naturalmente, gli direi di fare molta attenzione al prezzo d'acquisto.

I Contract For Difference (CFD): semplicità in cambio di virtualità

I Contract For Difference

Un Contract For Difference (Contratto per differenza) è un contratto derivato con il quale viene scambiata la differenza di valore tra il momento di apertura e quello di chiusura della posizione di un dato sottostante. Dunque, non si acquista il sottostante, ma solo il diritto di ricevere il risultato economico del suo possesso (cioè il profitto o la perdita) in un determinato periodo di tempo.

I CFD replicano il prezzo di un'azione, di un indice, di una valuta, di una materia prima, di un'obbligazione e di molti altri strumenti finanziari. Sono strumenti finanziari a leva, quindi all'investitore è richiesto di versare solo una frazione del valore complessivo dell'operazione, anche perché spesso deve pagare una commissione per avere a disposizione questa leva anche se egli non la utilizza.

Alcune stime basate sui volumi intermediati dai broker indicano che nel Regno Unito il trading sui CFD sia pari al 20% degli scambi che avvengono al London Stock Exchange.

Tra i prodotti finanziari maggiormente pubblicizzati vi sono i CFD. Mi spieghi esattamente che cosa sono?

I Contract For Difference sono delle semplici scommesse che si fanno sull'andamento di una determinata attività finanziaria. Sono un contratto che dà diritto di ricevere il risultato di un'operazione che tu non effettui realmente.

Quindi, se ho ben capito, i CFD sono un investimento virtuale che però produce un risultato reale?

Brava! Io non saprei definirli meglio. Sono i discendenti lontani delle scommesse che si potevano fare nei vecchi Bucket Shop americani, che erano delle vere proprie agenzie di scommesse sull'andamento dei titoli azionari di Wall Street.

Mi sembrano prodotti concettualmente molto semplici, ma è davvero così? Oltretutto, nelle pubblicità si dice che offrono la leva, cioè la possibilità di investire cifre superiori a quelle di cui effettivamente si dispone.

Sono prodotti complessi, in quanto offrire il risultato vero di un investimento simulato è un compito tutt'altro che semplice. La leva viene certamente offerta come possibilità, ma quasi sempre viene fatta pagare, anche se non viene utilizzata. Inoltre, l'investitore non ha l'accesso vero proprio al mercato, ma è il broker dei CFD che si impegna a replicargli le quotazioni. Si tratta di un vero e proprio investimento in derivati.

Tu lo consideri rischioso?

Non più che investire in un ETF a forte leva. Semmai, il vero rischio è di farsi affascinare troppo dalla semplicità che indiscutibilmente questi strumenti offrono all'investitore. Possono essere delle valide alternative per iniziare a fare un po' di trading quando non si ha a disposizione un grande capitale, ma si è comunque disposti a seguire le quotazioni con continuità e passione.

Quindi non sono degli strumenti adatti a chi invece vuole effettuare degli investimenti relativamente sicuri? Mi sembrano un po' troppo sofisticati. Forse per questo tipo di investitore sarebbe meglio iniziare con delle semplici obbligazioni che comunque, soprattutto quando sono a tasso fisso, possono offrire una certa volatilità di prezzo.

E allora a chi si addicono i CFD?

A quelli che vogliono imparare e a coloro che vogliono poter investire su mercati molto eterogenei tra di loro (azioni, valute, materie prime), con un unico conto corrente, con minime spese e con pochi soldi a disposizione.

Da quello che dici mi sembrano adatti soprattutto a un pubblico giovane e dinamico...

Beh, sicuramente ai giovani piacciono molto. Ma possono interessare anche a tutti coloro che, pur avendo un lavoro diverso dalla finanza, hanno molti momenti di tempo libero durante la giornata; per non parlare poi dei pensionati che hanno la passione per i mercati finanziari.

I requisiti fondamentali che l'investitore deve possedere per poter investire con successo mediante i CFD consistono nella possibilità di seguire le Borse con assiduità e nella capacità di non farsi prendere la mano dalla possibilità di investire a leva.

Capitolo 3

Il risparmio gestito

In questo capitolo

- Che cos'è il risparmio gestito
- Quanto è importante la conoscenza dei principi dell'economia quando si vuole investire
- I profili di rischio dei fondi di investimento
- Pensate al vostro futuro in modo oculato: polizze vita e fondi pensione

I fondi comuni di investimento

I fondi comuni di investimento

Un fondo comune di investimento è un **patrimonio collettivo** dove confluisce il risparmio di una pluralità di investitori. Lo scopo principale per cui viene creato è quello di ottenere vantaggi in termini di rendimento, minimizzazione dei costi, diversificazione del portafoglio e maggiore potere contrattuale durante la negoziazione delle singole attività finanziarie.

Il patrimonio del fondo è **gestito in monte**, cioè in maniera unitaria, a differenza di quanto accade con le gestioni patrimoniali, dove ogni cliente resta proprietario dei titoli che vengono acquisiti dal gestore. Il portafoglio di un fondo comune è unico per tutti i sottoscrittori ed è diviso in quote, il valore delle quali viene reso pubblico quotidianamente. Questo valore non è altro che la valorizzazione ai prezzi di mercato degli impieghi del fondo, al netto delle spese e delle commissioni di gestione, il numero delle quote da cui è composto il fondo. È importante ricordare che le risorse versate dai sottoscrittori del fondo costituiscono un patrimonio separato da quello della società di gestione.

Tornando a parlare delle spese, esse non garantiscono affatto che il fondo abbia un rendimento positivo. La bontà del lavoro del gestore è comunque riscontrabile dal confronto tra l'andamento del valore del fondo e quello del benchmark (il parametro oggettivo di riferimento, quasi sempre un indice di borsa o di settore o una loro combinazione).

I fondi comuni sono "aperti", cioè l'ingresso di nuovi sottoscrittori è libero, così come libera e l'uscita (tecnicamente "riscatto").

(continua)

(segue)

L'indirizzo di gestione del fondo, cioè la tipologia di attività finanziarie che vi saranno inserite, è dichiarata *a priori* dalla società di gestione e resta vincolante. In base agli obiettivi di investimento dichiarati, i fondi si dividono nelle cosiddette "categorie", vale a dire, per esempio, "azionari Italia", "azionari area euro", "azionari paesi emergenti", "bilanciati internazionali", "obbligazionari paesi emergenti" ecc.

La sottoscrizione dei fondi può avvenire in due modalità: mediante un versamento in un'unica soluzione (il cosiddetto PIC) o mediante un **piano d'accumulo (PAC)**, con il quale la banca o una società di gestione addebitano a intervalli regolari il conto del sottoscrittore e investono la somma prelevata in quote del fondo. Questa seconda modalità offre una maggior protezione dal rischio di oscillazione del valore del fondo, anche se può ridurre la performance complessiva dell'investimento, poiché le quote acquistate in periodi successivi possono sfruttare la crescita del valore del fondo per meno tempo. Il piano d'accumulo offre anche il vantaggio di poter investire un grande capitale finale mediante piccole rate, quindi consente di effettuare investimenti di importo non trascurabile anche a chi non ha subito a disposizione grandi cifre.

Una particolare tipologia di fondo di investimento è rappresentata dalle **SICAV** (Società di Investimento a Capitale Variabile). Mediante questo strumento, chi vi investe diventa un vero e proprio azionista della società, acquisendone i relativi diritti, come per esempio quello di votare in assemblea. Fondi e SICAV appartengono, insieme ai fondi mobiliari e immobiliari chiusi, alla categoria degli OICR (Organismi di Investimento Collettivo del Risparmio), che rappresenta la classificazione più ampia degli organismi di gestione collettiva del risparmio prevista dalla normativa italiana.

Tra i tanti avvenimenti negativi delle crisi finanziarie del 2001-2002, 2007-2009 e del 2011 c'è stata anche l'enorme perdita di valore dei fondi comuni di investimento e, in particolare, di tutti i prodotti del risparmio gestito. A questo punto viene lecito domandarsi: il risparmio gestito è davvero gestito? E se lo è, quanto è buona la gestione?

Il risparmio gestito è senz'altro gestito, ma l'efficacia della gestione è stata piuttosto deludente. Infatti, molti fondi comuni di investimento, gestioni patrimoniali, SICAV, fondi pensione e polizze vita Unit Linked hanno avuto un andamento decisamente deludente, come evidenziato da vari studi. Naturalmente ci sono eccezione felici, ma la media è stata decisamente deludente.

Perché questo è avvenuto?

Perché la maggior parte dei gestori utilizza per lo più metodi di gestione ormai superati, troppo legati a stime e a previsioni, dunque poco flessibili. Ora, però, i mercati finanziari sono diventati molto più veloci, nel senso che grazie a Internet le informazioni arrivano a moltissime persone quasi in tempo reale e, di conseguenza, l'operatività sui mercati è molto più concentrata. Inoltre, è cresciuto a dismisura l'utilizzo della leva finanziaria, cioè della possibilità di investire molto più denaro rispetto a quello che realmente si possiede. Dunque i movimenti di prezzo sono più brevi e più violenti. A tutto ciò i gestori non riescono a adeguarsi.

Che cosa dovrebbero fare, allora, per fornire risultati migliori?

Dovrebbero utilizzare maggiormente l'analisi tecnica e l'analisi quantitativa, due discipline che impostano le decisioni di investimento sullo studio dell'andamento dei prezzi. Infatti, per le ragioni che abbiamo appena esposto, cioè per la maggior velocità dei mercati, non ci si può più limitare a bollare l'operatività quotidiana come "semplice speculazione", come andava di moda dire tra i gestori negli anni Novanta. Oltretutto, considerare marginale la speculazione significa avere una mentalità lontana dalla realtà della finanza, visto che le statistiche dicono che il 70% circa delle operazioni compiute sui mercati finanziari è di tipo speculativo. Il problema è che molti gestori sono di formazione bancaria e in banca si insegna soprattutto l'analisi fondamentale, che serve per decidere se erogare o meno i fidi.

Proprio gli studi che tu hai citato sostengono che la performance di molti fondi comuni di investimento è stata inferiore a quella del benchmark. Cosa significa esattamente?

Il benchmark è un parametro che viene preso come riferimento dell'andamento del mercato su cui si investe, al fine di giudicare la bontà della gestione. Così, per un fondo azionario Italia il benchmark può essere l'indice FTSEMIB. Il benchmark è stato reso obbligatorio dalla normativa finanziaria proprio per rendere più trasparente la gestione. Ebbene, molti fondi comuni di investimento hanno fatto e stanno facendo peggio del benchmark, anche se in molti casi la differenza non è grandissima.

Questo che cosa significa, in concreto?

Significa che se l'investitore avesse acquistato tutti i titoli dell'indice, nella proporzione in cui sono contenuti nell'indice stesso, avrebbe spesso avuto una performance migliore di quella ottenuta dai gestori.

Ma allora si può investire o no nel risparmio gestito?

Il mondo del risparmio gestito italiano ha bisogno di una modernizzazione urgente. Ma io credo che si possa investire in questi prodotti, a patto di seguire certe regole.

Quali?

Iniziamo subito a dire che molti investitori commettono un errore strategico fin dall'inizio, che è quello di considerare un prodotto del risparmio gestito come una formula che offra in ogni caso risultati positivi, una specie di gallina dalle uova d'oro. Questo approccio, in alcuni casi anche frutto

di eccessiva pressione da parte del personale addetto alla vendita, è completamente errato.
Di fatto, un prodotto del risparmio gestito è una semplice attività finanziaria come tutte le altre e solo in casi rarissimi offre la garanzia della soddisfazione.

Vuoi dire, dunque, che il fatto di essere gestito non lo rende migliore degli strumenti non gestiti?

Non è questo il punto. Il nocciolo della questione è che ciò che rende un prodotto finanziario adatto o meno alle esigenze dell'investitore è soprattutto il mercato in cui investe, perché è lì che nascono i rischi. Quindi un prodotto azionario sarà sempre più rischioso di un prodotto monetario, anche se entrambi sono a capitale protetto.

Perché il rischio sarebbe lo stesso anche se entrambi fossero a capitale garantito?

Perché un minimo di rendimento è molto più probabile nello strumento monetario piuttosto che in quello azionario. Non è sufficiente evitare di perdere il capitale per dire che un investimento è soddisfacente. Occorre invece ricevere anche un rendimento almeno pari all'inflazione.

Mi sembra molto saggio come principio. Il problema è che la maggior parte dei prodotti del risparmio gestito non sono affatto a capitale garantito.

Quindi, quanto abbiamo detto è vero a maggior ragione. Chi investe in un fondo azionario dovrà mettere in conto prima o poi delle perdite, se nessuno lo farà uscire da quel fondo quando le Borse inizieranno a perdere in maniera consistente.

Quindi anche l'investimento nel risparmio gestito va seguito regolarmente...

Come tutti gli investimenti, nessuno escluso. Uno dei grossi problemi del risparmio gestito italiano è che spesso è mancato un livello di consulenza intermedio tra i gestori e i clienti, quindi di pertinenza di consulenti bancari e promotori finanziari, che aiutasse i secondi a spostarsi sui comparti giusti in base all'andamento dei mercati.

Perché questo è successo?

Ancora una volta per vari motivi. Certo è che anche in questo caso si è fatta sentire la scarsa cultura finanziaria nel nostro Paese.

Ma è davvero così importante la consulenza diretta al cliente?

È persino più importante dell'attività di gestione. Se un gestore non sa che strategia adottare, gli è sufficiente replicare esattamente la composizione del benchmark, cioè dell'indice a cui fa riferimento, per riprodurre l'andamento del mercato. Ma se viene consigliato il prodotto sbagliato al cliente, nemmeno il miglior gestore potrà evitargli insoddisfazione e perdite. Per esser più chiaro ti dico che il mio motto è: "Quando scegliete un prodotto gestito, fatelo in maniera tale che, qualsiasi cosa combini il gestore, sarete soddisfatti!"

Mi sembra del tutto condivisibile!

Gli ETF, nuove risorse per gli investitori

Gli ETF

Il mercato degli **ETF (Exchange Traded Fund)** in Italia ha avuto inizio nel 2002. La sezione di **Borsa Italiana** dedicata alla quotazione e allo scambio di strumenti ETF convenzionali, strutturati, ETC (Exchange Traded Commodity) ed ETN (Exchange Traded Note) è **ETFplus**, nata con l'obiettivo specifico di allargare le possibilità di investimento ai risparmiatori. Al suo interno sono presenti **tre segmenti di negoziazione**:

- ✓ **segmento OICR degli ETF aperti indicizzati** (di cui fanno parte gli ETF azionari e obbligazionari);
- ✓ **segmento ETF strutturati** (che contiene le classi degli ETF strutturati con e senza effetto leva);
- ✓ **segmento degli strumenti finanziari derivati cartolarizzati** (che comprende le categorie specifiche di ETC ed ETN con e senza effetto leva).

Un ETF è un particolare tipo di fondo di investimento o SICAV dotato di due principali caratteristiche: è negoziato in Borsa come un'azione e ha come unico obiettivo di investimento quello di replicare l'indice al quale si riferisce (benchmark) attraverso una gestione totalmente passiva.

Gli ETF consentono di prendere posizione su di un intero mercato con una sola operazione di acquisto. In questo modo con pochi ETF è possibile replicare l'andamento di tanti mercati finanziari, scegliendo il peso di quello che si ritiene più adatto alle proprie esigenze, il tutto pagando commissioni di gestione nettamente inferiori a quelle che si devono sostenere nel caso in cui si investa in fondi comuni di investimento di tipo tradizionale. In alcuni casi è persino possibile ricevere dei flussi periodici sotto forma di cedole, qualora l'ETF lo preveda.

Inoltre, è possibile acquistare materie prime e valute, piuttosto che interi segmenti di mercato obbligazionario, con una semplicità persino superiore a quelle che incontrano gli investitori istituzionali quando effettuano investimenti equivalenti, dovendo nel loro caso ricorrere ai veri e propri future o all'acquisto di molte azioni od obbligazioni.

Massimo, abbiamo studiato molti strumenti finanziari, ma non abbiamo ancora visto quelli probabilmente più innovativi, vale a dire gli ETF. Che cosa sono innanzitutto?

ETF sta per Exchange Traded Fund, cioè fondo comune di investimento quotato in Borsa. Questa mi sembra la traduzione più appropriata. Sono fondi che vengono negoziati in Borsa, in appositi segmenti di mercato. Essendo quotati è possibile conoscere il loro valore a ogni istante, proprio come se fossero azioni. Sono dunque più trasparenti dei fondi comuni di investimento normali. Ma il grosso vantaggio è che sono più facilmente scambiabili rispetto agli altri fondi, proprio perché sono quotati. Nulla a che vedere con la burocrazia dei fondi non quotati.

In che cosa investono gli ETF?

Gli ETF investono nei titoli che compongono un determinato indice di borsa, con lo scopo non di far meglio di questo, cioè non attuano una gestione attiva, ma di replicarlo, cioè hanno l'obiettivo di avere per il loro patrimonio la stessa composizione dell'indice, attuando così una gestione passiva. In questo modo gli investitori possono effettuare un investimento che replica l'andamento di un intero mercato o di un'attività finanziaria difficile da contrattare, come per esempio un segmento del mercato obbligazionario o una materia prima.

RICORDA!

E perché è vantaggioso, per un risparmiatore, investire in uno strumento a gestione passiva piuttosto che in uno a gestione attiva? Il valore del fondo non è dato forse dalla qualità della sua gestione?

Sì, certo, la qualità della gestione dovrebbe essere un forte valore aggiunto per un fondo. E qui si apre la nota dolente del mondo del risparmio gestito, visto che la maggior parte dei fondi, soprattutto di quelli azionari, non riesce nemmeno a far meglio degli indici. Ma il punto non è questo.
Ciò che indirizza l'investimento in un fondo è lo scopo per cui esso esiste. Se lo scopo degli ETF è quello di replicare gli indici, chi vi alloca il proprio denaro sa cosa aspettarsi. Il fatto di investire in un indice è senz'altro meno rischioso che investire nel singolo titolo, poiché un indice è composto da diversi titoli, è un paniere diversificato. La diversificazione è uno dei principi fondamentali del corretto investimento.

CONSIGLIO

Quindi investire in un indice è meglio che in un'azione, anche se fosse la migliore?

Sì, tecnicamente è più facile e meno rischioso, perché le azioni migliori non possono restare tali in eterno. La performance di un'azione è sempre legata a fattori che prima o poi si esauriscono. Gli indici comprendono sempre anche le azioni migliori e il loro andamento è più legato al ciclo economico, dunque è mediamente più facile da gestire rispetto al singolo titolo, il quale ha tutte le sue peculiarità.

E magari costa anche meno che investire in un fondo a gestione attiva...

Certo, infatti non vi può essere alcuna commissione di performance, visto che non la si ricerca. Decisamente, le commissioni degli ETF sono più basse di quelle dei fondi comuni tradizionali, almeno gli azionari.

Raccontiamo brevemente la loro storia e spieghiamo come vengono negoziati. Iniziamo con la loro storia.

La loro storia è relativamente recente. Nascono infatti nel 1993, guarda caso negli Stati Uniti.

Che combinazione!

Proprio così! Il primo ETF fu lanciato sull'AMEX, l'American Stock Exchange, per riprodurre fedelmente l'andamento dell'indice Standard & Poor's 500. La cosa curiosa è che fu chiamato *Spider*, giocando con SPDR, acronimo di Standard & Poor's Depository Recipts, il nome delle quote di questo fondo. Da allora in poi sono nati altri ETF, tutti denominati in gergo spider, che hanno iniziato a replicare anche gli altri indici americani. Quelli che riproducevano l'indice Dow Jones sono stati chiamati *Diamonds* (diamanti), mentre quelli sul NASDAQ 100 sono stati denominati *Cubes* (cubi). In seguito, gli indici replicati sono stati quelli mondiali, come il Morgan Stanley Capital International, l'indice che comprende tutte le principali Borse mondiali e che spesso viene presentato con le sole iniziali MSCI, per dirla in italiano.

E in Europa?

In Europa, come sempre, questi strumenti sono arrivati un po' in ritardo, vale a dire nell'aprile 2000, sulla Borsa di Francoforte (segmento XTF), e su quella di Londra (comparto extraMARK). In seguito è stato coinvolto anche Euronext, cioè il circuito che unisce le Borse di Amsterdam, Parigi, Bruxelles e Lisbona.

Sono tutti nomi interessanti. È particolarmente accattivante, poi, l'idea di investire facilmente su tutte le Borse mondiali attraverso un ETF o spider, come lo chiamano, sull'indice MSCI. Proprio perché è così interessante, vediamo come vengono trattati questi ETF.

In Italia gli ETF sono quotati nel segmento ETFplus di Borsa Italiana. Sul mercato ETFplus sono inoltre negoziati OICR innovativi (ETF strutturati), che non si limitano a replicare il mercato a cui si riferiscono, ma permettono agli investitori di accedere a particolari strategie di investimento, come la possibilità di prendere posizione su un mercato con effetto leva (leveraged ETF), di proteggersi da eccessivi ribassi del mercato di riferimento (ETF protective put), scommettere, con o senza leva, sui ribassi (ETF short), anche di implementare strategie di investimento più complesse.

Ci sono market maker, cioè istituzioni, che si impegnano a fare da controparte agli scambi?

Sì, è previsto almeno uno specialista a supporto della liquidità per ogni fondo.

Ci sono dei limiti di variazione del prezzo?

Sì, ci sono dei limiti di prezzo simili a quelli che esistono per le azioni.

Dunque è un mercato affidabile per il risparmiatore?

Sì, direi che è un mercato sufficientemente affidabile. Senz'altro lo è molto di più di quello delle euro obbligazioni.

Passiamo ora ad analizzare vantaggi e svantaggi degli ETF.

D'accordo, e iniziamo dai vantaggi. Il primo è senz'altro rappresentato dalla loro flessibilità, nel senso che sono facili da vendere e acquistare, eliminando tutte le procedure e le complicazioni dei fondi tradizionali. Poi sono decisamente più trasparenti e facili da capire.
Sai che i gestori non cercheranno di battere l'indice, magari venendone invece battuti, come succede a molti di loro, ma che replicheranno semplicemente l'indice. Dunque è più facile capire a che cosa si va incontro investendovi.

Ma gli ETF replicano davvero gli indici così fedelmente?

Certamente, anzi pochi sanno che, grazie al principio del "creation/ redempion in kind", in base al quale è possibile investirvi e riscattarli non solo in denaro ma anche direttamente con i titoli che lo compongono, questi fondi sono obbligati a essere delle repliche estremamente fedeli degli indici. Con un'unica possibile eccezione, ma importante: il cosiddetto *compounding*.

Di cosa si tratta?

Riguarda gli ETF a leva, ovvero quelli che amplificano la variazione di valore del sottostante in misura direttamente proporzionale alla leva stessa. Ebbene, la variazione di valore giornaliera di questi strumenti viene calcolata partendo da livelli già influenzati in precedenza dalla leva stessa e dunque diversi rispetto a quelli dell'indice di riferimento. Ti faccio un esempio: supponiamo di possedere un ETF a leva 5 su di un indice azionario. Il valore di questo indice passa in una seduta da 100 a 105. Il valore dell'ETF varierà di cinque volte tanto, dunque passerà da 100 a 125. Se il giorno successivo l'indice perderà il 4%, esso scenderà a 100,8. L'ETF moltiplicherà per 5 la variazione e scenderà a 100, cioè tornerà al valore di due giorni prima, mentre il valore dell'indice sottostante rimarrà leggermente più alto. In altre parole è come se l'ETF capitalizzasse la leva, da cui il termine "compounding".

Quindi occorre prestare molta attenzione agli strumenti a leva!

Assolutamente.

Altri vantaggi?

I costi: gli ETF non comportano commissioni di entrata, di uscita e di performance.

Finalmente...

Certo. Prevedono solo una commissione di gestione annua molto limitata, che può andare dallo 0,35% allo 0,50% del patrimonio del fondo.

Mi sembra davvero poco!

Sono fatti per essere scambiati, non per essere gestiti. Inoltre, a differenza di quasi tutti i fondi comuni tradizionali, gli ETF distribuiscono ai possessori i dividendi da loro percepiti. E poi, infine, essendo quotati, vi è anche la possibilità di essere venduti allo scoperto.
Pensa quanto può essere interessante vendere allo scoperto un indice azionario quando i mercati crollano.

Mi sembra davvero molto bello. Ma ci sono anche degli svantaggi a investire negli ETF?

Ci sono, naturalmente. Innanzitutto, le commissioni sono molto basse, ma le operazioni di compravendita comportano comunque dei costi. Inoltre, gli ETF, replicando indici azionari, comportano lo stesso rischio di chiunque investa in Borsa. Quindi quando il mercato crolla, chi detiene quote di un ETF va incontro a perdite sostenute. Gli ETF non sono certo prodotti a capitale garantito.

Mi sembra importante sottolinearlo! Gli ETF sono economici e trasparenti ma non garantiscono alcun risultato. Per quanto riguarda la trasparenza delle quotazioni?

Le quotazioni sono senz'altro eque. Ma essendo un mercato che necessita della partecipazione dei market maker, possono verificarsi situazioni di divario importante tra prezzo di acquisto e prezzo di vendita; anche se, come abbiamo visto, i limiti di variazione del prezzo sono soggetti alla regolamentazione di Borsa Italiana, almeno per quelli quotati in Italia.

Gli hedge fund

Gli hedge fund

Gli hedge fund sono organismi di investimento collettivo del risparmio (OICR) che ricercano rendimenti assoluti positivi a prescindere dall'andamento dei mercati in cui investono, grazie al fatto di essere sottoposti a minori vincoli nella strategia di gestione.

Questi fondi hanno una soglia minima d'ingresso molto elevata e sono quindi riservati a una clientela più facoltosa della media. Hanno la possibilità di acquistare o vendere allo scoperto sui mercati, utilizzare strumenti derivati e ricorrere alla leva finanziaria, cioè possono investire anche più del capitale effettivamente raccolto.

L'attività di **hedging** (o **copertura**), che è una delle caratteristiche che definisce questa tipologia di fondi, è tesa a creare una protezione contro le perdite in conto capitale. Questo obiettivo viene perseguito attraverso l'investimento in attività finanziarie non correlate o inversamente correlate con quelle su cui avviene l'investimento principale.

Gli obiettivi di questi strumenti finanziari sono l'ottimizzazione del rapporto rischio/rendimento e il mantenimento di una bassa correlazione con gli investimenti tradizionali (cioè la capacità di fornire risultati positivi anche in anni non particolarmente brillanti per i mercati finanziari). Tuttavia, l'esperienza storica ha dimostrato che, nonostante l'effettiva possibilità di eliminare alcuni rischi tipici legati ai mercati finanziari, questi fondi ne aggiungono altri, dovuti alla liquidità (spesso gli hedge fund sono difficili da riscattare), all'utilizzo della leva da parte dei gestori (che non raramente si ritorce contro di loro) e alla trasparenza, nel senso che gli obblighi di comunicazione e rendicontazione imposti ai gestori di fondi hedge sono meno restrittivi di quelli imposti ai fondi tradizionali. Anche per questo le Autorità hanno stabilito soglie di accesso decisamente rilevanti a questo tipo di investimenti.

La caratterizzazione degli hedge fund è assai diversa rispetto a quella dei fondi tradizionali e non verte tanto sul tipo di mercato in cui vengono effettuati investimenti. Posto che, di fatto, ogni hedge fund, fa categoria a sé, le principali tipologie di fondo (e di stile di gestione) sono le seguenti:

- ✓ **Global macro**: uno stile di gestione orientato alla ricerca delle migliori opportunità di rendimento a livello globale, sia sfruttando modelli di gestione quantitativi (cioè facendosi orientare nelle proprie scelte da calcoli matematici e statistici) sia sulla base della discrezionalità del gestore.
- ✓ **Relative value**: in questo caso il gestore tenta di sfruttare potenziali anomalie di prezzo fra attività finanziarie strettamente correlate. Questa strategia, che espone a rischi contenuti, spesso viene associata al ricorso alla leva finanziaria per amplificarne il potenziale di rendimento. La redditività, in questo caso, si fonda prevalentemente su tecniche quantitative.
- ✓ **Long-short equity**: questi fondi investono costruendo combinazioni di posizioni "lunghe" (cioè al rialzo) e "corte" (al ribasso) sui mercati, con l'obiettivo di aumentare il rendimento e riducendo il rischio sistematico (cioè quello di fondo) legato al mercato.
- ✓ **Event driven**: si tratta dello stile di gestione probabilmente più interessante, secondo il quale le decisioni di investimento vengono prese sulla anticipazione del risultato di particolari eventi, spesso legati alle vicende societarie, come fusioni e acquisizioni. In questo caso, la performance dipende dall'abilità del gestore nell'analizzare situazioni specifiche, più che l'andamento del mercato.

Massimo, abbiamo ormai esplorato quasi tutto il mondo dei prodotti finanziari. Direi che è arrivato il momento di parlare degli hedge fund, che vengono considerati prodotti esotici, tutto sommato ancora lontani dalla cultura finanziaria del nostro Paese.

Sì. Sebbene c'è da dire che anche all'estero sono comunque prodotti se non di nicchia, per lo meno non proprio per tutti.

Immaginavo. Comunque, iniziamo a spiegare che cos'è un hedge fund.

E qui incontriamo la prima difficoltà. Un hedge fund è un'attività finanziaria che sfugge a una classificazione troppo stretta. La denominazione italiana potrebbe essere "fondo rischioso" o "fondo di investimento molto flessibile". Ma è sempre una traduzione un po' impropria.
La recente normativa italiana li definisce Fondi Riservati e Fondi Speculativi. Quest'ultima definizione è quella che mi piace di più.

Ma scusa, hedge fund letteralmente non significa "fondo a copertura", o "fondo con copertura"?

Sì, ma questo nome deriva dall'operatività del primo hedge fund, creato nel lontano 1949 negli Stati Uniti, da Alfred Winslow Jones. Egli costituì un fondo che acquistava azioni di cui si prevedeva il rialzo, finanziandosi con la vendita allo scoperto di altre azioni di cui ci si attendeva un ribasso. Questo comprare e vendere contemporaneo di azioni faceva sì che in qualche modo l'andamento del fondo fosse coperto, dunque hedged, rispetto all'andamento complessivo del mercato. Naturalmente ciò non significa che il fondo non sia rischioso, anzi!

Anzi?

Anzi, spesso, gli hedge fund operano a leva, cioè impostano operazioni su capitali maggiori rispetto a quelli effettivamente detenuti nel loro patrimonio.

Quindi un hedge fund è un fondo di investimento ad alto rischio?

Sì, sostanzialmente sì. È un fondo che è in grado di mettere in atto operazioni finanziarie estremamente sofisticate.

L'investimento in un hedge fund comporta dei vincoli per gli investitori, vero?

Sì, è vero. Innanzitutto, l'investimento minimo richiesto è generalmente alto, nell'ordine di almeno 500.000 euro circa. Inoltre, l'investitore generalmente non può riscattare le proprie quote prima che sia trascorso un certo periodo di tempo.

Perché esistono tutti questi vincoli?

Esistono per scoraggiare quegli investitori che, con la loro alternanza di investimenti e disinvestimenti, finiscono con il disturbare il regolare svolgimento delle operazioni, a volte complesse, che i gestori allestiscono.

Dunque sono un investimento non alla portata di tutti.

Sì, purtroppo per ora sì.

I costi di questi prodotti sono elevati?

Per quanto riguarda le commissioni d'ingresso, d'uscita e di gestione siamo più o meno in linea con i fondi comuni di investimento italiani, di certo con i più cari. Ciò che è veramente oneroso è la commissione di performance che, pur variando da fondo a fondo, si aggira mediamente attorno al 20% del guadagno.

Questo vuol dire che se un hedge fund guadagna 100, 20 vanno al gestore?

Sì, proprio così.

È veramente caro! E se invece di un guadagno si verifica una perdita?

Se si verifica una perdita non solo nessuna commissione di performance è dovuta al gestore, ma addirittura questa commissione non sarà più pagata finché la perdita non sia stata ripianata. Inoltre ci sono fondi per i quali la commissione di performance si paga solo al di sopra di un risultato minimo, chiamato, non senza un minimo di humor anglosassone, tasso ostacolo.

Esiste un benchmark per gli hedge fund, cioè un parametro di riferimento con cui confrontarne l'andamento?

No, non esiste. L'unico parametro di riferimento è il rendimento assoluto, o *total return* in inglese.

In base a quale criterio si suddividono gli hedge fund?

Non in base all'area geografica e al tipo di attività finanziaria in cui il fondo investe, come avviene per i fondi comuni di investimento, ma in base allo stile di gestione.

Qual è, o meglio, quali sono questi stili di gestione?

La prima categoria è quella più classica, cioè quella dei fondi "Market Neutral", i quali comprano le azioni che ritengono possano salire e vendono allo scoperto quelle che ritengono destinate a declinare. La strategia si definisce Market Neutral perché, avendo sia posizioni rialziste che ribassiste, l'andamento del mercato azionario nel suo complesso dovrebbe influire poco su quello del fondo.
Poi ci sono i fondi che attuano delle strategie cosiddette "Event Driven", cioè vanno a caccia di titoli su cui si verificano o si possono verificare operazioni di finanza straordinaria, quali acquisizioni, fusioni ecc., cercando di cogliere per tempo gli apprezzamenti o i deprezzamenti dei titoli coinvolti in queste operazioni.

Gli hedge fund più grandi si chiamano “Global/Macro Fund” e vanno a investire su tutti i mercati del mondo, visto che la quantità di denaro che gestiscono renderebbe problematico concentrarsi su poche piazze finanziarie o su pochi strumenti.
Infine, ci sono i famigerati “Short Selling Fund”, cioè i fondi specializzati nel selezionare titoli azionari da vendere allo scoperto.

Perché famigerati?

Perché spesso vengono accusati di scatenare ribassi su titoli o su intere Borse. È chiaramente un’esagerazione, ma a nessuna società piace essere presa di mira da un fondo del genere.

Le polizze vita, strumenti su cui si fa ancora troppa confusione

Le polizze vita

La polizza vita è un contratto in base al quale il contraente, a fronte del versamento di un premio, assicura al beneficiario un rimborso in denaro qualora si verifichi un evento specifico nella vita dell'assicurato, come la sopravvivenza, la morte o l'invalidità. Nel primo caso si parla di **polizza vita in caso vita**; nel secondo siamo di fronte a una **polizza vita in caso morte**. L'invalidità può essere prevista nel caso vita, anche se con prestazioni diverse.

Da un punto di vista finanziario, per noi, è utile concentrarci sulla polizza vita in caso vita. In questo caso il sottoscrittore conferisce alla compagnia un unico capitale in un'unica soluzione, o un capitale frazionato in più rate, che la compagnia stessa provvede a investire in maniera differente a seconda della tipologia del contratto.

Nella polizza vita tradizionale gli investimenti sono fatti perlopiù in titoli di Stato, o in obbligazioni di alta qualità, o comunque in attività finanziarie a basso rischio. È previsto un tasso minimo di rendimento garantito. Dal risultato ottenuto dagli investimenti viene erogata un'ampia percentuale, ma non la totalità. Le eventuali perdite subite dalla gestione degli investimenti non vengono sofferte dall'investitore, il cui capitale, anzi, gode in ogni caso del tasso di rendimento minimo garantito.

Esistono poi delle polizze più speculative, la cui gestione prevede un investimento che replichi l'andamento dei mercati più rischiosi, o che allochi i premi in quote di fondi speculativi. In questo caso può essere o meno prevista la protezione del capitale, così come può essere previsto o meno un rendimento minimo garantito.

Alla scadenza del contratto l'assicurato può incassare l'intero capitale rivalutato, o una rendita periodica per un certo periodo di tempo, o una rendita perpetua. Ma può anche decidere

(continua)

(segue)

di lasciare in gestione alla compagnia per uno o più anni il suo capitale, il quale in questo modo continuerà a subire ulteriori rivalutazioni.

Qualora l'assicurato deceda prima della scadenza, il capitale rivalutato verrà destinato agli eredi o ai soggetti da lui indicati. Un'importante differenza tra una polizza vita in caso vita e una polizza vita in caso morte sta nel fatto che, in caso di decesso dell'assicurato, la prima eroga agli eredi o ai soggetti indicati l'ammontare dei premi versati dall'assicurato e rivalutati, mentre la seconda eroga agli eredi o ai soggetti indicati un capitale ben superiore alla somma dei premi pagati.

Le polizze vita sono una tipologia di investimento di lunga tradizione, eppure i loro meccanismi non sono tuttora ben compresi dai sottoscrittori.

Infatti, ancora troppe persone non sanno che di polizze vita ne esistono vari tipi, con funzioni, costi e rendimenti attesi diversi.

E sembra che la confusione che si fa più di frequente sia quella tra le polizze vita che contemplano il caso vita e quelle che contemplano il caso morte.

È proprio così. Una polizza vita caso vita è sostanzialmente un contratto assicurativo di tipo finanziario, che serve per garantirsi la rivalutazione di un capitale a una certa scadenza o per far sì che esso venga destinato a persone o entità che vanno indicate. La polizza vita che assicura il caso morte è invece una vera e propria assicurazione sulla vita. In questo caso il capitale che viene pagato in caso morte è di gran lunga superiore ai premi versati, non essendo un contratto di tipo prevalentemente finanziario, ma piuttosto uno stipulato per poter risarcire un danno (la morte dell'assicurato) a qualcuno (i beneficiari della polizza).

Esistono poi le cosiddette "polizze miste", che sono una sintesi di entrambi i contratti.

Certo, ma sono anche le più costose. Vi è ancora chi le sottoscrive pensando di fare un affare nel garantirsi anche un grande risarcimento in caso morte, non sapendo o non capendo che questo diritto ha un costo che viene trattenuto dalle somme che vengono investite. Alla scadenza del contratto si troverà un rendimento molto deludente, soprattutto per colpa del fatto che gli investimenti effettivamente rivalutati sono stati molto inferiori ai premi pagati.

Oltretutto, poi, anche le polizze vita caso vita prevedono la liquidazione dei premi qualora l'assicurato venga a mancare…

Sì. I premi versati non vanno assolutamente perduti, ma vengono comunque rivalutati e liquidati ai beneficiari indicati dall'assicurato. Certo, in questo caso, se si versa poco, i beneficiari otterranno poco, ma i costi sono nettamente inferiori rispetto a quelli delle polizze miste.

CONSIGLIO

Mettiamo a confronto le polizze vita che prevedono solo il caso vita: meglio quelle tradizionali o quelle più speculative?

Ancora una volta è tutta una questione di rischio. Chi privilegia la sicurezza dovrebbe scegliere una polizza vita di tipo tradizionale, la quale in questo momento storico rende sicuramente poco ma mette totalmente al sicuro dal rischio dei mercati. Invece, la polizza di tipo speculativo è da preferire per coloro che pretendono molto dal loro investimento, pur sapendo che in questo modo si sottomettono quantomeno al rischio di non guadagnare nulla.

Una polizza vita può anche essere vista come uno strumento per accumulare gradualmente un capitale che nel tempo può crescere in maniera importante.

Certamente, anche se bisogna ricordare che la facoltà di versare i premi in maniera ricorrente comporta un costo. Pertanto, nel caso delle polizze più tradizionali vale la pena di attuare questa strategia solo se effettivamente le somme sono disponibili un po' alla volta, altrimenti il costo rischia di penalizzare un risultato che può essere modesto già di per sé. Invece, nelle polizze più speculative, il fatto di investire un po' per volta può contribuire in maniera notevole a ridurre il rischio, perché l'investimento progressivo consente di effettuare un vero e proprio Piano d'Accumulo (PAC) che, come vedremo più avanti nel libro, è una delle misure più efficaci per la riduzione del rischio.

A costo però di un minor rendimento, perché le ultime rate che si versano vengono rivalutate per meno tempo.

Purtroppo è così, però la riduzione del rischio è sempre un beneficio tutt'altro che trascurabile, soprattutto quando si investe in mercati molto movimentati.

ATTENZIONE!

Un altro errore da evitare è il riscatto prima della scadenza, perché in quel caso la compagnia applica una penalizzazione piuttosto pesante.

Sì, e questa è una delle grosse differenze rispetto ai fondi comuni, dai quali ormai si può uscire senza alcuna spesa. Una polizza vita è invece un contratto la cui conclusione naturale è solo alla scadenza, pertanto il riscatto anticipato viene considerato una risoluzione anomala del contratto stesso.

E se capita di aver bisogno del proprio denaro?

Nella vita gli imprevisti che possono capitare sono molti, quindi può benissimo succedere di trovarsi di fronte a un fabbisogno imprevisto. L'importante è non aver investito in una polizza vita senza averne compreso bene i vincoli e, soprattutto, pensando che sia un modo per effettuare un investimento rischioso garantendosi però il capitale. Questo può anche essere vero, ma lo è solo alla scadenza.

Una polizza vita va vista come un impegno che si prende, per quanto verso la fine possa rivelarsi redditizio.

I fondi pensione: un accantonamento più che un investimento

I fondi pensione

Un fondo pensione è un fondo all'interno del quale il lavoratore accantona una quota dei propri guadagni realizzati durante la vita lavorativa allo scopo di garantirsi prestazioni pensionistiche aggiuntive (*pensione integrativa*) rispetto a quelle erogate dagli enti previdenziali obbligatori. I fondi pensione sono regolati da norme di diritto privato che regolano i rapporti giuridici di natura volontaria tra i fondi stessi e gli aderenti a vario titolo. L'ammontare delle prestazioni previdenziali dipende dai contributi versati, dal periodo di permanenza nel fondo e dal rendimento ottenuto dall'investimento del patrimonio.

Le fonti di finanziamento dei fondi pensione si differenziano a seconda della tipologia di aderente (lavoratore dipendente, lavoratore autonomo e altri soggetti).

Per i lavoratori dipendenti le contribuzioni sono rappresentate dalla contribuzione del lavoratore, da quella del datore di lavoro o committente e dal versamento del Trattamento di Fine Rapporto (TFR). La legge consente che il contributo minimo da versare a carico del lavoratore e a carico del datore di lavoro sia determinato in base ad accordi collettivi o aziendali. In ogni caso, anche in assenza di questi accordi, sia il lavoratore sia il datore di lavoro (o committente) possono liberamente versare nel fondo.

Per i lavoratori autonomi la sola contribuzione ammessa è rappresentata dai versamenti dell'aderente.

Nel quadro di una progressiva incentivazione dei lavoratori alla costituzione di una loro previdenza privata, quantomeno integrativa, la legge prevede un regime fiscale agevolato per i versamenti nei fondi pensione. Il TFR può essere versato senza subire alcuna tassazione. La contribuzione diversa dal TFR è deducibile dal reddito fino a un limite massimo di 5164,57 euro, che vale anche per i lavoratori dipendenti.

I fondi pensione investono il loro patrimonio nei mercati finanziari per cercare di ottenere un rendimento che rivaluti nel tempo i contributi versati. Il patrimonio viene suddiviso in diversi comparti, ciascuno dei quali viene investito in base a un livello indifferente di rischio.

Premettendo che per chi si è iscritto prima dell'aprile 1993 la normativa è un po' differente,

(continua)

(segue)

la prestazione tipica di un fondo pensione è l'erogazione di una rendita (pensione) al contribuente a partire dal momento del pensionamento. È comunque consentita la facoltà di optare per una liquidazione in capitale (soluzione unica) per un importo non superiore al 50% del montante finale accumulato. Solo in alcuni casi specifici, come per esempio nel caso in cui il montante finale non sia significativo, o quello in cui la rendita ottenibile dal 75% del montante sia minore alla metà della pensione sociale, è consentita una liquidazione del 100% in capitale.

Vi sono anche altre eccezioni alla regola generale. Infatti, in caso di cessazione dei requisiti di partecipazione al fondo (come per esempio può accadere in caso di licenziamento o di dimissioni dall'azienda) l'importo maturato può essere riscattato o trasferito ad altro fondo pensione. Qualora venga acquistata la prima casa per sé o per i figli, o si effettuino ristrutturazioni, oppure si debbano sostenere spese mediche straordinarie, può essere richiesto un anticipo sul capitale maturato.

Infine, elemento molto importante, in caso di morte del contribuente, l'importo maturato viene riscattato dal coniuge. In mancanza di quest'ultimo viene riscattato dai figli. Qualora manchino anche i figli, il riscatto può essere effettuato dai genitori, purché conviventi e a carico dell'iscritto. Il contribuente può comunque destinare il maturato a qualunque beneficiario, sempre nel caso della sua morte, se manchino contemporaneamente i suoi figli e i suoi genitori.

Nel caso in cui lo statuto del fondo lo preveda, è possibile che una parte del maturato venga trasformato in pensione di reversibilità per il coniuge, ma questo comporta quasi sempre un costo aggiuntivo.

Le quote dei fondi pensione possono essere vendute soltanto al raggiungimento dell'età pensionabile. Prima del pensionamento, le quote sono trasferibili solamente da un fondo pensione a un altro, a favore dello stesso beneficiario, non sono trasferibili all'INPS né ad altre persone.

La pensione può essere integrata con i dividendi distribuiti dal fondo e con la vendite delle quote qualora il loro valore aumenti.

La tassazione dei proventi ottenuti dalla gestione del fondo è pari al 20%.

In questo libro non si può non parlare dei fondi pensione, che io ritengo una tipologia di investimento fondamentale per tutti.

Altroché! Per coloro che ne hanno diritto dovrebbe essere il primo investimento che viene effettuato, anche in senso cronologico, cioè dovrebbe esservi destinata una parte dello stipendio.

Eppure non tutti quelli che se lo potrebbero permettere, vi investono.

E questo è un grave errore, soprattutto per i lavoratori dipendenti, perché scegliendo di contribuire a un fondo pensione, obbligano anche il datore di lavoro a contribuirvi in eguale misura.

Perché, secondo te, così tanti commettono questo errore?

Per la solita illusione secondo la quale ci si sente meglio con il denaro in mano piuttosto che allocato.

Eppure bisognerebbe pensare al futuro...

Un tempo ci si pensava poco perché ci si sentiva relativamente tranquilli con le pensioni Inps. Ora, dopo le ultime pesantissime riforme del sistema pensionistico, si è diventati piuttosto pessimisti non solo sulla previdenza pubblica, ma anche su quella privata. Troppa gente dice: "Tanto io non percepirò alcuna pensione..." Si riferiscono certamente alla pensione pubblica, ma allora la prima cosa da fare sarebbe costruirsene una privata.

Però l'ennesima riforma fiscale ha colpito duramente i fondi pensione.

Questa riforma è del tutto incomprensibile. Uno Stato moderno dovrebbe favorire una forma di previdenza. Se per motivi di bilancio pubblico si deve ridurre quella pubblica, non si può contemporaneamente aggravare quella privata. Fa parte delle tante storture che il sistema fiscale italiano deve correggere al più presto.

Ora però occupiamoci di quelli che ci credono. Quali sono le riflessioni più importanti da fare sui fondi pensione?

Innanzitutto ricordarsi che si tratta di un investimento, che per quanto possa essere remunerativo, rimane di tipo pensionistico. Lo dimostra il fatto che non si possono godere le prestazioni del fondo prima dell'età pensionabile e comunque si può riscattare il capitale maturato in misura non superiore al 50%. Detto questo, quello che pochi sanno è che nel corso della vita contributiva l'aderente al fondo può cambiare il tipo di gestione a cui sottoporre i propri contributi, può cioè cambiare comparto, passando per esempio da quello azionario a quello bilanciato.

Interessante! Quindi è teoricamente possibile cercare di sfruttare i momenti migliori per ogni mercato.

Hai detto bene: lo è in teoria. Di fatto è sconsigliabile tentare di avere un atteggiamento troppo speculativo nel gestire la propria partecipazione a un fondo pensione. La scelta dei mercati su cui far investire i propri contributi del fondo dovrebbe essere orientata più da considerazioni anagrafiche che non finanziaria. Pertanto i comparti azionari dovrebbero essere scelti soprattutto all'inizio della propria vita lavorativa, perché in caso di forte ribasso delle Borse si hanno decenni da attendere prima di poter godere del risultato dei propri investimenti, quindi c'è tutto il tempo per recuperare. A mano a mano che si avvicina all'età pensionabile è meglio ridurre la rischiosità dei propri investimenti, per cercare di non compromettere il capitale maturato per colpa di uno o più anni negativi sui mercati finanziari.

RICORDA!

Sono sicuri i fondi pensione? Durante le ultime crisi finanziarie strumenti di questo tipo hanno accusato delle perdite.

I capitali derivanti dai contributi non sono in alcun modo utilizzabili dalle società che li gestiscono se non per essere investiti. La rischiosità degli investimenti è scelta dallo stesso aderente. Pertanto, le perdite che il fondo subisce sui mercati finanziari diventano delle vere è proprie perdite che subisce anche il monte contributi dell'aderente. Però, come ho detto prima, una volta che si inizia la contribuzione a un fondo pensione, si può tornare in possesso delle somme maturate solo una volta raggiunta l'età pensionabile, quindi c'è tutto il tempo per recuperare quelle perdite.

Dunque si può dire che i vincoli legali a cui è sottomesso un fondo pensione finiscono con il proteggere l'investitore dalle perdite di breve periodo.

Esattamente.

Allora, forse, il vero rischio che corre l'aderente al fondo pensione è quello di collocarvi delle somme di cui potrebbe avere bisogno in seguito e prima dell'età pensionabile.

È proprio così. Ma d'altra parte non lo vedo come un rischio a cui ci si sottopone per negligenza, perché in fondo si tratta di decidere quanto accantonare seriamente e durevolmente per la propria vecchiaia e quanto investire in maniera più legata alle esigenze di breve periodo, previste o impreviste che possano essere.

Capitolo 4

Le materie prime

In questo capitolo

- Quali sono le materie prime
- È possibile investire nel petrolio o nell'oro o nello zucchero anche se non si lavora in quel settore?

Le materie prime: finalmente accessibili!

Le materie prime

L'introduzione degli ETF (soprattutto degli ETC, Exchange Traded Commodity) ha reso facile ed economica la speculazione sulle materie prime. La crisi finanziaria del 2008-2011 ha senz'altro stimolato gli investimenti in oro. La crescente offerta di prodotti semplici ed economici legati alle più svariate materie prime ha sicuramente dato grande risalto al settore.

Eppure le materie prime sono, dal punto di vista storico, le prime attività finanziarie a essere state scambiate sui mercati a termine. In Giappone, nel 1730, nacque il primo mercato future della storia, il Dojima, nel quale veniva scambiato il riso. Ma sono noti anche i contratti a termine, sebbene non scambiati in una vera e propria Borsa, che venivano trattati ad Amsterdam il secolo prima. Un contratto a termine prevede la consegna differita della merce in cambio di un pagamento che inizialmente può anche essere solo parziale. I contratti a termine non standardizzati si definiscono *forward*. Quando invece vengono omogeneizzati per scadenza e dimensione diventano *future*, i quali vengono scambiati in Borse estremamente organizzate, che prevedono la compensazione delle posizioni e spesso hanno anche delle autorità di controllo che vigilano su di essi.

La tipologia delle materie prime scambiate nel mondo è assai elevata. Quando si tratta di mercati finanziari, per materie prime (*commodity*) si intendono soprattutto petrolio, gas naturale, oro, argento, rame, acciaio, platino, palladio, mais, frumento, soia, caffè, zucchero e cacao.

Negli ultimi anni si è visto un notevole aumento dell'operatività dei privati sulle materie prime.

Certamente. La sempre maggiore offerta di ETF ed ETC sulle commodity ha senz'altro aiutato coloro che da tempo volevano iniziare a operare in questo campo, ma venivano frenati dall'idea di dover acquistare direttamente dei future, dai costi e dall'investimento minimo necessario.

Ora invece è molto più semplice.

Sì, ora bastano poche decine di euro. Infatti, i prezzi degli ETF ed ETC emessi sulle materie prime sono assolutamente in linea con quelli legati ad altre attività finanziarie, quindi si tratta di valori assolutamente comparabili a quelli delle azioni.

Oltre alla semplicità operativa ha giocato un ruolo molto importante la recente crisi finanziaria.

Sicuramente. Pochi mesi dopo il crack di Lehman Brothers, c'è stata una vera e propria corsa all'acquisto dell'oro, che ha avuto come protagonisti anche gli ETF/ETC, sia quelli legati all'andamento del future sull'oro sia quelli legati all'oro fisico. Più o meno la stessa cosa si è poi vista durante l'estate del 2011, quando vi fu l'attacco speculativo ai cosiddetti "Paesi periferici" dell'Area euro.

Anche il petrolio è stato oggetto di grandi acquisti da parte dei privati.

Certamente, è stata una delle materie prime più scambiate tra i risparmiatori.

RICORDA!

Quali sono le differenze principali tra le materie prime e le altre attività finanziarie, in particolare le azioni?

Le materie prime offrono due vantaggi fondamentali rispetto alle azioni: il loro valore non può mai andare a zero e la loro volatilità giornaliera è più contenuta, anche se ultimamente è aumentata in maniera considerevole, soprattutto a causa dell'ingresso massiccio in questo mercato, che un tempo era riservato perlopiù agli specialisti di settore, delle grandi banche internazionali, finanziarie e non.

ATTENZIONE!

Quindi vi è stato un aumento del rischio legato alle materie prime anche per coloro che effettivamente le utilizzano?

Purtroppo sì. Molti di questi operatori effettuano operazioni di copertura, cioè acquistano in anticipo le materie prime di cui temono l'aumento di prezzo e vendono quelle dal cui ribasso di prezzo sarebbero danneggiati. Quest'attività avviene ancora mediante future, ma sempre più spesso anche attraverso gli ETF/ETC. La maggiore volatilità dei mercati delle materie prime ha comportato un aumento dei costi di copertura.

Le attività di controllo non intervengono?

Sì, ci sono stati interventi importanti, soprattutto da parte della CFTC americana. Ma si sa che le autorità sono sempre in ritardo rispetto agli accorgimenti messi in atto dagli operatori, soprattutto da quelli più spregiudicati. Quindi io credo che la maggiore volatilità delle materie prime sia un dato di fatto da considerare acquisito in maniera definitiva, anche perché dipende, così come accade su tutti gli altri mercati finanziari, dalla rapida crescita della finanza a livello mondiale e dall'utilizzo sempre più ampio e spregiudicato degli strumenti derivati.

Alcune materie prime hanno un andamento caratterizzato da una netta stagionalità, vero?

Sì. Anche se ultimamente l'aumento della volatilità tende a nascondere questo effetto. Certamente l'andamento delle materie prime agricole un tempo era condizionato dalle previsioni di raccolto, così come quello del gas naturale subiva l'effetto delle previsioni sull'andamento dell'inverno, soprattutto negli Stati Uniti. Ma, come ti dicevo, ultimamente la crescita smisurata del settore finanziario e il coinvolgimento delle banche d'affari in maniera così massiccia anche nel segmento delle materie prime hanno fatto sì che i movimenti di medio termine dei prezzi superino in ampiezza quelli legati alla stagionalità, che sono ancora presenti, ma sono molto più difficili da notare.

Dunque, che tipo di operatività consiglieresti a un investitore privato?

Direi di non cercare di prevedere le fluttuazioni di breve periodo, anche se possono essere superiori al 10%, ma di concentrarsi invece sulle materie prime il cui prezzo si trova sui massimi o sui minimi degli ultimi quattro-cinque anni e di cercare di scommettere su un riaggiustamento dei prezzi. Questo, naturalmente, va fatto investendo progressivamente cifre non particolarmente elevate, perché, come ripeto, le oscillazioni di prezzo meno significative ormai possono superare anche il 10% e i movimenti che vanno a correggere gli eccessi pluriennali richiedono molti mesi prima di iniziare.

Quali sono gli errori più comuni che i privati commettono operando sulle materie prime?

Un tempo il rischio più grosso era quello di acquistare un contratto future che prevedesse la consegna fisica della merce. Ti lascio immaginare le conseguenze se quel contratto fosse stato dimenticato in un cassetto fino alla scadenza. Ora direi che l'errore più comune è quello di non tenere in considerazione il mercato di cui l'ETF/ETC replica l'andamento. Ti faccio un esempio: molti pensano che il prezzo del gas naturale debba salire in risposta a notizie che riguardano una riduzione dell'offerta in Europa o in Asia. Ma poi magari acquistano un ETF/ETC che replica l'andamento del prezzo sul mercato statunitense, il quale può muoversi in direzione totalmente contraria.

È un bel rischio!

Sì, e per questo motivo bisogna avere le idee estremamente chiare su ciò su cui si sta investendo.

Quindi, concludendo, possiamo dire che le materie prime sono diventate un mercato accessibile, ma ancora influenzato da elementi tecnici che spesso non sono del tutto conosciuti.

Purtroppo è così. Pertanto consiglio a coloro che acquistano un ETF/ETC sulle materie prime di leggere bene le caratteristiche di questi strumenti, per capire non tanto su che commodity si sta operando (voglio sperare che questo venga ben compreso) ma su quale dei tanti mercati essa è quotata e se ciò che viene acquistato è a leva oppure no, cioè se moltiplica la variazione di prezzo della materia prima sottostante.

Capitolo 5

Fiscalità

In questo capitolo

- Dovete pagare le tasse sugli investimenti che fate?
- E se investite all'estero, a quale nazione dovete pagare le tasse?

La fiscalità dei prodotti finanziari – Italia

La fiscalità delle attività finanziarie

Negli ultimi anni, purtroppo, la tassazione delle attività finanziarie è stata progressivamente inasprita, considerando anche lo stato di grave fabbisogno in cui versa la finanza pubblica italiana. L'unico lato positivo di questa evoluzione è rappresentato da una certa semplificazione del sistema di aliquote che i provvedimenti dei vari governi hanno via via portato alla materia. Noi seguiremo un approccio alla materia molto semplice, orientato soprattutto all'aspetto funzionale.

Iniziamo chiarendo che la tassazione si divide in due comparti, che possono comunque essere applicati contemporaneamente sullo stesso titolo, cioè la tassazione dei "redditi da capitale" e la tassazione dei "redditi diversi".

I **redditi da capitale** sono quelli derivanti dall'incasso di cedole e scarti di emissione di titoli obbligazionari, dai dividendi pagati dalle azioni e dai proventi derivanti dal possesso di OICR (cioè delle varie tipologie di fondi di investimento).

La tassazione dei **redditi diversi** colpisce invece le plusvalenze (cioè la differenza positiva tra il prezzo di vendita e il prezzo di acquisto) ottenute su tutte le attività finanziarie, compresi anche derivati e valute, oltre che le cedole pagate dai certificate. Rientrano finalmente in questa categoria, dopo l'ultima modifica legislativa, anche le minusvalenze sofferte sugli OICR.

Le aliquote di imposta sono le seguenti:

✓ **20%** sul risultato netto maturato dai fondi pensione, tranne la parte di portafoglio composta da titoli di Stato, e certificate.

✓ **12,50%** sui redditi di capitale e sui redditi diversi ottenuti su titoli di Stato italiani,

(continua)

(segue)

enti territoriali italiani, buoni postali fruttiferi, titoli equiparati, titoli di Stato dei Paesi facenti parte della "White List" e di enti territoriali.

- ✓ **26%** sui redditi di capitale e sui redditi diversi derivanti da obbligazioni societarie ai titoli di Stato non facenti parte della "White List", azioni quotate e partecipazioni non quotate, OICR ed ETF, gestioni patrimoniali (sul risultato netto maturato) e polizze assicurative (sul risultato netto maturato), tranne la parte di portafoglio composta da titoli di Stato, e certificate.
- ✓ **26%** sui redditi diversi derivanti da valute, opzioni, covered warrant, certificates, ETC ed ETN.

Le minusvalenze derivanti dai redditi diversi possono essere compensate entro l'anno in cui sono state realizzate e nei quattro successivi. L'ultima riforma ha finalmente creato la possibilità di compensare le perdite sofferte sugli ETF con gli altri redditi diversi.

Nel 2013 la fiscalità delle attività finanziarie è stata poi gravata ulteriormente dalla Tobin Tax (introdotta dalla Legge di Stabilità 2013). La Tobin Tax (dal nome dell'economista James Tobin che per primo la propose nel 1972 per limitare la speculazione sulle valute) si applica ai trasferimenti di proprietà di azioni e strumenti partecipativi emessi da società residenti nel territorio dello Stato italiano. Sono soggette a tassazione tutte le transazioni (con addebito al solo acquirente) su azioni di società quotate italiane aventi capitalizzazione superiore a 500 milioni al 30 novembre di ogni anno, a prescindere dal Paese dal quale proviene l'ordine o dal mercato in cui tali società sono quotate. Sono soggette a TobinTax tutte le società non quotate sui mercati regolamentati, anche se sottocapitalizzate. L'aliquota è pari allo 0,10% e viene applicata sul saldo netto di fine giornata relativo alle operazioni effettuate sullo stesso strumento finanziario, cioè alle sole operazioni che a fine giornata generano un saldo maggiore rispetto a quello del giorno precedente. Non viene applicata la tassazione sulle operazioni aperte e chiuse nella stessa giornata.

Affrontiamo ora il tema della fiscalità dei prodotti finanziari.

Sì, e diciamo subito che è una materia estremamente complessa e purtroppo in fase di trasformazione e inasprimento.

RICORDA!

Partiamo a maggior ragione delle cose semplici, cioè dall'imposizione sui conti correnti.

D'accordo. Purtroppo l'ultima riforma ha portato l'imposizione al 26%. In più c'è anche l'imposta di bollo, che fortunatamente è stata eliminata per i depositi con giacenze inferiori a 5000 euro, ma che comunque ammonta a 34,20 euro annui.

Ed è anche opinione comune che sia piuttosto elevata!

Direi proprio di sì. Ma, come vedremo più avanti, quando si tratta di tassazione delle rendite e dei proventi finanziari, anche all'estero non è che ci si vada molto con la mano leggera.

Purtroppo, però, questo tipo di aliquota si applica anche ai conti di deposito, quelli cioè che offrono un maggior tasso di interesse.

Sì, ma almeno in quei casi vi è, come dici tu, la maggior remunerazione che in parte compensa questo svantaggio. Ecco perché, quando abbiamo parlato dei pronti contro termine, abbiamo detto che essi sono comunque da prendere in considerazione, poiché, trattandosi di una vera e propria compravendita di titoli di Stato e non un conto di deposito, essi sono tassati al 12,50%.

Sì, appunto. Quindi iniziamo a parlare delle attività finanziarie vere proprie.

Innanzitutto bisogna ricordare che si deve pagare l'imposta di bollo anche sul dossier titoli, pari allo 0,20% del valore della giacenza media presente nel dossier. Partirei dalle valute, per le quali la tassazione è piuttosto complicata. Infatti la legge dice che se la giacenza del conto in cui erano depositate ha superato, nel corso dell'anno, il saldo di 51.645,69 euro per almeno sette giorni lavorativi consecutivi, vedono l'eventuale plusvalenza tassata al 26%. Questo accade perché vengono considerate non come transazioni commerciali (cioè effettuate da chi deve pagare i propri fornitori all'estero), ma come delle semplici speculazioni e su di esse si abbatte l'aliquota maggiorata.

Mi sto già scoraggiando! E per le attività finanziarie più tradizionali?

In questo caso diciamo che, nel nostro ordinamento fiscale, che è entrato in vigore nel 1998, esistono tre tipi di imposte su tre tipi differenti di proventi:

- ✓ L'imposta sulle cedole, cioè sugli interessi delle obbligazioni.
- ✓ L'imposta sul capital gain, cioè sui guadagni ottenuti su azioni, obbligazioni, titoli di Stato e da ogni qualsiasi altra attività finanziaria derivante non da un interesse, ma dalla differenza tra il prezzo d'acquisto e il prezzo di vendita.
- ✓ L'imposta sui dividendi azionari.

Fino al 1998 il regime di tassazione era un po' più complesso di quello attuale, pertanto possiamo dire che quella riforma ha semplificato molto la materia. La cosa positiva è che ha introdotto il cosiddetto "regime nettista" che libera l'investitore da qualsiasi obbligo di dichiarare i propri proventi assieme agli altri suoi redditi. Un'altra enorme semplificazione è l'introduzione dell'unica aliquota del 26%, che si applica a tutte e tre le tipologie di proventi che abbiamo elencato.

Ma esiste ancora la possibilità di provvedere da soli alla propria tassazione dichiarando questi proventi?

Certo, è il cosiddetto "regime lordista" che si applica automaticamente a tutte le società, per le quali da sempre i proventi derivanti dalla detenzione di attività finanziarie sono redditi come quelli prodotti dalla gestione.

E per quanto riguarda il risparmio gestito?

Esiste un regime apposito che si applica solo alle società di gestione, le cosiddette SGR, o meglio i cosiddetti OICR (Organismi di Gestione Collettiva del Risparmio). Questo regime prevede che i proventi finanziari ottenuti dai fondi e dalle SICAV vengano tassati in misura pari al 12,50% se derivano da titoli di Stato e con un'aliquota del 26% se sono maturati su tutte le altre tipologie di strumenti finanziari. I proventi maturati entro il 30 giugno 2014 sono comunque ancora tassati al 20%.

Per quanto riguarda gli strumenti derivati?

Si applica la normale imposta sul capital gain, pari al 26% del guadagno, così come avviene per ETF e covered warrant, i quali vengono equiparati alle azioni.

RICORDA!

La tassazione dei prodotti assicurativi è differente?

È molto simile a quella dei fondi comuni di investimento, in quanto il fondo su cui i premi assicurativi vengono investiti viene a sua volta tassato sulle rendite: al 12,50% sui titoli di Stato detenuti dalla compagnia, al 26% su tutte le altre attività finanziarie. Se la polizza vita comprende anche una clausola copertura del caso morte o di invalidità permanente superiore al 5% o del rischio di non autosufficienza, è possibile detrarre il 19% della sola parte del premio destinato a copertura dell'evento aleatorio, con un importo massimo di 530 euro.

Che cosa avviene infine per i fondi pensione?

Nel caso dei fondi pensione c'è da dire che, per essere una forma di previdenza volontaria, lo Stato ha non ha particolarmente agevolato le cose dal punto di vista della comprensione.

RICORDA!

È così complessa la normativa?

Lasciamo che sia il lettore a giudicare. Iniziamo con il dire che, essendo una forma di contribuzione previdenziale volontaria, lo Stato consente al sottoscrittore di un fondo pensione di detrarre i contributi del fondo, cioè gli investimenti su di esso, fino a un limite massimo di 5164,57 euro, che equivalgono a 10 milioni di vecchie lire.
Inoltre, chi ha conseguito la prima occupazione successivamente al 1° gennaio 2007 può, nei vent'anni successivi al quinto di partecipazione

alle forme previdenziali, dedurre contributi eccedenti il limite di 5164,57 euro pari alla differenza tra l'importo di 25.822,85 euro e i contributi effettivamente versati nei primi cinque anni di partecipazione alle forme pensionistiche e comunque per un importo non superiore a 2582,29 euro, il che comporta una deduzione massima pari a 7746,86.

Scusa, ma mi sono persa su queste ultime cifre!

Semplicemente, il legislatore sa che molti giovani non riescono a contribuire fino al massimo consentito nei primi anni, perché percepiscono uno stipendio troppo basso. Quindi dà loro la possibilità di farlo anche negli anni successivi.

Va bene, ci rifletterò con calma. Andiamo avanti.

Veniamo al momento in cui si vogliono godere i benefici del proprio accumulo. Il riscatto del fondo non è consentito in forma di capitale, cioè non è permesso in un'unica soluzione, per più del 50% del maturato. Ebbene, su questa somma e sul trattamento pensionistico scatta una tassazione separata pari al 15%, sulla quale è però possibile godere una riduzione pari allo 0,30% per ogni anno eccedente il quindicesimo di partecipazione a forme pensionistiche complementari, con un limite massimo di riduzione del 6%, quindi la tassazione non può scendere al di sotto del 9%. In caso di disoccupazione conseguente alla cessazione dell'attività lavorativa per un periodo compreso tra i 12 e i 48 mesi o in caso di ricorso, da parte del datore di lavoro, a procedure di mobilità o alla cassa integrazione guadagni (ordinaria o straordinaria) la tassazione è sempre del 15%, ma riducibile fino a 9%. Il riscatto totale della posizione maturata e invece effettuabile nel caso di disoccupazione conseguente alla cessazione dell'attività lavorativa superiore a 48 mesi o in caso di invalidità permanente che comporti la riduzione della capacità di lavoro a meno di un terzo. Anche in questo caso la tassazione su riscatto è del 15%, riducibile sino al 9%.

E cosa accade ai proventi finanziari realizzati dal fondo?

Vengono tassati al 20%.

La fiscalità dei prodotti finanziari – I titoli esteri

Se già la normativa riguardante i titoli italiani dà luogo a confusione e lacune, la disciplina della fiscalità dei titoli esteri credo sia generalmente quasi sconosciuta ai risparmiatori italiani. Però, quando poi si detengono titoli del genere, spesso arrivano sorprese spiacevoli, pertanto dobbiamo occuparcene, pur sapendo che l'argomento richiederebbe un intero libro per essere discusso nei dettagli.

Allora cercheremo di essere brevi ed efficaci.

RICORDA!

Da dove iniziamo?

Iniziamo spiegando che nei Paesi maggiormente industrializzati esistono contemporaneamente due principi che regolano l'imposizione fiscale, tra loro spesso in contraddizione: il *principio della residenza*, secondo il quale il reddito da capitale è tassato dal Paese di residenza del percettore, e il *principio della fonte*, che prevede che lo stesso reddito debba essere tassato nel Paese in cui è prodotto. Facciamo subito un esempio: supponiamo che un italiano detenga titoli di Stato americani. Secondo il principio della residenza, il capital gain e l'imposta sulle cedole devono essere tassate dal fisco italiano, secondo quello della fonte quei proventi dovrebbero subire l'imposizione dal fisco americano.

E quale dei due è più diffuso?

Purtroppo nei sistemi tributari attuali il principio della fonte e quello della residenza non vengono applicati distintamente, ma spesso si sovrappongono, poiché ciascun Paese vuole tassare i redditi prodotti al suo interno, anche quando questi sono percepiti dai non residenti. Ma vuole poi tassare anche i redditi prodotti all'estero dai suoi residenti. In questo modo si verificano fenomeni di doppia tassazione, cioè lo stesso reddito è tassato sia nel Paese fonte sia nel Paese di residenza del percettore.

Verrebbe da dire: "Fisco ingordo!"

Beh, la spesa pubblica dei Paesi più sviluppati è destinata se non a crescere, quantomeno a restare elevata per garantire un livello di servizi sempre più sofisticati e diffusi. Perciò è normale che i vari Ministeri delle finanze studiano tutti i modi per accaparrarsi il maggior gettito.

Com'è possibile risolvere il problema?

Diciamo che generalmente vengono stipulate convenzioni bilaterali (accordi) contro la doppia imposizione internazionale, secondo il modello elaborato dall'OCSE nel 1963 e aggiornato nel 1977. Attualmente l'Italia ha in vigore diverse convenzioni di questo tipo con gli altri Paesi dell'Unione Europea. Tanto per citare quelli in cui è più diffuso l'investimento degli italiani, si tratta della Francia, della Germania, dell'Irlanda, dei Paesi Bassi, del Regno Unito, della Spagna e della Svezia.

In concreto cosa prevedono questi accordi?

Riassumendo al massimo, sono stati stabiliti i seguenti principi:

- ✓ gli interessi e i dividendi vanno tassati in base al principio della residenza, però è accordata anche al Paese fonte la facoltà di imporre tasse sui redditi prodotti al proprio interno, ma entro un'aliquota massima.
- ✓ Il capital gain si tassa solo nel Paese di residenza dell'investitore, pur con qualche eccezione, come per esempio quella che si verifica quando l'investitore ha la nazionalità del Paese fonte (per esempio il cittadino americano residente in Italia che specula su titoli azionari americani) o vi è stato residente nel corso di cinque anni precedenti la vendita dei titoli.
- ✓ È onere del Paese di residenza dei contribuenti l'eliminazione delle forme di doppia tassazione, tenendo conto delle imposte pagate all'estero. Questa limitazione può avvenire o con la concessione di un credito di imposta per quanto pagato all'estero (limitato però all'importo dello stesso tipo di imposta nel Paese di residenza) o con la deduzione delle imposte pagate all'estero dal proprio reddito imponibile, come se si fosse trattato di una spesa sostenuta per produrre il proprio reddito (reddito generico, non finanziario).

Quindi, dato che, da come mi pare di capire, se un italiano investe all'estero viene tassato laggiù e poi non paga più nulla in Italia, quanto deve pagare di imposte all'estero?

Sintetizzando molto e invitando il lettore a informarsi sempre presso la propria banca sugli ultimi sviluppi della normativa fiscale prima di acquisire un titolo estero, possiamo dire che, in linea di principio:

- ✓ Per quanto riguarda la tassazione degli interessi, all'interno dell'Unione Europea i depositi sono quasi sempre esenti. Le cedole obbligazionarie sono tassate con aliquote che possono variare molto da Paese a Paese.
- ✓ L'imposta sul capital gain non si paga all'estero, ma viene applicata dallo Stato italiano, come se si trattasse di titoli nazionali.
- ✓ Per quanto riguarda i dividendi, spesso, si è costretti a pagare anche l'imposta del Paese in cui vengono pagati, la cui misura può variare molto a seconda del luogo.

Nel caso dei dividendi esiste la possibilità di recuperare la tassazione subita all'estero, effettuando la richiesta direttamente all'Agenzia delle Entrate. Questa procedura comporta dei costi, quindi diventa conveniente solo quando le ritenute subite sono di entità non indifferente.

Ce n'è abbastanza per farsi venire un robusto mal di testa!

Sì, ma ce n'è anche abbastanza per essere prudenti quando si acquistano titoli esteri, anche se appartengono a Paesi dell'Unione Europea. Spesso l'effetto fiscale viene trascurato, o perché non conosciuto, o perché viene dato per scontato, o perché mal spiegato dall'operatore con cui si perfeziona la transazione. È vero che siamo tutti cittadini dell'Unione Europea, però è anche vero che, almeno in materia di attività finanziarie, al di fuori del proprio Paese le cose si complicano.

Questo è sufficiente per sconsigliare l'investimento in titoli esteri?

Direi di no, fortunatamente. Prima di farlo, però, bisogna informarsi sulla fiscalità del Paese a cui appartiene il titolo che si acquista, soprattutto per quanto riguarda la tassazione dei dividendi, la quale spesso può essere doppia, perché viene applicata sia dal Paese della società emittente, sia dallo Stato italiano.

La fiscalità dei prodotti finanziari – Gestire il capital gain

Vorrei approfondire con te l'argomento del capital gain. Ho l'impressione che molti risparmiatori non sappiano esattamente come funziona.

Purtroppo non è solo una tua impressione: molte persone ancora non ne hanno capito interamente il funzionamento, in particolare quello del meccanismo di compensazione dei crediti d'imposta.

RICORDA!

È possibile infatti compensare le imposte derivanti dai guadagni su un tipo di attività finanziaria, con le perdite derivanti da altre attività finanziarie. Cioè, per esempio, è possibile compensare eventuali guadagni sui mercati obbligazionari con perdite derivanti dal mercato azionario e viceversa.

Sì, la compensazione è possibile in tutti i casi in cui crediti e debiti di imposta derivino da attività soggette al regime del capital gain.

È possibile con eventuali perdite derivanti dal risparmio gestito con i guadagni ottenuti sul mercato azionario o obbligazionario?

È possibile dedurre le perdite subite sul risparmio gestito con i guadagni ottenuti su azioni e obbligazioni, ma non viceversa.

Non è nemmeno possibile compensare le perdite in conto capitale con le imposte da pagare sulle cedole delle obbligazioni e dei titoli di Stato...

... no, in questo caso sono due imposte differenti.

... e nemmeno la compensazione tra capital gain e imposta sui dividendi è possibile?

No, anche in questo caso si tratta di due imposte differenti. Tuttavia è possibile evitare di pagare l'imposta sui dividendi semplicemente vendendo il titolo l'ultimo giorno prima dello stacco del dividendo. In questo caso il dividendo stesso è incorporato nel prezzo e dunque è assoggettato all'imposta sul capital gain, che si può compensare con un credito d'imposta dello stesso tipo. Invece, il giorno in cui il dividendo viene staccato, il prezzo del titolo azionario viene decurtato dell'importo del dividendo, diminuendo quindi il guadagno, ma il dividendo viene assoggettato alla sua specifica imposta.

Quando avvengono questi stacchi?

La maggior parte degli stacchi avviene a maggio e a giugno e sempre di lunedì. Pertanto, chi volesse compensare il dividendo con crediti d'imposta sul capital gain deve tassativamente vendere il titolo entro il venerdì precedente.

RICORDA!

Per quanto tempo vale il credito d'imposta sul capital gain?

Questo è un punto su cui vi è ancora molta confusione. La legge dice che i crediti derivanti dalle perdite dell'anno in corso si possono compensare con le imposte dello stesso anno e dei quattro successivi. Per questo motivo molti sostengono che i crediti d'imposta durano cinque anni. Non è affatto vero! Le perdite sofferte a gennaio valgono effettivamente cinque anni. Quelle sofferte a giugno-luglio valgono quattro anni e mezzo. Quelle subite a dicembre valgono quattro anni e un mese. Quindi attenzione al luogo comune del credito d'imposta che dura cinque anni!

Quando si cambia banca i crediti d'imposta vanno persi?

Niente affatto. Per quanto riguarda i titoli che vengono trasferiti da una banca all'altra senza essere venduti, a parità di intestazione del deposito titoli nella nuova banca, nel trasferimento essi mantengono il prezzo originale di carico. Pertanto, se il risparmiatore sta subendo una perdita, dal punto di vista fiscale continuerà a subirla anche nella nuova banca.

Per quanto riguarda invece i crediti d'imposta maturati e non ancora compensati, la banca ha l'obbligo di produrre l'apposita certificazione al cliente che chiude il rapporto. Se ciò non avviene, il cliente ha il diritto di sollecitare questa documentazione. Consegnando questo certificato alla nuova banca è possibile vedersi accreditare quanto spetta.

CONSIGLIO

Perciò è bene che il cliente, oltre a verificare che tutti i titoli siano stati trasferiti, controlli anche il ripristino dell'originale prezzo di carico e si preoccupi di farsi certificare eventuali crediti d'imposta che devono poi essere ripristinati nella nuova banca.

Sì. Sono controlli un po' tediosi ma assolutamente necessari.

RICORDA!

Un'ultima domanda, che riguarda un dubbio credo molto diffuso: il calcolo del capital gain tiene conto delle commissioni che si pagano alla banca per la negoziazione dei titoli?

Sì, fortunatamente sì. L'imposta si paga sul guadagno netto e con ciò si intende la differenza tra il prezzo di acquisto maggiorato delle commissioni e il prezzo di vendita diminuito delle commissioni. Pertanto il fisco conteggia le commissioni stesse come costo effettivamente sostenuto dal risparmiatore, permettendone in questo modo la detrazione.

Parte II

I mercati finanziari

In questa parte ...

- ✓ Familiarizzerete con la struttura e il funzionamento della Borsa Italiana e degli altri mercati finanziari.
- ✓ Approfondirete le differenze tra un'IPO, un'OPA e un aumento di capitale, così da capire se e quando vi conviene partecipare a una di queste operazioni.
- ✓ Imparerete che cosa sono i rating, come vanno interpretati e chi li pubblica e quale impatto abbiano sulle Borse gli indici dell'inflazione, del PIL e della produzione industriale di un Paese.
- ✓ Scoprirete quanto sia importante e vicendevole il rapporto tra informazione e Borsa.

Capitolo 6

I mercati finanziari e le operazioni tipiche della finanza

In questo capitolo

- Come costruire e consolidare la propria fiducia nei mercati finanziari
- Come è strutturata la Borsa Italiana e quali sono i mercati finanziari
- Come orientarsi quando vengono annunciate delle IPO o delle OPA o degli aumenti di capitale
- È vero che i mercati soffrono di stagionalità?

I mercati finanziari, pericolosi ma necessari

I mercati finanziari

Come tutti sanno, la Borsa è un mercato finanziario. **Che cosa è la finanza?** Il termine deriva dal francese *finer*, che significa "finire, portare a termine un pagamento". Questo nome farebbe pensare alla Borsa più come se fosse un luogo di scambio di cambiali o promesse di pagamento, che non di quote di società commerciali di rischio. Ma il motivo di questa impostazione è da ricercare nella storia dei mercati finanziari, durante la quale troviamo alcune figure dell'antichità, quali il *trapezita* dell'antica Grecia, che era un agente di cambio dell'epoca e un operatore di prestiti, o quali il romano *mensarius*, che era un agente di prestiti e di depositi.

La prima Borsa in Italia fu quella di Venezia, creata nel 1630, seguirono quella di Trieste (che in quel tempo faceva parte del territorio austriaco) nel 1775, quella di Napoli nel 1778. Le prime Borse moderne furono quelle di Milano e di Firenze istituite nel 1808, quella moderna di Venezia nel 1875 e quella di Genova nel 1885. Agli inizi del Novecento venne varata una prima regolamentazione finanziaria, nota con il nome di *legge fondamentale* (marzo 1913).

(continua)

(segue)

Dodici anni dopo, venne inquadrata giuridicamente la figura dell'agente di cambio, comparata a quella dei pubblici ufficiali. Durante il Ventennio fascista, il regime istituì il *Fondo comune di garanzia a tutela degli investitori* e assegnò un ruolo di mediazione importante alla Banca d'Italia. Gli anni Settanta videro la creazione della CONSOB per tutelare, vigilare e informare meglio i risparmiatori e i vari soggetti partecipanti alla Borsa. Negli anni Ottanta venne migliorato il sistema informativo, mentre nel decennio seguente si introdussero nuove figure di intermediazione, esemplificate dalle SIM. Verso la fine del Novecento sono state approvate leggi che regolamentano i fondi comuni di investimento, oltre a vari altri aspetti della Borsa.

Quanto valgono le Borse nel mondo? Quasi quanto l'economia mondiale, se si considera che alla fine di gennaio 2015 la capitalizzazione di tutte le piazze borsistiche mondiali raggiungeva i 65 trilioni di dollari, mentre il prodotto interno lordo mondiale alla fine del 2013 era pari a 75,5 trilioni di dollari. Può sembrare tutto sommato poco, considerando che spesso le quotazioni di Borsa raggiungono valori eccessivi a causa delle cosiddette bolle speculative. In realtà è moltissimo, se si considera che la capitalizzazione di Borsa non è che il valore di mercato delle sole società quotate, le quali producono solo una parte del reddito mondiale.

Quasi un terzo della capitalizzazione mondiale appartiene alle Borse statunitensi. Al secondo posto troviamo le due piazze cinesi, al quarto le Borse giapponesi e al quinto quella di Hong Kong. In ciascuno di questi Paesi asiatici la ricapitalizzazione varia tra i 4 e i 5 trilioni di dollari. La Germania è grande solo in Europa, perché a livello di piazze mondiali capitalizza solo 1,8 trilioni di dollari e in questo momento è scavalcata dalla Francia, che totalizza 1,9 trilioni, ma soprattutto dalla Gran Bretagna, la quale raggiunge i 3,6 trilioni. Può forse essere sorprendente sapere che la piazza indiana raggiunge 1,685 trilioni di capitalizzazione. L'Italia si ferma a 560 miliardi di dollari.

La **Borsa Italiana** è divisa in vari mercati, cioè:

- ✓ **MTA**, Mercato Telematico Azionario, a sua volta suddiviso in segmento *Blue Chip*, dedicato alle società con capitalizzazione superiore a 1 miliardo di euro; in segmento STAT (Segmento con Titoli ad Alti Requisiti), per le medie imprese con capitalizzazione compresa tra 40 milioni di euro e 1 miliardo, che hanno requisiti di eccellenza; e infine nel segmento Standard, che quota tutte le altre società con capitalizzazione compresa tra 40 milioni di euro e 1 miliardo. Il mercato comprende anche il segmento MTA International per le azioni estere.
- ✓ **ETFplus**, cioè il mercato degli ETF e degli ETC/ETN.
- ✓ **IDEM** (Italian DErivatives Market), il mercato dei derivati in cui sono quotati future e opzioni.
- ✓ **SeDeX**, il mercato dei certificate e dei covered warrant.
- ✓ **MOT** (Mercato Obbligazionario Telematico), dove vengono scambiate le obbligazioni italiane e anche alcuni titoli obbligazionari esteri (EuroMOT).

Ci sarebbero talmente tante cose da dire sui mercati finanziari che francamente non so da che parte iniziare. Una cosa è sicura: negli ultimi vent'anni i "boom" e i successivi crolli sono stati sempre più violenti.

Sì. Questa è proprio la caratteristica che distingue i mercati finanziari da tutte le altre piazze di scambio, cioè l'incredibile aumento della loro dimensione e della volatilità dei prezzi.

A che cosa è dovuto questo fenomeno? Allo sviluppo economico?

Solo in parte. Il problema è che la finanza ha imparato a creare da sé la propria materia prima, cioè il denaro, mediante un uso sempre più creativo e pericoloso dei derivati. Negli ultimi anni sono state coniate delle espressioni piuttosto preoccupanti per identificare due fenomeni pericolosissimi.

La prima è *shadow banking*, cioè l'attività bancaria "ombra", perché parallela o comunque non del tutto regolare. Si tratta di un fenomeno con cui società non bancarie, e in ogni caso non autorizzate al credito, svolgono una vera e propria attività bancaria, prestando denaro quasi sempre per effettuare speculazioni finanziarie.

Il secondo fenomeno preoccupante è quello delle cosiddette *dark pool*, o "pozzanghere scure", cioè luoghi e operatori finanziari dai quali parte una notevole quantità di ordini che arrivano sui mercati, ma dei quali nessuno sa chi siano e dove sono. C'è chi dice che l'operatività di queste entità misteriose ormai sia pari alla metà degli scambi borsistici. Essendo un fenomeno ancora piuttosto oscuro, non si può né confermare né smentire.

Mi sembrano due circostanze molto preoccupanti! Come può un risparmiatore avere fiducia nell'investimento finanziario se nei mercati circolano certi soggetti e si verificano certe pratiche?

Beh, si cerca di essere il più prudenti possibile, si evita di investire eccessivamente e si cerca di diversificare più che si può. Ma possiamo essere quasi del tutto certi che i prossimi crolli di Borsa saranno ancora più violenti di quelli che abbiamo visto e che hanno rischiato di far fare bancarotta a degli Stati interi.

C'è un modo per fermare questo fenomeno?

Certamente! Maggiori controlli internazionali e maggior scambio di informazioni da parte delle autorità. Negli Stati Uniti, per esempio, il controllo sui mercati finanziari è diventato molto più stretto dopo la crisi dei mutui subprime. Sono state comminate multe salatissime a operatori, anche di prestigio.

Quindi la qualità dei mercati finanziari è peggiorata rispetto al passato?

Sono diventati più rischiosi, ma offrono anche una maggior accessibilità e dunque delle maggiori opportunità. Si tratta di adeguarsi. Una cosa è sicura, e cioè che se già in passato era rischioso affrontare gli investimenti con poca preparazione, adesso è diventato ancora più rischioso, decisamente sconsigliabile.

Che cosa invece è rimasto inalterato nel tempo nei mercati?

Il fatto che vi si scambino beni che non interessano in quanto tali ma per l'andamento del loro valore o per i frutti che generano, cioè gli interessi a cui danno diritto. Questo tipo di approccio facilita la speculazione, che già viene favorita dal fatto che i mercati finanziari guardano più al futuro che al presente, in quanto il valore delle attività che vi si scambiano è influenzato dall'andamento futuro dell'economia, dei tassi di interesse, dell'inflazione, dei tassi di cambio ecc. Questa capacità di prezzare il futuro è da sempre la caratteristica principale dei mercati finanziari, la loro croce e la loro delizia, in quanto ti consente di fare dei buoni affari, ma anche di perdere cifre consistenti.

Che cosa ne pensi della sempre maggior diversificazione dei prodotti finanziari che vengono offerti, soprattutto dalle banche?

Si tratta senz'altro di un fenomeno interessante, che può offrire dei vantaggi al risparmiatore, purché non si pensi che esista il prodotto finanziario perfetto. Il principio base dell'investimento è che per guadagnare di più bisogna rischiare di più. Chi vuole il capitale garantito deve e dovrà sempre accontentarsi di rendimenti minimi.

Qual è il legame tra i mercati finanziari e l'economia?

I mercati finanziari stanno diventando esageratamente grandi rispetto all'economia reale, perciò si sta ribaltando il rapporto tra questi due ambiti: se un tempo era l'economia a influenzare l'andamento dei mercati finanziari, adesso i rapporti di forza sono quasi pari e tendono a spostarsi sempre di più a vantaggio della finanza.

Però questo non mi sembra corretto.

Infatti non lo è, perché i mercati servono solo per trasferire facilmente attività che hanno un valore. Nulla di più. Invece ora le aziende non devono solo preoccuparsi di fare bene il loro mestiere, ma anche di piacere ai mercati finanziari. Il rischio, in quest'ultimo caso, è che il loro valore in Borsa diminuisca e diventi per loro più difficile e più costoso procurarsi mezzi finanziari freschi, per non parlare poi del rischio di essere "scalate", cioè acquistate da aziende concorrenti o da grandi speculatori.

A parte il problema della finanza ombra, perché i mercati crescono più in fretta dell'economia reale?

Perché scambiare attività finanziarie, che ora non sono più nemmeno dei pezzi di carta ma delle semplici scritture contabili elettroniche, è immensamente più economico e rapido che non scambiare merci, le quali, per esempio, vanno immagazzinate e sono piuttosto scomode da spostare. Semplificando molto le cose, si può dire che la libera attività economica prevede due tipi di attività: la produzione di beni, dunque di valore, e il loro scambio, che produce altro valore. Ebbene, se la produzione è quasi impossibile da virtualizzare, lo scambio di valore è facilissimo da trasferire in ambito elettronico. Sempre più soggetti, che un tempo speculavano in beni fisici, adesso trovano decisamente più facile farlo su titoli finanziari.

Ti chiedo uno sforzo di previsione davvero immenso: secondo te, l'economia reale riprenderà il sopravvento sulla finanza oppure no?

Per rispondere a questa domanda dovrei sapere come si evolverà la politica mondiale in futuro. Se si riuscirà a organizzare un controllo mondiale serio ed efficace, difficilmente la finanza tornerà alle dimensioni del secolo scorso, ma troverà un limite fisiologico nel suo sviluppo incontrollato. Intanto, però, fino a che questo non accadrà, cioè fintanto che vi saranno Paesi che competeranno tra di loro in maniera eccessiva dal punto di vista economico, fiscale e giuridico, la finanza avrà vita facile a spostarsi rapidamente nel luogo più idoneo e crescere a dismisura. In fondo, il valore della ricchezza è da sempre una delle forme di potere.

Mi sembra che per ora abbiamo tracciato un quadro piuttosto negativo della finanza e dei mercati. Non rischiamo di far passare la voglia di investire?

Io credo che prima di tutto sia importante conoscere quali siano i rischi e che cosa li provoca. Dopodiché si può andare con maggiore consapevolezza alla ricerca del rendimento compatibile con il rischio che ci si sente di assumere. La cosa peggiore sarebbe investire con troppo ottimismo e con ingenuità.

Da quanti anni ti occupi di mercati finanziari?

Da una ventina di anni.

E ti diverti ancora?

Sì, moltissimo. Li trovo affascinanti perché offrono la possibilità di investire sui principali temi economici mondiali. Da casa tua puoi acquistare facilmente un titolo di un Paese molto lontano e dopo pochi giorni puoi venderlo altrettanto rapidamente. È questo il vero vantaggio della finanza, cioè la facilità delle contrattazioni e il fatto che ormai riguardano tutto il mondo.

Quindi non si può fare a meno dei mercati finanziari.

Assolutamente no, soprattutto nel mondo moderno che richiede semplicità, rapidità e globalità.

Le operazioni tipiche della finanza – Le IPO

Le IPO

Un'offerta pubblica iniziale, o **IPO (Initial Public Offering)**, è un'offerta al pubblico dei titoli di una società che intende quotarsi per la prima volta su un mercato regolamentato. La stragrande maggioranza dei casi ha come soggetto un'impresa il cui capitale è posseduto da uno o più azionisti (investitori istituzionali, lo Stato, i *venture capitalist*, cioè quei soggetti o quei fondi che aiutano le aziende a crescere), i quali decidono di vendere un'importante quota delle loro azioni a un pubblico di investitori più ampio e per farlo ricorrono alla quotazione in Borsa.

Esistono tre modalità di IPO:

- ✓ **Offerta Pubblica di Sottoscrizione (OPS)**: la possibilità data agli investitori di sottoscrivere azioni di nuova emissione a fronte di un aumento di capitale.
- ✓ **Offerta Pubblica di Vendita (OPV)**: il collocamento in Borsa di azioni già esistenti e possedute dagli attuali azionisti.
- ✓ **Offerta Pubblica di Vendita e di Sottoscrizione (OPVS)**: l'attuazione contemporanea delle due tipologie precedenti.

Per la società i cui titoli vengono collocati sul mercato esiste una differenza molto importante tra un'OPS e un'OPV. Nel primo caso, trattandosi di un'offerta di sottoscrivere nuove azioni, la società riceve il denaro fresco proveniente dai nuovi sottoscrittori. Nel secondo caso, invece, a ricevere il denaro sono i precedenti possessori delle azioni; dunque la società non riceve alcun tipo di apporto di nuovo capitale.

In Italia, un'IPO prevede le seguenti fasi:

1. Decisione di quotarsi da parte del consiglio d'amministrazione e dell'assemblea degli azionisti della società. In questa fase, l'impresa è affiancata da un *advisor* strategico, che effettua uno studio di convenienza e consiglia l'azienda stessa sulle modalità dell'offerta pubblica, vale a dire soprattutto quante azioni offrire e un *range* di riferimento del prezzo di offerta delle azioni. L'*advisor* si occupa anche di individuare gli intermediari finanziari (banche commerciali e di affari) che effettueranno materialmente l'offerta pubblica, ma soprattutto di scegliere l'intermediario che funge da *global co-ordinator* dell'offerta, il quale mantiene contatti diretti fra l'impresa e gli investitori istituzionali interessati ad acquistare titoli.
2. Invio CONSOB per l'autorizzazione e successiva pubblicazione del prospetto informativo che contiene il *range* del prezzo di offerta giudicato equo dall'impresa e dagli intermediari, oltre che una dettagliata serie di informazioni riguardanti le modalità dell'offerta, i principali dati contabili dell'impresa e una relazione sulle strategie e prospettive future del business.
3. Effettuazione, sotto la guida del *global co-ordinator*, di una serie di incontri con la comunità finanziaria (*road show*) per presentare l'IPO e raccogliere insieme all'*underwriter* potenziali adesioni di investimento da parte degli investitori istituzionali (*book building*).
4. Determinazione del prezzo finale dell'offerta all'interno dell'intervallo preliminare.
5. Collocamento dei titoli.
6. Quotazione in Borsa.

Iniziamo a descrivere alcune delle situazioni ricorrenti sui mercati e a fornire indicazioni su come comportarsi al meglio. Iniziamo con le IPO, cioè i collocamenti, che negli ultimi 10-15 anni hanno visto una crescita esponenziale.

Sì. Addirittura, alla fine degli anni Novanta era stato creato un intero segmento di Borsa esclusivamente mediante i collocamenti, vale a dire il Nuovo Mercato, al tempo stesso fonte abbondante e giustiziere crudele di illusioni.

Come mai tanto successo?

Si è verificata una concomitanza di circostanze favorevoli:

1. Innanzitutto il favorevole momento di Borsa dal 1997 al 1999. In quegli anni Piazza Affari ha sperimentato un rialzo senza precedenti e, durante un mercato al rialzo, i titoli nuovi arrivati sono sempre bene accolti, poiché si pensa sempre, per motivi a volte fondati a volte no, che essi siano per forza di cose sottovalutati, dunque rappresentino una grande occasione di speculazione.
2. Il forte fabbisogno di cassa dello Stato italiano, che ha comportato il collocamento sul mercato di quote sempre maggiori delle sue migliori aziende, i cosiddetti "gioielli della corona". Questi titoli hanno sempre rappresentato un ottimo investimento, anche perché sono quasi sempre stati offerti con un premio per l'investitore che li avesse detenuti per almeno un anno, premio che si univa a un abbondante e regolare dividendo.
3. La crescita dell'informazione finanziaria, legata anche alla diffusione di Internet, che ha stimolato l'investimento "fai da te", il quale senz'altro ha trovato anch'esso nei nuovi collocamenti degli spunti operativi interessanti.

Hai citato il Nuovo Mercato e l'hai definito "fonte di illusioni". Non si può che condividere quest'opinione. Ma come spieghi il grande successo che ebbe?

Ancora una volta bisogna delineare più di un fattore per spiegare questo successo irresistibile.

1. Innanzitutto, circostanza che oggi molti dimenticano, la maggiore liquidità che i titoli del Nuovo Mercato avevano rispetto agli altri. Sul Nuovo Mercato non esistevano infatti i lotti minimi, cioè i quantitativi minimi di negoziazione dei titoli azionari, che invece erano la regola sull'MTA, cioè sul mercato principale. Questo rendeva i titoli della New Economy particolarmente attraenti per i piccoli risparmiatori, specialmente all'inizio i più giovani, che potevano investirvi piccole quantità di denaro che, sempre a causa della regola dei lotti minimi, sarebbero state insufficienti ad acquistare le più blasonate Telecom

o Generali o ENI. Invece i titoli del Nuovo Mercato erano dotati di un grado di liquidità che per qualche hanno ha prodotto un sistematico eccesso di domanda.

2. Altro fattore, che si legava inevitabilmente al primo, era costituito dalla non elevata quantità di titoli in circolazione, cioè dal flottante ridotto. Un sistematico eccesso di domanda unito alla scarsità di titoli creava facilmente una perdurante spinta alla crescita dei prezzi.
3. La prevalenza degli operatori privati rispetto agli istituzionali nelle contrattazioni. I risparmiatori, non conoscendo le tecniche di base di Borsa, spesso si accanivano a voler acquistare a tutti i costi, senza tener conto del prezzo, inviando al mercato troppi ordini "al meglio", cioè senza limite di prezzo, che finivano per perturbare al rialzo le quotazioni. Accadeva spesso che i titoli del Nuovo Mercato fossero sospesi per eccesso di rialzo diverse volte durante una singola seduta.
4. La sistematica tendenza al rialzo di tutti i titoli del segmento, alla lunga, ha tratto in inganno anche diversi investitori istituzionali, convinti della bontà del comparto, laddove esso esprimeva semplicemente un esagerato appeal speculativo.
5. L'eco della rapidità dei guadagni attirava sempre nuovi investitori, tra le altre cose sempre più inesperti, i quali amplificavano gli errori degli altri privati che li avevano preceduti. Chi può dimenticare i giorni in cui tutti i giornali pubblicavano che Tiscali capitalizzava più di Fiat e i toni con cui ciò veniva annunciato?

Che cosa insegna l'esperienza del Nuovo Mercato?

A dir la verità niente che non avesse insegnato già il crack di Wall Street del 1929, cioè che nei periodi di Borsa forte ci si illude che ogni titolo sia buono e si tende a innamorarsi di quelli che fanno guadagnare più in fretta. Se a questo si aggiungono fattori tecnici, quali la maggior liquidità, ecco che la bolla si gonfia a dismisura.

E della "Old Economy" che cosa possiamo dire?

In parte valgono le stesse considerazioni. Anche nel caso dei titoli più rinomati il successo dei collocamenti è stato grande, per i motivi di cui abbiamo parlato prima. La differenza, a mio giudizio, sta nel modo in cui i collocamenti di grandi aziende sono stati visti rispetto a quelli del Nuovo Mercato.

E cioè?

Diciamo che le aziende statali venivano considerate solide, anche se l'investimento azionario era comunque rischioso. Mentre i titoli del Nuovo Mercato venivano visti come giocattoli molto divertenti e proficui, come delle fiches sempre vincenti di un casinò che dispensava milioni anziché mangiarli. Per le aziende non statali e non della "New Economy", la logica stava più o meno a metà tra le due, ma in questo caso spesso a fare da attrattiva era la fama del nome dell'azienda o delle sue controllate.

RICORDA!

Dopo la storia veniamo alla tecnica: come comportarsi con un'IPO?

Due sono i fattori chiave:

1. la qualità dell'azienda e del settore a cui appartiene;
2. il momento di borsa in cui avviene il collocamento.

L'importanza del primo fattore è ovvia per tutti. Un'azienda brillante di un settore in voga, almeno teoricamente, fa meno fatica a riscontrare i consensi (e dunque a attrarre capitali) di un'azienda pur buona ma che è relegata in un settore in crisi (voglio sperare che le aziende scadenti non vengano nemmeno collocate sui mercati). Dunque vale il "dimmi da dove vieni e ti dirò chi sei".
Tutto quanto detto finora vale però soprattutto se il momento di borsa è di quelli buoni, cioè se è il momento in cui il mercato azionario sta attirando facilmente nuovi capitali. Se invece il periodo è ricco di incertezze vi può essere qualche giorno di successo iniziale subito dopo il collocamento, cioè di prezzi di crescita, ma il rischio è che il titolo non riesca poi a registrare dei progressi significativi. Dunque, possiamo dire che il successo di un collocamento dipende dalla qualità del titolo che viene collocato ma anche dal momento che stanno vivendo tutti gli altri titoli del mercato.

CONSIGLIO

L'investitore come può capire se il titolo che viene collocato è "buono" oppure no?

In effetti è difficile per chi non abbia già un minimo di conoscenza della materia. La legge che disciplina il risparmio rende obbligatoria la consegna al sottoscrittore dei titoli di ciò che viene definito "documento informativo", il quale ha il compito di fornire le informazioni necessarie proprio per capire quali sono i rischi a cui si va incontro. Tuttavia, a mio giudizio, i prospetti non sono sufficienti a dare un'idea chiara della società e dei titoli che vengono collocati.
I prospetti sono compilati con un linguaggio rigoroso, anche se non necessariamente tecnico, che per sua natura è davvero poco accessibile a chi non abbia mai letto il bilancio di una società. D'altra parte, proprio la legge identifica il prospetto come documento "neutrale", cioè tale da non lasciar trasparire esplicitamente o implicitamente un giudizio sulla bontà o meno della società, ma questo non aiuta certo chi non è pratico della materia e necessita di un giudizio sintetico, quale "investire" o "non investire".

Dunque è necessaria la consulenza di un esperto?

Direi proprio di sì. Nonostante a volte questi collocamenti vengano pubblicizzati anche attraverso i mass media, fatto che potrebbe farli apparire come investimento "popolare", essi richiedono al contrario decisioni attente e consapevoli, assolutamente non condizionate da fattori che non siano tecnici.

Le operazioni tipiche della finanza – Le OPA

Le OPA

Per OPA si intende un'**Offerta Pubblica di Acquisto,** vale a dire un'offerta, invito a offrire o messaggio promozionale, finalizzata all'acquisto in denaro di titoli finanziari. Qualora l'acquisto venga pagato non con denaro ma mediante la consegna di altri strumenti finanziari, l'Offerta Pubblica viene definita di Scambio (OPS).

Il soggetto che lancia un'Offerta Pubblica di Acquisto o di Scambio deve darne preventivamente comunicazione alla CONSOB allegando un documento, destinato alla successiva pubblicazione, contenente le informazioni necessarie per consentire al pubblico di formarsi un giudizio sull'OPA stessa. Questa comunicazione contiene l'indicazione degli elementi essenziali dell'offerta, delle finalità dell'operazione, delle garanzie e delle eventuali modalità di finanziamento previste.

La società oggetto dell'OPA è tenuta a diffondere al pubblico un comunicato contenente ogni dato utile per la valutazione dell'offerta, nonché il proprio giudizio in merito all'operazione. Tale comunicato fornisce inoltre informazioni su eventuali patti parasociali, sull'andamento recente e le prospettive dell'emittente (ove non riportate nel documento d'offerta), sui fatti di rilievo non indicati nell'ultimo bilancio o nell'ultima situazione infrannuale pubblicata, oltre alla comunicazione dell'eventuale decisione di convocare l'assemblea per l'autorizzazione di misure difensive attuate per contrastare l'offerta. Le società italiane le cui azioni sono oggetto di offerta e che siano quotate in mercati italiani o europei, si devono infatti astenere dal compiere operazioni che possano contrastare con il conseguimento degli obiettivi dell'offerta – salvo espressa delibera dell'assemblea ordinaria o straordinaria (*passivity rule* o "regola della passività").

L'offerta pubblica è irrevocabile e offre parità di condizioni a tutti i possessori dei titoli finanziari oggetto dell'OPA stessa. Il principio dell'irrevocabilità dell'offerta non impedisce che essa sia sottoposta a talune condizioni, purché le stesse siano specificate nel documento di offerta e non si tratti di condizioni meramente potestative, cioè tali da dipendere esclusivamente da una scelta dell'offerente. Nella pratica, quasi

(continua)

(segue)

sempre l'offerta è condizionata al raggiungimento di un quantitativo minimo di titoli.

Esiste anche una forma di **OPA Obbligatoria**, che scatta quando un soggetto (anche in concerto con altri) venga a detenere, a seguito di acquisti a titolo oneroso, una partecipazione superiore al 30% del capitale ordinario di una società. In quel caso la legge impone al soggetto di dichiararsi acquirente dell'intera quantità delle azioni residue. Il motivo di questo obbligo è la necessità di offrire la possibilità di vendere le proprie azioni agli azionisti di minoranza che non gradiscono il cambio di controllo della società.

Esiste un'altra tipologia di OPA che consente di evitare l'obbligo di lanciare un'OPA Totalitaria ed è la cosiddetta **OPA Preventiva**: viene considerata tale quando la partecipazione superiore al 30% di una società viene a essere detenuta a seguito di un'offerta pubblica di acquisto o di scambio avente a oggetto almeno il 60% delle azioni ordinarie, a condizione che l'offerente e i soggetti a esso legati non abbiano acquistato partecipazioni in misura superiore all'1% nei dodici mesi precedenti la comunicazione a CONSOB e che l'efficacia dell'offerta sia stata condizionata all'approvazione dei soci che possiedano la maggioranza delle azioni ordinarie. In questo caso un'OPA volontaria viene considerata Preventiva e non comporta quindi l'obbligo di offrirsi di acquistare il 100% della società obiettivo. Allo scopo di evitare elusioni è previsto che l'offerente sia comunque tenuto a promuovere l'OPA Totalitaria se nei dodici mesi successivi alla chiusura della Preventiva effettui acquisti di partecipazioni in misura superiore all'1% o la società emittente abbia deliberato operazioni di fusione o di scissione.

Esiste un'ultima tipologia di OPA, la cosiddetta **OPA Residuale**, il cui obbligo scatta qualora un soggetto (anche di concerto con altri) arrivi a detenere una partecipazione superiore al 90% nel capitale di una società quotata. In questo caso la legge assume che il flottante rimasto (cioè titoli ancora in circolazione) non sia idoneo ad assicurare il regolare andamento delle negoziazioni e pertanto, per evitare che gli azionisti di minoranza subiscano un danno da questa scarsa liquidità dei loro titoli, il Legislatore ha previsto che il soggetto che ha superato la soglia del 90% sia tenuto a ripristinare il flottante entro quattro mesi dal superamento della soglia o promuovere un'OPA sulle residue azioni con diritto di voto. In questo caso il prezzo delle azioni è determinato dalla CONSOB.

È infine previsto dalla legge italiana che chiunque, a seguito di un'offerta pubblica avente a oggetto la totalità delle azioni con diritto di voto, venga a detenere più del 98% di tali azioni abbia il diritto di acquistare le azioni residue entro quattro mesi dalla conclusione dell'offerta. Questa facoltà viene chiamata "diritto di acquisto" o **squeeze out** e prevede, di fatto, l'esproprio delle azioni residue. Il prezzo di acquisto è fissato da un esperto nominato dal presidente del tribunale del luogo della sede della società emittente. Il prezzo terrà conto del prezzo dell'OPA precedente e del prezzo delle azioni sul mercato nell'ultimo semestre.

RICORDA!

Parliamo ora dell'OPA, un'operazione molto interessante che quasi sempre fa lievitare il valore dei titoli che ne sono oggetto.

Sì. OPA è una sigla che sta per Offerta Pubblica di Acquisto ed è un'operazione che viene lanciata da chi vuole acquistare un numero consistente di azioni direttamente sul mercato, offrendo a tutti lo stesso prezzo, che ovviamente è più alto di quello delle ultime quotazioni per stimolare le adesioni all'iniziativa. Come dicevi tu, l'effetto sul prezzo del titolo è ovviamente positivo, ma può variare di molto a seconda che il mercato creda che l'OPA abbia successo, cioè che gli investitori aderiscano e consegnino i titoli oppure no. Se si pensa che l'OPA abbia successo, il prezzo del titolo raggiungerà subito, o quasi subito, il prezzo offerto da chi ha lanciato l'offerta, altrimenti si ha comunque un rialzo del prezzo, ma in questo caso è meno pronunciato e molto più incerto, nervoso.

Come comportarsi nei due casi?

Se si ritiene che l'OPA abbia successo vi è poca differenza tra aderire e vendere i titoli sul mercato. Certo, chi aderisce all'OPA non può più revocare la sua adesione e, se l'OPA non ha successo, rischia di perdere il maggior prezzo di cui il titolo beneficia durante l'offerta. Il consiglio è sempre quello di non aderire proprio subito, come del resto fanno i grandi investitori, che decidono solo negli ultimissimi giorni.

Se invece si ritiene che l'OPA non avrà successo?

Se si ritiene che l'OPA non avrà successo è meglio attendere prima di decidere se aderire o no. In questo modo si pò sfruttare l'incremento di prezzo che si verifica comunque e cercare di vendere nel momento migliore, se si vuole seguire questa seconda strada invece di aderire all'OPA. Comunque, un titolo su cui qualcuno ha fallito un'OPA mantiene generalmente un prezzo elevato per molto tempo, perché il mercato percepisce l'interesse che c'è su quella società e se l'operazione fallisce vuol dire che la maggior parte degli investitori pensa che il titolo valga addirittura di più del prezzo offerto.

Esiste un tipo di OPA a cui è meglio aderire comunque?

Sì esiste, ed è l'OPA Totalitaria, cioè su tutte le azioni in circolazione, che ha per fine la cancellazione dalle quotazioni del titolo. In quel caso chi non aderisce si trova con un titolo non quotato, di cui è difficile stabilire un prezzo e che diventa difficile da liquidare.

E se qualcuno si dimentica di aderire?

Dopo qualche mese, in genere, chi ha lanciato l'OPA continua ad acquistare fuori mercato i titoli oggetto d'OPA allo stesso prezzo, ma questa volta le spese sono a carico del venditore. Inoltre non c'è alcun obbligo di farlo, è solo una cortesia.

Esiste invece un'OPA a cui non bisogna mai aderire?

No, tutte le OPA vanno valutate singolarmente e poi si decide.

E un'OPA a cui invece si è costretti ad aderire?

Non è una vera e propria OPA, ma è il cosiddetto squeeze out, o "diritto di acquisto", e quello che la legge attribuisce a chiunque, a seguito di un'OPA lanciata sulla totalità delle azioni con diritto di voto, arrivi a detenere più del 98% di quelle azioni. In questo caso non ci si può opporre all'acquisto delle nostre azioni da parte di chi ha lanciato l'OPA.

Si tratta di un esproprio...

Sì, è così.

Le operazioni tipiche della finanza – Gli aumenti di capitale

Gli aumenti di capitale

L'aumento di capitale di una società è un atto di gestione di carattere straordinario che comporta o la **modifica del patrimonio netto** (aumento a pagamento) o la semplice imputazione di riserve o fondi di bilancio (aumento gratuito). In entrambi i casi l'aumento può aver luogo con l'emissione di nuovi titoli o con l'incremento del valore nominale delle vecchie azioni.

I titoli devono essere offerti in opzione ai soci, per permettere loro di mantenere inalterata la quota di partecipazione o per essere compensati dalle eventuali perdite patrimoniali conseguenti all'operazione. All'inizio dell'aumento di capitale a ciascun azionista competono tanti diritti quante sono le azioni possedute prima dell'aumento stesso.

L'aumento di capitale, essendo un atto di gestione straordinaria, deve essere approvato dall'assemblea straordinaria degli azionisti. Successivamente, vengono stabilite le modalità dell'aumento, vale a dire l'importo raccolto, il numero di nuove azioni da offrire ai vecchi azionisti, il rapporto con cui queste vengono offerte rispetto a quelle in circolazione (per esempio 1 nuova ogni 5 vecchie), il prezzo a cui vengono offerte (quasi sempre composto dal valore nominale più un sovrapprezzo) e il periodo di durata dell'aumento di capitale, cioè della possibilità di sottoscrivere le nuove azioni. A questo punto viene preparato il prospetto informativo che viene inviato alla CONSOB per l'approvazione. Solo dopo la sua approvazione e pubblicazione presso il pubblico può iniziare l'aumento di capitale.

Al pari delle IPO, gli aumenti di capitale vengono messi a punto con la consulenza di un *advisor* (quasi sempre una banca d'affari) e coordinato da un *global coordinator*.

Il giorno dell'inizio dell'aumento di capitale, sempre un lunedì, dalle vecchie azioni viene staccato il diritto d'opzione sulle nuove azioni.

(continua)

(segue)

Questo comporta un trasferimento di valore dalle vecchie azioni, che da quel momento in avanti vengono definite *ex diritto* (al diritto), o semplicemente *ex*, in quanto quest'ultimo comporta sempre, almeno all'inizio dell'aumento di capitale, la possibilità di sottoscrivere le nuove azioni a un prezzo nettamente inferiore rispetto a quello di mercato. Questo sconto, che è possibile ottenere sottoscrivendo le nuove azioni, ha un valore che viene incorporato nel diritto stesso. Lo "stacco" (così viene chiamato) del diritto dalle vecchie azioni comporta la nascita di una vera e propria nuova attività finanziaria. I diritti solitamente vengono negoziati sui mercati per un paio di settimane, durante le quali i possessori (cioè i vecchi azionisti o coloro che li acquistano sul mercato) possono esercitarli (cioè sottoscrivere le nuove azioni) oppure venderli. Qualora entro la fine della negoziazione l'intermediario finanziario, presso cui sono depositati i diritti, non riceva alcuna disposizione in merito a essi da parte del risparmiatore provvede alla loro vendita al meglio nell'interesse di quest'ultimo. L'adesione all'aumento di capitale, in quanto comporta un esborso monetario, deve essere comunicata espressamente all'intermediario finanziario. Una volta comunicata, essa è irrevocabile.

Per i soli investitori istituzionali è possibile l'adesione all'aumento di capitale anche dopo i termini canonici, mediante la conversione dei diritti inoptati, cioè non esercitati, posseduti fino a quel momento.

Gli aumenti di capitale sono momenti importanti nella vita delle società. Parliamo delle strategie migliori da attuare quando viene effettuato un aumento di capitale. Capiamo innanzitutto di che cosa si tratta.

Un aumento di capitale è un'operazione con cui una società raccoglie nuovo denaro mediante l'emissione di nuove azioni che vengono offerte ai vecchi azionisti a un prezzo di solito scontato.

In che modo i titoli nuovi vengono offerti solo ai vecchi azionisti?

Il meccanismo è semplice: nelle vecchie azioni viene incorporato un diritto, negoziabile separatamente, che dà la facoltà al possessore di aderire all'aumento di capitale.

Quindi, se ho ben capito, a partire da un certo giorno, chi detiene le azioni si ritrova con due titoli: la vecchia azione e il diritto.

Sì, esattamente. Accade il giorno dell'inizio dell'aumento di capitale. Il diritto viene staccato dall'azione e possono essere negoziati separatamente. Naturalmente il diritto ha una scadenza, mentre l'azione no.

Che cosa succede al prezzo del titolo prima, durante e dopo l'aumento di capitale?

Prima, il prezzo del titolo cresce sull'aspettativa dell'aumento, poiché di solito l'operazione dà la facoltà, come detto, di sottoscrivere nuove azioni a un prezzo scontato. Se però le condizioni dell'aumento di capitale deludono il mercato, il prezzo può scendere. Durante l'aumento di capitale, le azioni a cui è stato staccato il diritto tendono ad avvicinarsi al prezzo a cui viene effettuato l'aumento, mentre il diritto avrà un valore che sarà in linea con lo sconto offerto. Dopo, il titolo riprende il suo cammino partendo, come detto, dal prezzo a cui sono state offerte le nuove azioni.

Perché in occasione di alcuni aumenti di capitale vengono offerti anche dei warrant?

I warrant sono buoni che durano solitamente qualche anno e che danno diritto, per tutta la loro vita, a sottoscrivere a intervalli regolari, di solito una volta all'anno, ulteriori azioni e a un prezzo che può essere più alto rispetto a quello di mercato nel momento dell'aumento di capitale, e negli anni successivi potrebbe rivelarsi conveniente se il valore delle azioni della società dovesse salire. In linea di massima, i warrant sono sempre interessanti.

Perché in linea di massima?

Perché se i warrant durano diversi anni, vi è sempre la possibilità teorica che l'andamento in Borsa del titolo sia così negativo da annullare lo sconto. In quel caso il valore del warrant tende quasi ad annullarsi.

Ma allora un aumento di capitale con emissione di warrant è, di fatto, un'operazione che si svolge in due tempi: una parte di azioni vengono offerte subito e una parte in seguito, mediante la conversione dei warrant?

Proprio così. Un'alternativa all'emissione di warrant è il collocamento di obbligazioni convertibili.

Che cosa sono?

Sono obbligazioni che offrono, di solito, una cedola molto bassa, ma danno la facoltà di essere convertite in azioni con un rapporto fisso per tutta la loro vita.

Che differenza c'è con i warrant?

Le obbligazioni convertibili pagano un interesse, i warrant no. Inoltre, per convertire i warrant occorre pagare interamente le nuove azioni, mentre convertendo le obbligazioni non si deve investire più nulla.

Vediamo allora come comportarsi durante un aumento di capitale.

Va bene, ma premettiamo subito che l'aumento di capitale è un'operazione da valutare attentamente caso per caso!

Perché lo sottolinei?

Perché normalmente gli investitori aderiscono sull'entusiasmo di poter sottoscrivere titoli a un prezzo scontato, senza domandarsi:

1. perché viene effettuato l'aumento di capitale;
2. quali siano lo stato di salute della società e le sue prospettive.

Invece mi sembrano valutazioni molto importanti...

E lo sono! Un conto è aderire a un aumento di capitale di una società che funziona bene e che chiede soldi al mercato per crescere ulteriormente, un altro è sottoscrivere nuove azioni di chi si trova in crisi di liquidità. Il rischio è decisamente più alto nel secondo caso.

Vi sono dei segreti per riconoscere facilmente la società solida da quella più debole?

Beh, vi sono un paio di regole che però non vanno prese come oro colato. Per prendere la decisione giusta occorre sempre informarsi sulla società, indipendentemente dalle regole mnemoniche. Comunque le due regole sono le seguenti:

a. di solito gli aumenti di capitale delle società meno solide offrono uno sconto particolarmente grande sulle azioni di nuova emissione;

b. inoltre, sempre le aziende più in difficoltà, tendono a offrire un numero maggiore di nuove azioni, anche superiore a quelle già in circolazione. Per cui, per esempio, durante l'aumento di una società solida verrà offerta una nuova azione ogni 5 vecchie; mentre, nel caso di una società che ha bisogno di ricapitalizzarsi, l'offerta potrebbe arrivare a rapporti tipo 3 nuove azioni ogni 5 vecchie, o addirittura anche a 5 nuove ogni 4 vecchie o più.

Allora, come comportarsi durante un aumento di capitale?

Iniziamo a precisare che per chi non possedeva le azioni prima dell'inizio dell'aumento di capitale non vi è alcuno sconto, perché può solo acquistare azioni prive del diritto. L'aumento di capitale fa guadagnare solo chi possiede le azioni prima che inizi il periodo dell'aumento. Una volta fatta questa precisazione diciamo che si può aderire in uno qualsiasi dei giorni validi per farlo. Solitamente l'operazione dura tre settimane. Si può guadagnare in due modi:

a. Vendendo i diritti. In questo modo si incassa subito il valore dell'operazione e non si deve sborsare denaro.

b. Esercitando i diritti. In questo caso occorre però pagare le nuove azioni. Inoltre, aumentando la quantità di azioni che si detengono cresce il rischio, perché l'effetto sul portafoglio è la concentrazione su di un solo titolo, che è esattamente il contrario della differenziazione, principio vincente in finanza.

Aderire a un aumento di capitale è sempre più rischioso che vendere i diritti.

E se qualcuno si dimentica di aderire o di vendere i diritti?

In questo caso i diritti verranno venduti automaticamente l'ultimo giorno dell'operazione al meglio, cioè senza limite di prezzo.

La stagionalità dei mercati finanziari: alla ricerca del mese giusto per investire

La stagionalità dei mercati finanziari

Anche i mercati finanziari sono soggetti, sia pure in maniera molto irregolare, al fenomeno della stagionalità: i prezzi, soprattutto in Borsa, sono soggetti a crescere in particolar modo in alcuni mesi e a decrescere in altri. Gennaio, marzo, aprile, luglio, novembre e dicembre sono i mesi mediamente più propizi. Settembre e ottobre rappresentano invece le mensilità più ostiche, durante le quali l'evento più probabile è un ribasso delle Borse, come ben visibile nel grafico della Figura 6.1, che rappresenta la variazione media mensile degli indici azionari americani Dow Jones e S&P500 nel periodo 1950-2014.

Ottobre è un mese che storicamente è stato caratterizzato dai grandi crolli del 1929, del 1987 e del 2008. Come abbiamo detto, però, questa stagionalità può presentare importanti eccezioni nei singoli anni, pertanto va considerata come un'indicazione di tendenza potenziale e non come una certezza su cui effettuare sempre investimenti di successo.

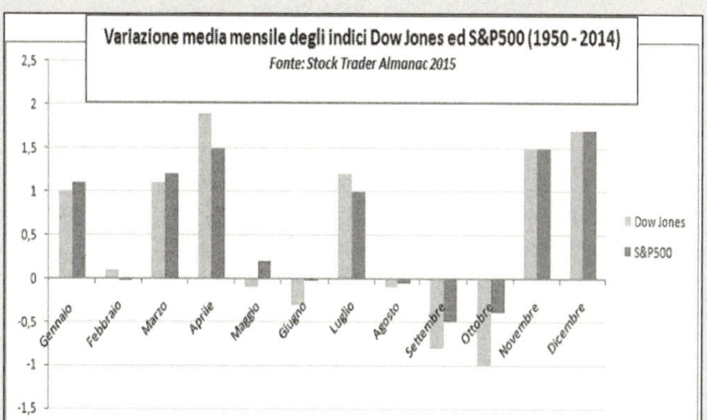

Figura 6.1 Variazione media mensile degli indici azionari americani Dow Jones e S&P500 nel periodo 1950-2014.

Tra i segreti degli operatori che agiscono sui mercati finanziari c'è senz'altro quello riguardante la stagionalità dei mercati, cioè della scelta del momento giusto per investire.

Sì, riguarda soprattutto il mercato azionario. Le statistiche dimostrano che effettivamente esistono dei mesi in cui è più probabile un rialzo e altri in cui è più probabile una discesa.

Si tratta di statistiche affidabili?

Di per sé le statistiche sono molto affidabili, il problema è che quando non vengono rispettate ciò può comportare una grande volatilità inaspettata, provocata da alcuni eventi che travolgono letteralmente la stagionalità con i loro effetti.

Mi stai dicendo che negli anni in cui la stagionalità non viene rispettata si verificano fatti eccezionali?

Sì, soprattutto quando sono eventi negativi. Nei periodi in cui scoppia qualche "bolla" sui mercati, i ribassi che ne conseguono possono essere così violenti da produrre ribasso anche nei mesi in cui solitamente si verifica un rialzo.

Torniamo alla stagionalità. Quali sono i fattori che la determinano?

Soprattutto fattori di tipo contabile. In un periodo di economia in crescita gennaio è quasi sempre un mese positivo. Questo perché gli operatori a dicembre alleggeriscono un po' le posizioni per effettuare il cosiddetto *window dressing*, la "sistemazione della vetrina", cioè l'assestamento del loro patrimonio per poter presentare bilanci senza elementi eccessivi di rischiosità.

Ma questo comportamento è legale?

Se durante l'anno non vengono violati i parametri stabiliti dalle autorità di controllo, è assolutamente legale.

Però chi legge il bilancio di questi operatori finanziari potrebbe farsi un'idea un po' distorta della gestione che essi compiono effettivamente.

Considera che gli addetti ai lavori sanno benissimo che gli operatori più attivi sui mercati prendono rischi che spesso, anche semplicemente per le regole contabili in uso al momento, non risultano integralmente dai bilanci.

Quindi si sorprendono solo gli ingenui?

Beh, quelli nemmeno leggono i bilanci…

Veniamo ora al mese di febbraio: il grafico dice che è piuttosto incerto, mentre marzo e aprile sono di nuovo piuttosto favorevoli.

Si, sembra quasi che gli operatori abbiano una gran fretta di portare a casa i primi guadagni a febbraio, se il mese di gennaio è stato subito favorevole, e di solito lo è. Un'altra statistica dice che negli anni positivi di Borsa il rialzo inizia subito dalla prima seduta di gennaio. Quindi è del tutto logico che a febbraio gli operatori inizino a prendere i primi profitti e poi attendano che i prezzi si "raffreddino" un po'. In seguito tornano ad acquistare puntando su qualche mese ancora di rialzo, cosa che effettivamente avviene a marzo e ad aprile.

Arriva maggio e il proverbio di Wall Street dice: "Sell in May and go away!"

Dice proprio così, cioè "vendi in maggio e vattene!". Anche in questo caso, oltre al fatto che la maggior parte degli operatori si aspetta un ribasso in quel mese, e dunque finisce per conformarvisi, ha effettivamente senso chiudere le posizioni se i primi cinque mesi sono andati bene. In questo modo potrai presentare un bilancio semestrale davvero positivo.

E quando arriva l'estate?

L'estate è un periodo di vacanze un po' per tutto il mondo e i volumi scendono. Per questo motivo accade spesso che d'estate vi siano sorprese, soprattutto al rialzo. Le statistiche dicono che luglio è un altro mese molto favorevole, perché è una ripetizione di gennaio, cioè dopo la chiusura dei bilanci semestrali il 30 giugno, gli operatori fiduciosi tornano a comprare senza perder tempo.

Al ritorno dalle vacanze li attende settembre, un mese che sembra essere piuttosto avaro. È il malumore che deriva dall'aver concluso le ferie?

Verrebbe da pensarlo. Ma credo che il problema risieda nel fatto che manca ancora molto alla fine dell'anno e quindi gli operatori preferiscono essere prudenti, in un anno di Borsa positivo. Invece, in un anno negativo la ripresa delle normali attività spesso fa fare progressi nella comprensione della gravità della situazione, circostanza che poi tende addirittura a esasperarsi in ottobre, mese che viene considerato il più pericoloso in Borsa anche per motivi storici.

Questa opinione nasce dal grande crollo dell'ottobre del 1929, vero?

Sì, la sua origine è quella. Anche durante due delle ultime tre gravi crisi finanziarie, cioè quelle del 1987 e del 2008, il mese di ottobre è stato decisamente disastroso.

Novembre e dicembre tornano invece a essere dei mesi propizi...

Fortunatamente sì. In questo caso incidono fattori diversi. Ogni quattro anni, a novembre, hanno luogo le elezioni presidenziali negli Stati Uniti. Questo spesso produce ottimismo, soprattutto se viene eletto un repubblicano, sicuramente lo schieramento politico che piace di più alla finanza. Dicembre è il classico mese della "luna di miele con il nuovo Presidente" negli anni delle elezioni, mentre ogni anno il weekend del Ringraziamento è anche il primo fine settimana di acquisti negli Stati Uniti. Il venerdì di questa festività viene chiamato *Black Friday*, "venerdì nero", non perché accadano fatti tragici, ma semplicemente perché quel venerdì è idealmente il giorno a partire dal quale il fatturato delle aziende è almeno pari ai costi e dunque da lì in poi i bilanci smettono di essere in rosso, cioè in perdita, e diventano in nero, cioè in profitto. Si tratta ovviamente di un'astrazione, perché profitti e perdite si registrano regolarmente in tutti i mesi. La vera importanza di quel venerdì è legata all'inizio delle spese degli americani per i regali natalizi. Se c'è ottimismo, dunque se c'è crescita economica, normalmente gli acquisti natalizi sono superiori a quelli dell'anno prima e questo è senz'altro un valido indicatore economico per regolare la propria attività di investimento.

Negli ultimi giorni dell'anno ritorna il *window dressing*...

Sì, si sistemano nuovamente i conti per compilare il nuovo bilancio. Però non bisogna aspettare troppo nell'investire in azioni se si è convinti che l'anno successivo sarà favorevole. È frequente che già nella prima seduta dell'anno ci siano forti rialzi, come abbiamo detto prima.

Capitolo 7

L'informazione finanziaria

In questo capitolo

- Che cosa sono i rating, perché sono così importanti e come vanno letti
- Che ruolo hanno gli indici dell'inflazione, del PIL e della produzione industriale sull'andamento delle Borse
- Come e perché bisogna tenersi informati sulla finanza
- Ci si può e ci si deve fidare degli analisti?

I rating

I rating

Un rating è un giudizio sintetico, un punteggio, attribuito a una società o a un ente per esprimere la sua solvibilità, cioè la sua capacità di rimborsare puntualmente i propri debiti, oltre che di pagare puntualmente gli interessi. Non è dunque una raccomandazione operativa, ma va da sé che una riduzione di rating quasi sempre provoca un calo del valore dei titoli di debito emessi dall'emittente, così come un aumento provoca una crescita del valore.

Le tre principali agenzie di rating sono le celeberrime Moody's, Standard & Poor's e Fitch. La scala dei valori dei rating è simile a quella dei voti del sistema scolastico americano: "A" è il miglior voto; le lettere seguenti indicano un peggioramento del giudizio. Nella Figura 7.1 riportiamo la tabella riassuntiva dei rating delle tre principali agenzie.

La preoccupazione maggiore per il risparmiatore è quella che possa essere abbassato il giudizio dell'emittente di cui possiede i titoli, quindi la probabilità che ciò accada è per lui importante. Esistono delle statistiche che indicano con quanta frequenza i rating vengono modificati (in gergo tecnico "migrano"). Nella Figura 7.2 riportiamo quella pubblicata da Standard & Poor's, relativa ai cambiamenti di valutazione entro cinque anni dall'emissione del giudizio, la cui media è stata calcolata nel periodo 1975-2010.

(continua)

(segue)

Figura 7.1 La scala dei rating delle tre principali agenzie di valutazione: Moody's, Standard & Poor's e Fitch.

SIGNIFICATO	RATING		
	Standard & Poor's	*Moody's*	*Fitch*
Estrema qualità. Quasi del tutto insensibile agli scenari avversi	AAA	Aaa	AAA
Alta qualità. Minimamente sensibile insensibile agli scenari avversi	AA+	Aa1	AA+
	AA	Aa2	AA
	AA	Aa3	AA
Medio-Alta qualità. Poco agli scenari avversi	A+	A1	A+
	A	A2	A
	A-	A3	A-
Media qualità. Sensibile agli scenari avversi	BBB+	Baa1	BBB+
	BBB+	Baa2	BBB+
	BBB-	Baa3	BBB-
Bassa qualità. Solidità dipendente dagli scenari favorevoli	B+	B1	B+
	B	B2	B
	B-	B3	B-
Pessima qualità. Solidità molto legata agli scenari favorevoli	CCC+	Caa1	CCC+
	CCC+	Caa2	CCC+
	CCC-	Caa3	CCC-
Insolvenza vicina. Insolvenza vicina o altamente probabile	CC	Ca	CC
Insolvenza. Insolvenza effettiva o annunciata	SD	C	RD
	D		D

Figura 7.2 Percentuali di mantenimento del rating di S&P's per gli emittenti sovrani dopo 5 anni.

Percentuali di mantenimento del rating dopo cinque anni per gli emittenti sovrani.

		Rating cinque anni dopo								
Rating iniziale	#	AAA	AA	A	BBB	BB	B	CCC/CC	SD	NR
AAA	375	89.07	9.60	0.27	0.00	1.07	0.00	0.00	0.00	0.00
AA	219	18.72	73.52	5.94	1.37	0.46	0.00	0.00	0.00	0.00
A	191	0.00	16.23	65.97	15.18	2.09	0.52	0.00	0.00	0.00
BBB	174	0.00	0.00	37.36	48.85	7.47	1.72	0.57	4.02	0.00
BB	202	0.00	0.00	1.98	20.79	60.89	8.91	0.50	6.93	0.00
B	154	0.00	0.00	0.65	5.84	22.08	51.95	4.55	12.34	2.60
CCC/CC	17	0.00	0.00	0.00	0.00	5.88	17.65	5.88	70.59	0.00

La tabella va letta in questo modo: l'89,07% degli emittenti che avevano un rating iniziale "AAA" lo conservavano ancora al termine dei cinque anni successivi. Nel 9,60% dei casi un "AAA" iniziale è diventato "AA" al termine del quinquennio. Si può notare facilmente come l'evento più probabile è il mantenimento del rating per la quasi totalità delle classi di giudizio. Le emittenti di più basso livello, però, mostrano una minor capacità di conservare la propria valutazione, che può anche migliorare, ma in molti casi peggiora. Ed ecco il significato di "speculativo" o *junk bonds* (titolo spazzatura) che si attribuisce agli emittenti che hanno un rating da "BB+" in giù: un basso giudizio ha alte probabilità di variare nel corso degli anni, potendo provocare forti perdite ma anche guadagni interessanti. Per questo motivo le obbligazioni di questi emittenti vengono acquistate non solo per incassare un rendimento più elevato, ma anche per cercare di guadagnare da un'eventuale variazione positiva del loro prezzo.

Gli emittenti da "BBB-" in su vengono, invece, definiti "Investment Grade", cioè di livello sufficiente all'investimento. Questo significa che la loro attrattiva principale consiste nella regolarità con cui possono pagare un tasso di interesse. I guadagni in conto capitale non sono da escludere, ma sono molto meno probabili, così come d'altra parte sono assai meno probabili le perdite.

Tutte le volte che si verifica l'insolvenza di qualche società emittente di obbligazioni si ritorna a parlare, anche con una certa vena polemica, dell'attendibilità dei rating, cioè di quei giudizi sulla solvibilità emessi dalle società specializzate.

Certamente, ma non può che essere così, visto che questi giudizi influenzano notevolmente l'andamento dei titoli delle società che ricevono rating. È chiaro che, se il rating si rivela errato, le critiche non vengono risparmiate di sicuro.

RICORDA!

Andiamo con ordine. Che cos'è un rating?

Un rating è un merito di credito, cioè un giudizio sull'affidabilità di un utilizzatore di risorse finanziarie, sia esso un ente politico o commerciale o altro. Il rating esprime la probabilità che l'utilizzatore delle risorse sia in grado di pagare regolarmente gli interessi e di restituire il capitale alla scadenza. I rating sono emessi da società specializzate, di cui le più famose sono senz'altro Moody's, Standard & Poor's e Fitch.

Come si interpretano i rating?

I rating sono divisi in categorie. La prima, quella delle A (cioè tripla A, doppia A e singola A), indica che gli emittenti sono solidi e la probabilità che abbiano difficoltà è minima. Poi c'è la categoria B: tripla B è l'ultimo livello considerato degno di investimento e si chiama "investment grade"; doppia B e singola B significano che la probabilità che l'emittente possa fallire è così alta che il titolo inizia a presentare importanti variazioni di prezzo, tali da renderlo inadatto all'investimento. Questi titoli si chiamano *junk bonds*, o "titoli spazzatura", perché sono considerati di bassa qualità.

E allora perché vengono acquistati?

Per specularvi e perché offrono un tasso di interesse molto maggiore di quelli a tripla A, per remunerare il maggior rischio che si corre a detenerli.

Quali sono gli altri rating?

C'è la categoria C (tripla, doppia o singola), che evidenzia i titoli di bassissima affidabilità, e poi c'è la famigerata D!

Perché famigerata?

Perché D sta per *default*, cioè insolvenza.

Ogni quanto vengono rivisti?

Almeno una volta ogni tanto. E comunque tutte le volte che si renda necessario a causa di un avvenimento importante.

Sono affidabili questi rating?

Generalmente sì, visto che le società che li emettono si giocano la reputazione su di essi. Non mancano però i casi evidenti di errore, come nel caso di Lehman Brothers, il cui rating era A.

Come dovrebbe utilizzarli l'investitore?

Dovrebbe investire nei titoli della classe A e avere un comportamento speculativo con quelli della classe B, cioè cercare di lucrare sul prezzo senza necessariamente detenerli fino a scadenza.

E i titoli che non hanno rating?

Se si conosce l'emittente si possono acquistare, altrimenti andrebbero trattati con molta cautela.

Vediamo come l'investitore può utilizzarli.

Certamente. Come abbiamo detto prima, la regola fondamentale è che si può investire nei titoli con rating di tipo A (tripla, doppia o singola), mentre occorrerebbe astenersi dall'investire nei titoli con rating di classe B. La strategia migliore con questi ultimi sarebbe quella di assumere un atteggiamento speculativo, vale a dire rendersi conto che vi possono essere delle oscillazioni di prezzo molto importanti e dunque trattare questi titoli come attività finanziarie rischiose.

Dunque lucrare sulla differenza di prezzo?

Sì, ma con prudenza, perché è un tipo di speculazione difficile. Il mercato dei titoli obbligazionari esteri è meno liquido rispetto alla Borsa Italiana. I prezzi sono proposti da market maker, per lo più banche, i quali consentono gli scambi, ma cercano di guadagnarci, e sono molto difficili da battere. Quindi io non mi soffermerei tanto sulla speculazione, ma raccomanderei semplicemente di considerare con attenzione l'andamento del prezzo. E di non dimenticarsene, altrimenti c'è il rischio che, in caso di liquidazione prima della scadenza, la perdita in conto capitale eroda una parte importante degli interessi pagati dal titolo.

Che cosa insegnano i casi Argentina e Lehman Brothers?

Il caso Argentina insegna che le obbligazioni che rendono di più sono più rischiose e che il maggior rendimento è semplicemente il risarcimento anticipato per la possibilità che a un tratto questi titoli, apparentemente delle meraviglie, si trasformino in trappole che rischiano di far perdere i propri risparmi. Tutte le volte in cui si apprende che un titolo viene declassato a junk bond, cioè titolo spazzatura, bisogna iniziare a pensare che la sua maggior remunerazione rappresenta il risarcimento anticipato per un possibile danno economico futuro.

Il caso di Lehman Brothers insegna che durante le grandi crisi finanziarie i rating perdono una parte della loro affidabilità, perché vengono emessi tenendo conto degli scenari prevedibili, ma di fronte a eventi eccezionali alcune di queste analisi si rivelano errate.

Molto chiaro come concetto.

Grazie, speriamo che serva a evitare altri danni ai risparmiatori.

Volevo analizzare con te un altro aspetto. Molto spesso si sente parlare di "upgrading", cioè del miglioramento del rating e di "downgrading", cioè un peggioramento, una sorta di bocciatura. Esiste una forma di trend nell'andamento di questi giudizi, cioè sono più le promozioni o le bocciature?

Dipende dalla fase economica in cui ci si trova. In una fase di crolli di Borsa e di rallentamento economico sono senz'altro maggiori le bocciature. Ma quando le cose vanno meglio non è vero il contrario, cioè non vi è la stessa netta prevalenza delle promozioni rispetto alle bocciature. Questo per il semplice motivo che quando una società è in difficoltà, difficilmente viene salvata nella sua forma iniziale. Alcune aziende, falliscono, altre vengono smembrate, altre vengono fuse. Le nuove aziende che arrivano sui mercati o sono il prodotto di queste fusioni o sono nuove del tutto. È necessario evidenziare che le nuove aziende si presentano sul mercato solo se hanno i conti sufficientemente in regola.
Questo meccanismo fa sì che siano storicamente maggiori le bocciature rispetto alle promozioni. Dunque, è maggiore il rischio che un buon titolo possa negli anni diventare un junk bond, che non la possibilità che un titolo spazzatura diventi un'attività finanziaria particolarmente solida. Motivo in più per trattare con prudenza i titoli a basso rating.

I dati macroeconomici: saperli leggere diventa sempre più importante per l'investitore

I dati macroeconomici

L'andamento dei mercati finanziari anticipa e amplifica quello dell'economia, in quanto all'interno di essi si scambiano attività il cui valore cresce assieme a quello creato dall'economia. La finanza è speculazione ma è anche investimento. Tutto ciò che viene prodotto in economia ha come destinazione finale, dal lato della domanda, consumi e investimenti. Nel tempo i consumi mostrano un andamento molto più stabile rispetto a quello degli investimenti, in quanto una parte di essi (cibo, energia, cure mediche, trasporti ecc.) è necessaria in maniera indipendente dal prosperare o meno dell'economia. Invece, gli investimenti sono necessari solo quando sono ammortamenti, cioè riparazioni e manutenzioni di vecchi investimenti.

La maggior parte dei nuovi investimenti viene effettuata con l'obiettivo di produrre ricchezza. L'investimento comporta una spesa che anticipa i ricavi che ne derivano, quindi per essere effettuato necessita di una visione ottimistica riguardo al futuro. E proprio nella visione del futuro sta il segreto per comprendere la generazione dei cicli economici, la quale viene prodotta dallo stesso meccanismo che genera i cicli di Borsa. Dunque un ciclo, economico o finanziario che sia, non è nient'altro che l'alternanza tra periodi di ottimismo e di pessimismo, cioè tra fasi di eccesso di investimenti e fasi di carenza di investimenti, come illustrato in Figura 7.3.

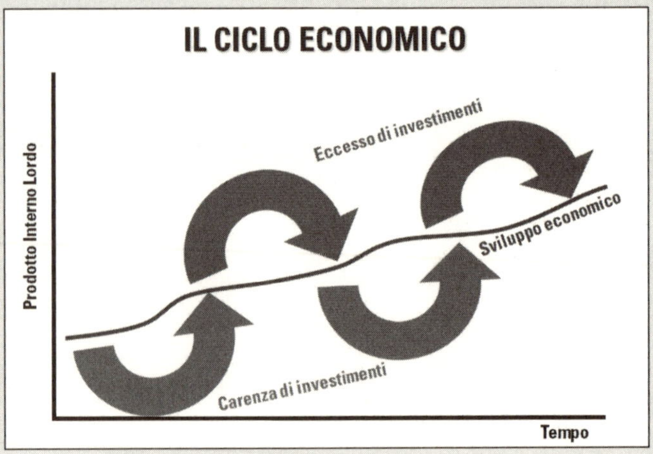

Figura 7.3 Ciclo e sviluppo economico.

(continua)

(segue)

La vera crescita economica non è dunque rappresentata dalla fase positiva del ciclo, ma piuttosto dallo sviluppo economico: semplificando, da quella parte della crescita economica che non viene persa nemmeno nei momenti di crisi. I mercati finanziari, però, sono altamente sensibili al ciclo economico, piuttosto che allo sviluppo. Passeremo ora in rassegna i principali dati macroeconomici, studiandone la correlazione con l'andamento dei mercati finanziari.

Prodotto Interno Lordo. È la principale statistica economica, in quanto è un numero che riassume tutto quanto viene prodotto all'interno di un certo Paese. Si definisce "lordo" perché tiene conto anche degli ammortamenti, cioè della ricchezza prodotta semplicemente per riparare i beni e gli impianti già esistenti. È "interno" e non "nazionale" perché vi viene incluso il contributo dei cittadini stranieri residenti all'interno dello Stato e non quello dei cittadini dello Stato residenti all'estero. Nel caso dell'Italia, tiene conto di tutto ciò che viene prodotto all'interno del territorio nazionale e non una somma di tutto ciò che viene prodotto dagli italiani nel mondo. Per questo motivo rappresenta l'incremento di ricchezza che si è registrata all'interno di un dato Paese. La Figura 7.4 mostra il legame tra il Prodotto Interno Lordo statunitense e l'indice Dow Jones nel periodo 1980-2015.

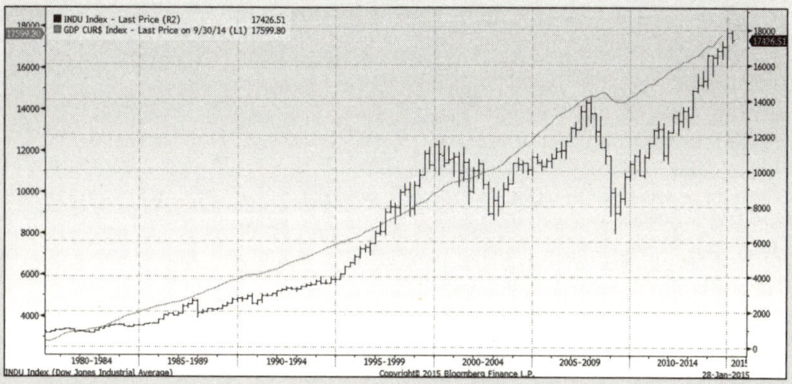

Figura 7.4 Prodotto interno lordo statunitense e indice Dow Jones nel periodo 1980-2015.

Il grafico conferma pienamente il fatto che le Borse premiano i Paesi la cui economia cresce nel tempo. Quindi, il risparmiatore dovrebbe cercare di investire in Borsa soprattutto nei momenti e nei Paesi dove è più probabile che si registri una crescita economica.

Produzione industriale. Rappresenta il valore dell'output prodotto nelle industrie estrattive, manifatturiere e fornitrici di energia e di acqua. In ogni caso, ogni Paese ha i suoi standard per calcolare l'andamento della produzione.

Consumi. Rappresentano la percentuale di gran lunga più importante del Prodotto Interno Lordo, in quanto tengono conto anche dei consumi intermedi delle aziende.

Nei Paesi più industrializzati i consumi rappresentano tra il 75% e l'80% circa del PIL. In quelli in via di sviluppo, invece, una quota maggiore del reddito nazionale è destinata agli investimenti, in quanto necessitano delle infrastrutture di base che sono già altamente sviluppate nelle aree mondiali più evolute.

(continua)

(segue)

Indici di fiducia. Non sono delle semplici statistiche, ma rappresentano dei veri propri indicatori in grado di anticipare l'andamento dell'attività economica nei mesi successivi, in quanto, come abbiamo visto, gli investimenti dipendono dalla fiducia degli imprenditori e dalle previsioni che questi ultimi fanno riguardo alla fiducia dei consumatori. Questa relazione è chiaramente evidenziata dalla Figura 7.5, che rappresenta l'andamento della produzione industriale (linea dal tratto più largo) e quello dell'indice di fiducia dei consumatori calcolato dal Conference Board (linea dal tratto più sottile) nel periodo 2000-2015.

Figura 7.5 Produzione industriale statunitense e l'indice di fiducia dei consumatori del Conference Board nel periodo 2000-2015.

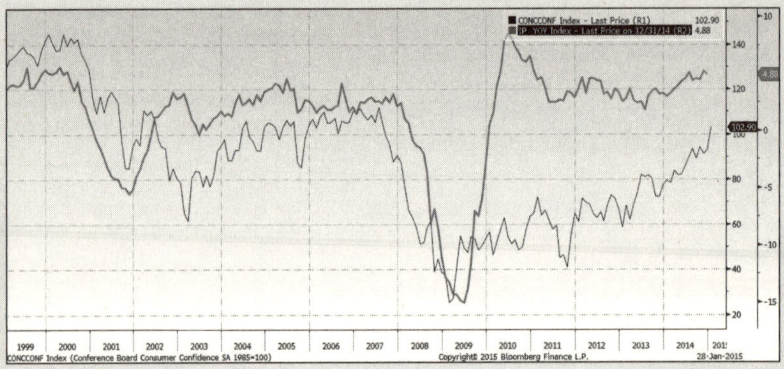

Inflazione. L'inflazione è il tasso di crescita dei prezzi, al consumo o alla produzione, che si registra all'interno di un dato Paese su base mensile o su base annua. L'inflazione è dannosa, in quanto erode il potere d'acquisto della moneta, dunque dei risparmi e della ricchezza in generale, perché quella non è solo mezzo di scambio ma è anche una riserva di valore.

Tuttavia la deflazione, cioè il calo generalizzato dei prezzi, è ancora più dannosa, in quanto stimola eccessivamente il risparmio e genera una nefasta tendenza a ritardare il più possibile i consumi e gli investimenti, ostacolando lo sviluppo economico.

I mercati finanziari reagiscono all'aumento dell'inflazione facendo salire il rendimento delle obbligazioni e, di conseguenza, facendo scendere il loro prezzo. Questo succede perché gli operatori sanno che le banche centrali vigilano sull'inflazione dei loro rispettivi Paesi e sono pronte ad aumentare i tassi di interesse qualora la crescita dei prezzi diventi eccessiva. Il legame tra l'andamento dell'inflazione (la variazione su base annua dell'indice dei prezzi al consumo, disegnato con il tratto più spesso) e quello del rendimento dei titoli di Stato americani è facilmente riscontrabile nella Figura 7.6.

(continua)

(segue)

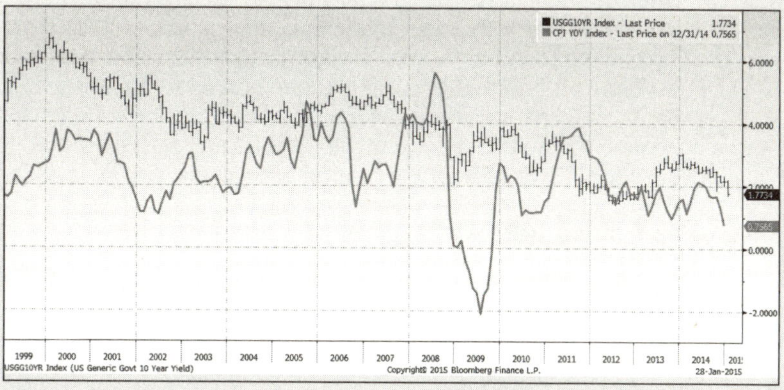

Figura 7.6 Variazione dei prezzi al consumo statunitensi su base annua e rendimento dei titoli di Stato americani a 10 anni.

L'andamento del tasso di inflazione e le sue conseguenze sull'andamento dei rendimenti di mercato è una preziosa informazione per l'investitore in titoli obbligazionari. Un'aspettativa di inflazione crescente consiglia di investire in titoli a tasso variabile, perché anche i rendimenti di mercato aumenteranno, mentre i prezzi delle obbligazioni scenderanno. Invece in periodi di rallentamento economico, quando le banche centrali abbassano i tassi di interesse perché l'inflazione tende a rallentare, la scelta giusta per investitore è quella dei titoli a tasso fisso, per evitare di subire il calo dei rendimenti e anzi lucrare sul conseguente incremento dei prezzi delle obbligazioni.

In ogni caso, anche l'andamento del Prodotto Interno Lordo è importante per cercare di capire quale sarà la tendenza dei rendimenti di mercato, in quanto le banche centrali riducono il costo del denaro non semplicemente perché l'inflazione rallenta, ma anche perché, e soprattutto, quando l'attività economica ha bisogno di uno stimolo.

Un investitore consapevole e autonomo nelle proprie decisioni deve necessariamente capire almeno le leggi fondamentali dell'economia. Questo sicuramente provoca un po' di disagio e di paura in molti investitori. Tuttavia, credo che sarai d'accordo sul fatto che diventa sempre più importante possedere un minimo di cultura economica.

Non sarò certo io a contraddirti. Abbiamo ripetuto più volte, nei capitoli precedenti, che i mercati finanziari anticipano e amplificano l'andamento dell'economia. Dunque, come si fa a investire consapevolmente se non si conoscono almeno le nozioni fondamentali della materia economica?

Appunto, è impossibile. Semmai, il problema per l'investitore è procurarsi questi dati.

Non sono d'accordo, in quanto i principali dati macroeconomici, cioè il Prodotto Interno Lordo, l'inflazione, la produzione industriale e a volte persino gli indici di fiducia, vengono riportati e commentati da tutte le testate economiche, spesso anche corredati dal relativo grafico. In ogni caso, una fonte preziosissima e obiettiva è senz'altro il bollettino economico della Banca Centrale Europea, che viene diffuso tutti mesi e che è disponibile gratuitamente in italiano sul sito Internet della Banca d'Italia.

Sarà un po' ostico da leggere...

Niente affatto. Ogni numero all'inizio contiene un editoriale economico molto ben spiegato e abbondantemente corredato da grafici che aiutano a capire rapidamente le tendenze dei principali dati economici. Si tratta di una fonte di grande valore e che ancora troppo poche persone conoscono.

Quali sono le grandezze economiche più importanti per capire l'andamento futuro dei mercati finanziari?

Il Prodotto Interno Lordo per quanto riguarda l'andamento delle Borse e l'inflazione per quanto riguarda l'andamento dei tassi di interesse, il quale determina sia l'andamento dei rendimenti delle obbligazioni sia quello dei loro prezzi, il quale si muove in maniera contraria rispetto a quella dei prezzi.
Le banche centrali combattono l'inflazione aumentando i tassi di interesse quando i prezzi aumentano e l'economia cresce in maniera sufficientemente solida. Invece, riducono il costo del denaro quando l'inflazione è bassa o in calo e l'economia dimostra di aver bisogno di stimoli.

E l'andamento dei cambi valutari da che cosa si può prevedere?

L'andamento dei cambi è un fenomeno che dipende da più fattori. Esistono diverse teorie economiche che lo spiegano, ciascuna delle quali identifica una parte della realtà. Si può dire che, a parità di altre condizioni, più forte è la crescita di un Paese, più il valore della sua moneta crescerà nei confronti di quello delle valute dei Paesi concorrenti, purché questa crescita economica non sia stimolata da forti iniezioni di liquidità da parte della banca centrale. In quest'ultimo caso i timori di inflazione potrebbero impedire l'apprezzamento o addirittura provocare una svalutazione della moneta di quel Paese.
Inoltre, sempre a parità di altre condizioni, l'aumento dei rendimenti in un Paese dovrebbe far apprezzare la sua moneta, perché rende conveniente indebitarsi nelle divise dei Paesi in cui tassi di interesse sono più bassi per investire in quello che ha i rendimenti più alti. Questa strategia si chiama *carry trade*, vale a dire la speculazione sui differenti tassi di interesse.

Mi sembra un po' complicato...

Lo è veramente. I movimenti delle valute il più delle volte sono incerti, anche quando nel lungo periodo si può intravedere una tendenza. Questo accade perché non esiste un singolo fattore che può da solo determinare sempre l'andamento di un tasso di cambio, ma è piuttosto la prevalenza di un fattore su tutti gli altri a determinare il trend di un tasso di cambio.

Quindi, in sostanza, non si tratta solo di prevedere come andranno l'economia e l'inflazione dei vari Paesi, ma anche come si comporteranno le rispettive banche centrali.

Esatto. Per esempio una politica più aggressiva di una banca centrale può comportare una maggior volatilità della sua moneta rispetto a quella che mostrano le valute dei Paesi dove la banca centrale è più prudente.

RICORDA!

E per le materie prime cosa mi dici?

Quelli delle materie prime sono probabilmente i mercati finanziari il cui andamento è più ostico da prevedere, perché all'interno di essi operano sia coloro che effettivamente utilizzano le materie per la loro attività industriale sia i semplici speculatori. I primi tendono a essere maggiormente attenti alla domanda e all'offerta fisica delle materie prime. I secondi sembrano concentrarsi maggiormente sulle aspettative riguardanti l'andamento dei prezzi, cioè tendono ad avere un atteggiamento più speculativo. Però non è detto che gli operatori realmente interessati al consumo delle materie prime si limitino a effettuare acquisti e vendite per scopi di copertura della loro attività industriale. Potrebbero benissimo iniziare anch'essi a speculare.

In più c'è l'incognita legata all'andamento meteorologico, soprattutto per le materie prime agricole, come per esempio viene raccontato molto bene nel film "Una poltrona per due".

Certamente, ma il clima atmosferico incide sul mercato più quando sorprende che non quando si comporta come previsto. La sua incidenza, cioè, è simile a quella dei risultati aziendali, come vedremo tra poche pagine.

Per concludere con l'economia, che importanza dai alla lettura regolare dei dati macroeconomici per un investitore medio?

La ritengo molto elevata, anche se, purtroppo, da sola non basta. L'investitore deve conoscere anche le tecniche elementari di investimento, di cui ci occuperemo nei prossimi capitoli.

Analisti finanziari, istruzioni per l'uso

I bilanci e le informazioni delle società quotate

In Borsa sono quotate soprattutto azioni e obbligazioni di società private, dunque le informazioni contabili riguardanti le aziende emittenti assumono un'importanza di primissimo livello. Tuttavia i mercati azionari, discendendo dai più antichi mercati a termine, sono più interessati al futuro che al presente delle società. Di conseguenza i classici documenti contabili delle aziende, cioè il bilancio composto da stato patrimoniale e conto economico rappresentano senz'altro informazioni utili, ma sono molto meno determinanti sull'andamento delle quotazioni rispetto a quanto si possa pensare. Questi documenti riguardano infatti la gestione passata dell'azienda, mentre il mercato è decisamente orientato verso quella futura, così come verso la dinamica dell'ambiente economico che circonda l'azienda stessa. Questo è il motivo per cui più che ai dati contenuti nei bilanci, ormai facilmente reperibili sui siti Internet delle stesse società, oltre che disponibili in forma sintetica su molti siti di informazione gratuita, i mercati reagiscono alle stime di utile futuro che li riguardano e la comunicazione trimestrale degli utili effettivamente realizzati.

Quando i profitti effettivi superano le stime, spesso si ha una forte crescita del valore del titolo in Borsa. Quando gli utili sono in linea con le aspettative, spesso il titolo reagisce poco o addirittura subisce delle flessioni di valore. Quando invece gli utili sono inferiori rispetto alle aspettative e/o vengono rilasciate informazioni pessimistiche sul loro andamento futuro, il cosiddetto *profit warning* ("allarme sugli utili"), spesso il titolo azionario della società reagisce in maniera molto negativa.

La Figura 7.7 mostra una forte correlazione esistente tra l'andamento degli utili trimestrali stimati ed effettivi (le due linee che stanno vicine tra di loro) e l'andamento del prezzo del titolo Intel nell'ultimo decennio. È facile notare come, nella prima metà del decennio, alla sostanziale debolezza degli utili è corrisposto un andamento altrettanto debole del titolo. Negli ultimi sei anni, invece, si è assistito a una forte ripresa degli utili, con conseguente notevole guadagno di valore del titolo azionario in Borsa.

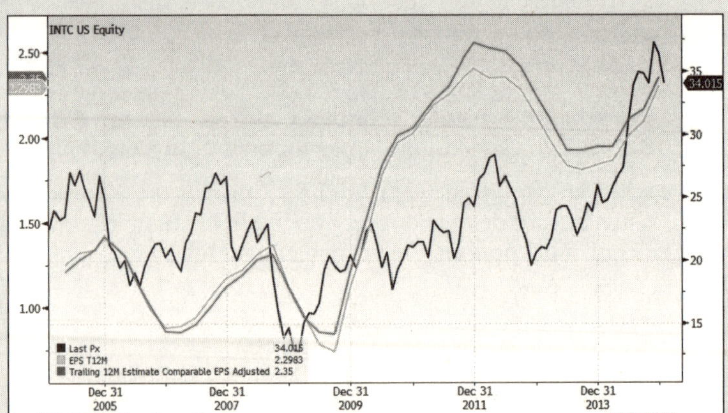

Figura 7.7 Andamento del prezzo del titolo Intel e dei suoi utili trimestrali stimati ed effettivi nell'ultimo decennio.

Massimo, è arrivato il momento di parlare di bilanci delle società e di analisi finanziaria. Da dove vuoi iniziare?

Iniziamo spiegando che l'analisi finanziaria si divide in tre branche importanti:

1. l'**analisi fondamentale**, cioè lo studio dei dati contabili per arrivare a definire quello che dovrebbe essere il valore dell'azienda, e dunque del titolo quotato, in base al valore contabile;
2. l'**analisi tecnica**, che studia l'andamento dei prezzi per cercare di anticiparne la tendenza;
3. l'**analisi quantitativa**, che studia l'andamento del rendimento e del rischio delle varie attività finanziarie per costruire i migliori portafogli possibili, programmandone in anticipo l'andamento in termini di rischio e rendimento.

Quale di queste tre funziona meglio?

Funzionano tutte bene, purché siano applicate all'ambito giusto e nella maniera giusta. Possiamo dire che l'analisi fondamentale, poiché è un'analisi contabile, si presta soprattutto a dare un valore alle aziende in caso di acquisizione delle stesse o di loro rami. L'analisi tecnica è l'ancella della speculazione, la musa ispiratrice, visto che le operazioni vengono effettuate partendo dai segnali che essa fornisce. L'analisi quantitativa possiede un grande potenziale per il controllo delle operazioni che si effettuano, ma soffre di scarsa flessibilità nell'adeguarsi per tempo alla velocità sempre maggiore dei mercati e, soprattutto, dice poco riguardo al probabile andamento futuro dei mercati.

Quale delle tre è più utile all'investitore.

Diciamo che l'investitore dovrebbe conoscere i principi fondamentali dell'analisi quantitativa, cioè l'esigenza di differenziazione e l'analisi del rischio. Dovrebbe saper riconoscere i segnali di cambiamento dei mercati più evidenti, regno dell'analisi tecnica. Avere un'idea dello stato di salute dei conti aziendali, e qui parliamo di analisi fondamentale.

Dove si trovano queste informazioni?

I bilanci delle aziende si trovano sui loro siti internet. Comunque la stampa finanziaria li commenta spesso. Ma la lettura dei bilanci in sé rende meno rispetto alla fatica che comporta. Tanto le Borse sono orientate al futuro, quindi sono più interessate dall'andamento futuro degli utili, piuttosto che ai risultati che si sono tenuti in passato, anche se certamente la struttura patrimoniale dell'azienda, soprattutto per quanto riguarda il livello di indebitamento, è senz'altro un'informazione molto interessante, ma interessa soprattutto gli obbligazionisti.

Quindi l'informazione aziendale più importante riguarda l'andamento degli utili?

Per quanto riguarda i titoli azionari sicuramente sì. Il mercato è goloso di notizie che riguardino gli sviluppi futuri della gestione aziendale e il probabile andamento della sua redditività. Il giorno della comunicazione al mercato dei risultati trimestrali è sempre un momento di grande fibrillazione per i titoli della società. La cosa migliore che possa accadere è che gli utili effettivamente realizzati nel trimestre siano superiori a quelli stimati. In questo caso le quotazioni dei titoli della società prendono letteralmente il volo. Se gli utili sono in linea con le previsioni, spesso il mercato rimane deluso e francamente, dopo così tanti anni di Borsa, ancora non riesco a capire perché. Se invece gli utili sono inferiori alle aspettative e/o viene lanciato un allarme per il futuro, il cosiddetto *profit warning*, è possibile che il valore dei titoli dell'azienda crolli pesantemente, anche di diverse decine di punti percentuali.

Ma, scusa, come può l'utile effettivo essere molto diverso da quello stimato, sia nel bene sia nel male? Vuol dire che chi ha fatto le stime ha preso la classica cantonata!

Eh sì, vorrebbe proprio dire questo. Eppure soprattutto negli Stati Uniti il rito degli utili che battono le aspettative è qualcosa di irrinunciabile, fa parte di uno dei meccanismi di funzionamento della Borsa. Si ha quasi l'impressione che le stesse società siano piuttosto prudenti nelle informazioni che forniscono agli analisti finanziari, per poi riuscire a stupirli con utili superiori rispetto alle attese.

Sembrerebbe un po' una presa in giro nei confronti degli analisti…

Come ti dicevo, è un rito. L'analista sa che probabilmente l'azienda è piuttosto prudente nel far capire come stanno andando le cose, ma non ha motivi fondati per esagerare nell'ottimismo delle sue previsioni. Il gioco funziona così e, a quanto pare, continua a piacere a tutti.

Beh, visto che li hai tirati in ballo tu, adesso parliamone di questi analisti finanziari...

Parliamone…

Allora, la domanda che tutti si pongono è: quanto sono attendibili gli analisti o, meglio, quanto siete attendibili visto che anche tu sei analista?

Chiunque si occupi regolarmente di finanza deve, o tanto o poco, diventare analista. Io comunque sono felice di esserlo e mi diverto moltissimo, malgrado tutto, a fare questo mestiere. Comunque, chi segue l'ambiente della finanza da un certo tempo si sarà reso conto che gli analisti sono abbastanza attendibili, ma anche loro tendono a prendere delle cantonate e, cosa a mio avviso più grave per dei professionisti, a essere coinvolti dalle tendenze invece di starne fuori e di denunciarle, di avvertire il pubblico della loro pericolosità.

Perché questo succede?

Per vari motivi. Vi sono analisti che sono esposti a pressioni commerciali, a potenziali conflitti di interesse, nel senso che lavorano per aziende emittenti di strumenti finanziari e dunque in un ambiente che cerca di cavalcare il più possibile le tendenze e che non ha alcun interesse a denunciarne gli eccessi. Inoltre, gran parte del pubblico non sa che la finanza, in fondo, è un settore economico come tutti gli altri, dunque l'ottimismo produce migliori opportunità di lavoro, anche se l'esperienza insegna che gli eccessi non possono durare a lungo.
Va poi detto, in difesa degli analisti, che è senz'altro più facile parlar bene di un'azienda piuttosto che parlarne male, perché in quest'ultimo caso si rischiano tensioni e querele.
Comunque, anche gli analisti subiscono gli effetti emotivi di cui sono vittime i risparmiatori e questo è meno accettabile di quanto non lo sia per il pubblico. Pochi hanno il coraggio di andare contro corrente, di essere le classiche voci fuori dal coro.

Qual è, secondo te, il livello di preparazione degli analisti, almeno di quelli italiani?

La preparazione degli analisti è senz'altro buona, molto buona. È la capacità d'analisi che dovrebbe migliorare, cioè lo spirito d'indagine, l'abilità nell'intuizione. Un conto è conoscere gli strumenti e le regole della finanza, un conto è conoscere e applicare un buon metodo d'indagine. Su questo aspetto c'è ancora molto lavoro da fare. Ancora una volta, la colpa è anche della scuola, in questo caso delle università, che forniscono un sapere troppo astratto, poco pratico.

Ma allora ci si può fidare o no degli analisti?

Ci si può fidare, ma a patto di verificarne l'abilità. Per farlo è semplice, perché basta cercare di seguire meno analisti e più spesso, con più regolarità, in modo da riuscire a capire se le loro previsioni sono corrette oppure no. Non serve a nulla ascoltarne trenta, di cui dieci ottimisti, dieci pessimisti e dieci che non si pronunciano.

L'istruzione per l'uso degli analisti in una frase...

Prendendola a prestito da un noto film possiamo dire: "Se sei davvero bravo, stupiscimi!"

Parte III

Operare in Borsa

In questa parte ...

- ✓Imparerete che cosa sia meglio fare e quali errori evitare per ottenere un buon investimento.
- ✓Familiarizzerete con le principali tecniche per gestire al meglio i vostri investimenti.
- ✓Scoprirete quanto l'emotività sia il principale nemico per chi decide di operare in Borsa, sia per i professionisti sia per i principianti.
- ✓Approfondirete il concetto di speculazione e quali sono i suoi aspetti positivi e quelli negativi.

Capitolo 8

Le tecniche e le regole per l'investimento

In questo capitolo

- Perché è così importante differenziare e come farlo nel modo migliore
- Operare in Borsa significa tenere sempre sotto controllo i propri investimenti
- Le perdite possono svolgere un ruolo positivo nell'investitore

Differenzia sempre i tuoi investimenti

Le principali tecniche di investimento

L'investimento è un'arte vecchia quanto il mondo e dunque altrettanto datate sono le regole generali che lo guidano. Il precetto più importante è sempre quello della **diversificazione**, cioè della suddivisione del proprio investimento su vari beni. Questa distribuzione è necessaria per evitare di subire danni economici eccessivi in caso di forte perdita del valore di una delle attività finanziarie in cui si è investito. Il proprio successo finanziario non può dipendere dall'andamento di un solo titolo.

La seconda regola degli investimenti è la **gradualità** nella loro effettuazione: si compra un po' per volta, si vende un po' per volta. Anche questo modo di agire rappresenta una diversificazione, perché in questo caso a essere differenziati sono i tempi di investimento e disinvestimento, invece che delle attività finanziarie. Lo scopo di questa regola è quello di evitare di effettuare i propri investimenti e disinvestimenti nei momenti peggiori, cioè di acquistare quando i prezzi sono al massimo e di vendere quando i prezzi sono al minimo.

Il metodo che massimizza la gradualità dell'investimento è quello del cosiddetto **Piano d'Accumulo Capitale (PAC)**, che consiste nell'investire a rate costanti lungo un periodo di tempo sufficientemente lungo (almeno qualche anno). In questo modo si acquista l'attività finanziaria a vari prezzi, mediando i valori più alti. Inoltre, la rata costante fa sì che quando i prezzi sono più bassi si possa acquistare una quantità maggiore, mentre quando i prezzi sono più alti si acquisti una quantità minore. In

(continua)

(segue)

questo modo il piano di investimento si adegua in automatico alla maggiore o minore convenienza dell'attività finanziaria nel momento in cui avviene. Il Piano d'Accumulo non garantisce sempre il successo, ma aumenta drasticamente la probabilità di ottenerlo. L'unico caso in cui produce delle perdite e quello nel quale l'attività finanziaria perde progressivamente il valore durante tutto il periodo in cui il PAC viene effettuato.

Per chi invece vuole effettuare trading, la regola da seguire è senz'altro quella della **flessibilità**, cioè della capacità di adattarsi all'andamento del mercato. Questo significa effettuare operazioni sia al rialzo sia al ribasso. Lo studio dell'andamento dei prezzi diventa irrinunciabile, in quanto si può avere successo in un'attività speculativa solo tagliando le perdite e lasciando correre il più possibile i profitti. Per fare ciò, ormai, lo strumento più utilizzato è senz'altro l'analisi tecnica dei prezzi, cioè lo studio delle loro tendenze.

Nella Figura 8.1, che raffigura l'andamento dell'indice Dow Jones nell'ultimo decennio, possiamo vedere una forma molto elementare di analisi tecnica, cioè il tracciamento delle *trendlines*, o "linee di tendenza", che uniscono i minimi durante le tendenze rialziste e i massimi durante le tendenze ribassiste. Quando il prezzo attraversa la linea di tendenza significa che è molto probabile che il trend di mercato stia cambiando e dunque occorre chiudere l'operazione che sfruttava la vecchia tendenza e aprirne una nuova contraria che cercherà di sfruttare il nuovo trend. In questo modo si lascia che sia il mercato a decidere *che cosa* fare e *quando* farlo.

Figura 8.1 Analisi tecnica dell'indice Dow Jones (2005-2015).

Il primo principio alla base di qualsiasi investimento è quello della diversificazione. È ancora valido?

Sicuramente sì. Quella della diversificazione è la prima esigenza che è stata correttamente individuata dalla scienza dell'investimento. Tutto sommato possiamo dire che è vecchia quanto il mondo, poiché da sempre chi viveva di più attività, nel caso in cui una di esse fosse andata male, aveva le altre che continuavano a sostenerlo.

Beh, continuavano a sostenerlo a patto che anch'esse non andassero male.

Esattamente, ma proprio qui sta il punto. Diversificare significa investire in attività diverse tra di loro, non in attività distinte ma simili, poiché in quest'ultimo caso non si attua una diversificazione, ma una semplice distribuzione. Faccio un esempio: diversificare sul mercato azionario vuol dire acquistare un titolo telefonico, un titolo energetico e un titolo bancario, non tre titoli telefonici o tre bancari. Si opera una vera diversificazione solo quando si investe in attività non correlate tra loro, cioè quando l'andamento dell'una è diverso da quello dell'altra. In questo modo si guadagna sicuramente meno che investendo tutto il proprio capitale nel titolo migliore, ma si rischia molto meno, proprio perché i guadagni dei titoli che vanno bene ripianano le perdite generate da quelli che vanno male.

Però i gestori acquistano diversi titoli dello stesso settore.

Certo, ma in quel caso si differenzia tra i Paesi o all'interno dei settori. Comunque sono operazioni che si possono fare quando si hanno notevoli capitali da investire.

La forma più semplice di differenziazione rimane invece quella tra le tipologie di attività finanziarie, cioè tra azioni, obbligazioni, liquidità ecc. Subito dopo viene la diversificazione tra vari settori della stessa classe di attività, cioè, come detto, azioni di società telefoniche, bancarie, energetiche, alimentari ecc.

CONSIGLIO

In conclusione, chiunque può diversificare in maniera efficace?

Assolutamente sì. L'importante è essere convinti che i soldi si fanno non guadagnando molto qualche volta, non facendo i cosiddetti "colpi", ma guadagnando il più spesso possibile e ciò può accadere solo differenziando.

Taglia le perdite e lascia correre i profitti

RICORDA!

Sembrerebbe la regola del trading perfetto...

E lo è! Questo principio riassume il significato ultimo del trading, vale a dire guadagnare il più possibile quando le cose vanno bene e perdere il meno possibile quando le cose vanno male. Iniziamo a vedere che cosa vuol dire tagliare le perdite.
Nel trading non tutte le operazioni possono essere vincenti e questo non necessariamente per colpa di chi opera, ma molto spesso a causa dei falsi segnali che il mercato a volte fornisce. Anche al professionista, dunque,

capita di essere ingannato, ma quando succede egli chiude l'operazione prima che essa produca una perdita significativa. Dopo di che, prima di compiere l'operazione successiva, aspetta un nuovo segnale, una nuova intuizione. Non ha fretta di rifarsi, perché sa che le perdite fanno parte del gioco, va piuttosto a caccia di una buona occasione.

Un atteggiamento prudente, dunque, anche per un professionista...

Certo! In questo modo il professionista protegge il proprio capitale, lo difende dalle perdite, lo conserva per l'occasione successiva, che è la cosa più importante. In sintesi, limita il rischio.

E per quanto riguarda il lasciar correre i profitti?

È fisiologico che a volte si subiscano delle perdite. Quando le cose vanno bene si deve guadagnare abbastanza per coprire queste perdite e ricavarne un utile. Ecco perché bisogna lasciar correre i profitti: per guadagnare il più possibile e per reintegrare il proprio capitale. Naturalmente anche le operazioni in utile vanno chiuse quando il guadagno inizia a essere intaccato in maniera significativa. In quel caso bisogna avere la forza di chiudere l'operazione e accontentarsi del profitto conseguito, perché la regola fondamentale è che sui mercati finanziari si guadagna quanto i mercati stessi lasciano guadagnare, e non quanto si vuole. Se invece l'operazione prosegue con profitto crescente, bisogna lasciarla correre, senza farsi prendere dalla fretta di concluderla. Ciò che conta, lo ribadisco ancora una volta, è la capacità di adeguarsi all'andamento del mercato.

Combatti l'emotività con la programmazione

Un buon principio. Ma credo difficile da applicare...

Sì, purtroppo sì. Eppure si tratta solo di iniziare, perché una volta sperimentati i vantaggi della programmazione non si riesce più a farne a meno. Tuttavia, per accettare l'idea di programmare i propri investimenti bisogna prima accettare alcune idee di base:

1. Se si perde si deve chiudere, e non stare ad aspettare e sperare che le cose migliorino. Le grandi perdite iniziano sempre così.
2. Se i titoli su cui stiamo guadagnando a un certo punto corrono troppo, anche se ciò ci entusiasma, è meglio chiudere almeno una parte della posizione. Perché quando la volatilità dei prezzi diventa eccessiva, in caso di storno, il movimento inverso sarà altrettanto violento, quindi è meglio prevenirlo, anche a costo di rinunciare a parte del profitto.

3. Se invece la crescita è regolare occorre tenere aperta la posizione il più possibile, senza farsi prendere dall'ansia. I trend che crescono a una velocità ragionevole sono sostenibili per molto tempo.

Se si accettano questi principi è possibile programmare la nostra operazione, che avrà un livello e un momento di inizio, uno di conclusione e uno di stop loss, cioè di chiusura, anche se in perdita, nel caso le cose vadano male.

RICORDA!

E tutto questo è sufficiente a contrastare l'emotività?

Sicuramente. La programmazione serve per sapere che cosa fare quando la tensione ti impedisce di ragionare con lucidità. In quei momenti è meglio lasciare da parte i timori o le intuizioni dell'ultimo momento, se esse sono in contrasto con i nostri programmi, e seguire il nostro piano.

CONSIGLIO

Ma seguire un piano che contrasta con il nostro stato d'animo provoca comunque stress...

Certo, ma almeno non sbagliamo. Se anche poi l'intuizione dell'ultim'ora si rivelasse corretta e noi non l'abbiamo seguita, pazienza! Spesso è il mercato che inganna, che confonde, che cambia le carte in tavola. Un piano è un modo per non farsi ingannare, anche se ci tiene le mani legate. Oltretutto è dimostrato che il trading o, peggio, l'investimento effettuato in maniera emotiva sono sistematicamente perdenti, cioè per ogni operazione vincente ve ne sono almeno tre perdenti.

Questo non limita la fantasia, la creatività? Per molti questi sono aspetti importanti!

Veramente uno può benissimo costruire un piano creativo ma anche logico. Non vedo limiti da questo punto di vista. Per quanto riguarda l'operatività istintiva, o è solo apparentemente istintiva, ma in realtà è il frutto, magari inconscio, dell'applicazione di regole imparate nel tempo, oppure è un gioco d'azzardo e non è più un investimento.

Lascia che sia il mercato a decidere

RICORDA!

Non c'è il rischio che sia scambiato per un invito alla passività?

È soprattutto un invito a non combattere i mulini a vento! Mi spiego: i mercati sono fatti da tanti soggetti e i flussi che vi sono scambiati rappresentano molto, moltissimo denaro. Di conseguenza, il singolo investitore, per grande che possa essere, rappresenta solo una delle pedine del gioco. Ciò significa che non ha molto potere di mercato, almeno sui titoli e sulle attività finanziarie più liquide. Pertanto, il prezzo che si viene formando sarà da accettare passivamente, senza avere cioè molte chances di influenzarlo in qualche modo. Da qui nasce l'esigenza di studiare strategie che permettano di realizzare profitti anche senza comandare i mercati, cioè regole per sfruttare al meglio i prezzi che il mercato determina autonomamente.

Le strategie che proponiamo in *Investire For Dummies*...

Esattamente. Ma tutte le strategie che proponiamo si basano sullo sfruttamento intelligente dei movimenti di mercato, non presuppongono di determinarli. Sono tutti metodi per osservare, agire e raccogliere i risultati. Non è necessario tessere le fila del mercato per far soldi, è sufficiente sapersi muovere con chiarezza, determinazione e flessibilità.

Che cosa succede, allora, sui titoli meno liquidi, cioè meno scambiati?

Apparentemente è più facile influenzarne il prezzo. In pratica ciò può essere un'arma a doppio taglio. Vediamo perché. Per muovere il prezzo di un titolo occorre operare acquisti o vendite di importo molto rilevante rispetto alla media degli scambi. Ma, una volta effettuata l'operazione, per poterne trarre beneficio occorre svolgere l'operazione di segno opposto, che provocherà l'andamento contrario del prezzo. Si tenderà, insomma, a tornare al punto di partenza in termini di prezzo. Chi vuole influenzare l'andamento di un titolo deve muoversi come il fatidico elefante nella cristalleria.

E se, invece, il primo movimento di prezzo attira investitori con cui chiudere l'operazione senza far sì che il prezzo torni al punto di partenza?

Questo è un altro problema, cioè quello di chi corre a compiere operazioni sui titoli poco liquidi dopo grandi movimenti di prezzo. Questa è una condotta ad altissimo rischio, perché quando i titoli si muovono molto velocemente in una direzione, la successiva correzione può essere altrettanto violenta e, per giunta, imprevedibile. I titoli poco liquidi sono attività finanziarie sulle quali occorre operare in anticipo rispetto al movimento di prezzo che si attende, sia quando si apre l'operazione sia quando si chiude. In questo modo è possibile ridurre il rischio di essere danneggiati da un'operazione di dimensioni elevate rispetto alla media degli scambi del titolo. È, in fondo, un altro modo per adeguarsi con successo all'andamento del mercato pur senza averne un qualsiasi tipo di controllo.

Compra sulla voce, vendi sulla notizia

È una regola di cui si sente parlare spesso. Eppure, in prima analisi, sembrerebbe andare contro la prudenza.

Il fatto è che la Borsa anticipa gli avvenimenti e lo fa perché, come abbiamo detto in precedenza in questo libro, nasce come mercato a termine, cioè come luogo in cui si può concludere oggi un affare che si perfezionerà con il pagamento e la consegna della merce solo dopo un certo periodo di tempo. Ciò fa sì che sia possibile acquistare oggi ciò di cui si avrà bisogno tra un po' di tempo.
I mercati a termine, infatti, sono nati soprattutto per lo scambio dei prodotti agricoli, prodotti che, in molti casi, venivano scambiati prima ancora di essere raccolti. Detto questo, è facilmente comprensibile come alla Borsa e ai mercati finanziari interessa ciò che accadrà domani, piuttosto che quello che succede oggi.

Questo spiega perché comprare sulla voce. Ma è sufficiente per vendere sulla notizia? Perché non attendere, per esempio, una voce o una notizia contraria?

Perché di solito è troppo tardi. Mi spiego: i soldi si guadagnano quando si riesce ad anticipare il mercato, cioè quando si acquista prima che il prezzo salga e si vende prima che il prezzo scenda. Però sulla voce non tutti acquistano, quindi chi lo fa anticipa il resto del mercato, o per lo meno quella parte che non ha ancora acquistato. Ma se si è riusciti ad anticipare il mercato con successo, rischiando che la voce non fosse vera, la pubblicazione della notizia diventa il momento in cui ha termine il tema speculativo ed è di conseguenza massimo l'effetto di anticipo di chi è stato lungimirante, cioè il suo guadagno. A quel punto non ha più senso continuare a rischiare mantenendo aperta la posizione. È meglio chiudere prima che, per esempio, la notizia deluda il mercato che, nell'attesa della sua pubblicazione, ha magari fantasticato chissà che cosa.

E chi non riesce a cogliere in tempo la voce ma riceve solo la notizia?

Non può operare utilizzando questa strategia, perché essa richiede una dedizione assidua e un accesso tempestivo alle informazioni. Malgrado negli ultimi anni Internet abbia portato un enorme miglioramento dell'informazione finanziaria, operare con questo metodo comporta ancora costi piuttosto elevati, almeno per il piccolo risparmiatore. Inoltre, richiede una buona capacità di intuito e una solida propensione al rischio. Tuttavia, anche senza andare a caccia di voci, è possibile capire che sta succedendo qualcosa semplicemente osservando i comportamenti dei prezzi e notando, per esempio, la violazione di un massimo o di un minimo importante. Esistono varie tecniche di trading. L'importante è scegliere e imparare a utilizzare quella o quelle di cui si può avere il pieno controllo.

Compra sempre nella maniera giusta

Un principio valido in tutti gli aspetti della vita. Perché è necessario applicarlo ai mercati finanziari? Non forniscono, come ci insegnano a scuola, sempre il prezzo più corretto perché sono il luogo dell'incontro tra domanda e offerta?

Tutt'altro! Senza nulla togliere ai libri di scuola, la pratica dimostra che i mercati finanziari spesso danno i numeri, sia nel bene sia nel male. E ciò per una serie di motivi. Tanto per cominciare, non tutti i titoli sono liquidi, cioè facilmente scambiabili. Se il titolo non è liquido, comprarlo può essere un problema, ma anche un'opportunità. Infatti, quando ciò succede, chi sta dalla parte della scarsità comanda. Se i compratori sono molti, comanda chi vende, e viceversa. In questo caso comprare bene significa fissare sempre un prezzo. Piuttosto, non svolgere l'operazione se il prezzo che si ottiene dal mercato non è quello desiderato.

Quando si vende è un po' diverso, perché in questo caso, avendo il titolo, si ha il rischio. Però anche in questa situazione bisogna mantenere un minimo di sangue freddo e non farsi prendere in giro dal mercato. Attenzione soprattutto ai titoli non quotati, quindi soprattutto le obbligazioni, che spesso vengono preferite a quelle quotate perché rendono di più. Ma poi, quando si tratta di scambiarle, sono dolori. In questo caso è meglio investire solo se si è ragionevolmente certi di portarle a scadenza.

E per i titoli liquidi?

Anche in questo caso la compravendita non deve essere avventata. Ci sono molte insidie. Un errore comune che viene commesso sui titoli azionari è quello di comprare le azioni che salgono molto durante la seduta, senza cercare di attendere un possibile storno. A volte, certi rialzi repentini avvengono anche perché il mercato si "intasa" di ordini solo da una parte, o solo in acquisto o solo in vendita. Ma poi vi è sempre almeno un tentativo di riequilibrio.

Un altro errore molto comune, questa volta sui titoli di Stato, è quello di sottovalutare, specialmente sulle brevi scadenze, l'impatto che piccole variazioni di prezzo possono avere sul rendimento. Cinque centesimi in più su di un BoT a tre mesi equivalgono a venti centesimi in meno di rendimento.

Visto che si parla di prezzi, la domanda cattiva è d'obbligo! E i market maker?

Ottima domanda, ma non farei di tutta l'erba un fascio. Market maker non è una parolaccia, ma è un'attività totalmente legale e decisamente utile, non solo in ambito finanziario. Un concessionario di automobili che ritira un usato si comporta da market maker, cioè rende commerciabile un bene.

Sono le Borse a essere l'eccezione, i market maker sono la norma, perché in ambito economico sono pochi i luoghi e le situazioni in cui è possibile creare un mercato organizzato e spersonalizzato. Se il market maker è utile, cioè è sempre in grado di proporti un prezzo, è anche vero che quello lo decide lui. E qui sta il trucco che dobbiamo imparare. Fissiamo noi un prezzo, che sia ragionevole e poi non concludiamo l'affare finché non viene accettato, soprattutto, lo ribadisco, quando si acquista.
I market maker propongono sempre due prezzi: "denaro" se io voglio vendere e "lettera", più alto, se io voglio comprare. Allora, per esempio, proviamo a proporre in acquisto il prezzo denaro, invece che lettera, cioè il più basso, e vediamo che succede.
Il market maker non va accettato passivamente. Con lui bisogna contrattare, proporsi, essere attivi e molto attenti, lo ripeto per la terza volta, soprattutto quando si compra.

Controlla quello che puoi controllare, gestisci quello che non puoi controllare

Sembra una regola interessante e sofisticata...

Lo è, ma parte da un invito alla lucidità, all'analisi fredda e razionale di che cosa significhi investire o fare trading. Significa essere uno dei tanti soggetti che operano, uno tra i tanti, quindi non avere nessun controllo dei mercati, ma esserne sempre in balia. Il mercato decide da sé dove andare. Naturalmente esso è formato da tanti singoli, ma il loro comportamento collettivo è molto difficile da prevedere. Anche chi ha i mezzi e tenta di influenzare l'andamento dei mercati o dei singoli titoli non ha grandi probabilità di riuscita, a meno che non si inneschi un comportamento collettivo che va nella direzione sperata.

Dunque non è possibile, almeno per l'investitore medio, controllare il mercato. Ma allora che cos'è che l'investitore può controllare?

Può controllare le proprie azioni, la propria attività di investimento, e non è poco. Anche di fronte a un fenomeno collettivo di cui non si ha il controllo vi sono dei comportamenti migliori di altri per non essere danneggiati. Se quando guidi l'auto un altro veicolo non rispetta la tua precedenza, tu ti fermi e cedi il passo anche se non dovresti pur di evitare l'incidente. Non hai il controllo dell'altro veicolo, eppure eviti l'incidente. Lo stesso vale per i mercati finanziari. Tu non puoi decidere il livello dei tassi di interesse come invece può fare la banca centrale, ma se pensi che li abbasserà acquisterai titoli obbligazionari a tasso fisso. In questo modo, anche senza bisogno di controllare la politica monetaria del Paese, riuscirai comunque a guadagnare.

È un invito a essere furbi?

Senz'altro, ma non solo. Si tratta di capire che applicando semplici regole si gestiscono fenomeni complessi di cui non si ha il controllo. Le regole di trading servono a far soldi sui mercati finanziari osservando semplicemente i prezzi, senza preoccuparsi di cosa li determina. Se poi uno lo sa, tanto meglio, ma non è necessario saperlo. Ecco perché queste regole sono così importanti.

Che cosa bisogna fare, allora, per controllare meglio i propri investimenti?

Prima di tutto investire solo in mercati e strumenti che si conoscono. Se non si conosce l'investimento non si ha il controllo.

Poi occorre controllare il più spesso possibile l'andamento dei propri investimenti, senza farsi prendere dall'ansia, anche a costo di subire stress da questo controllo regolare. È meglio arrabbiarsi ma rimediare a un errore, piuttosto che essere sereni anche se si perde.

Terzo, se l'investimento provoca perdite, non accanirsi in quell'operazione per rifarsi immediatamente, ma chiudere l'operazione, capire che cosa è andato storto e non investire più in quella tipologia di strumento finché non si ha ben chiaro che cosa è successo.

Quarto, capire bene qual è l'orizzonte temporale corretto del proprio investimento. Se, per esempio, devo parcheggiare la mia liquidità in attesa di comprare casa, non posso investire in una polizza vita solo perché ha il capitale garantito, perché in genere non è possibile riscattarla in un tempo così breve.

Quinto, imparare a dosare il proprio capitale in base al tipo di investimento. Se investo in uno strumento ad alto rischio devo farlo con una parte molto limitata del mio capitale, tale che la sua eventuale perdita non comprometta il mio tenore di vita.

Se io rispetto queste e altre regole, il fatto di non controllare i mercati ha un impatto limitato sul mio patrimonio se le cose vanno male, mentre posso avere dei guadagni soddisfacenti se le cose vanno per il verso giusto.

Opera su periodi di tempo differenti

Operare su periodi di tempo differenti vuol dire, sostanzialmente, attuare strategie differenti?

Hai colto subito il nocciolo della questione. Se io investo con più ottiche temporali, di fatto attuo più di una strategia, vale a dire una di breve, una di medio e una di lungo periodo. Questo è un modo per differenziare i miei investimenti, è la regola della differenziazione di cui abbiamo già parlato. La maggior parte degli investitori conosce, chi più, chi meno, i vantaggi del diversificare utilizzando vari strumenti finanziari, ma probabilmente non conosce la possibilità di utilizzare lo stesso tipo di investimento differenziando le strategie con cui si gestisce la propria posizione.

E come si possono differenziare, allora, le strategie?

Ci sono vari modi per farlo. Molte volte lo si fa senza nemmeno rendersene conto. Quando noi abbiamo un titolo su cui stiamo guadagnando e ne vendiamo una parte, di fatto dividiamo il nostro capitale in due parti: una che viene liquidata e un'altra che rimane investita. Questa doppia strategia ha senso quando il quadro non è ben chiaro e quindi noi allochiamo una parte di capitale per ogni possibile scenario. La parte che viene disinvestita è al riparo da cadute delle quotazioni, mentre la parte investita beneficerà di una ripresa del rialzo ma, naturalmente, rimarrà esposta al rischio.

Insomma, un modo per cercare di tenere il piede in due scarpe, come si suol dire...

Certamente, anzi questo è proprio quello che si deve fare sempre. La finanza non è un ambiente da leoni, ma piuttosto è uno dove vivono meglio le formiche operaie.

Altri modi per differenziare nel tempo?

Abbiamo visto come diversificare nel vendere. Si può farlo anche nel momento in cui si acquista. Cioè si può continuare ad acquistare un titolo lungo il suo rialzo, facendolo però a volte nei momenti di forza, a volte nei momenti di debolezza. In questo modo possiamo operare una differenziazione importantissima. Infatti, quando si compra sulla forza si scommette su un trend davvero potente, mentre quando lo si fa sulla debolezza ci si mette in condizione di sfruttare ogni minima correzione. Si tratta di una strategia davvero completa, specie se combinata con quella di cui abbiamo parlato da attuare quando si vende.

A questo punto una domanda che in molti si pongono: qual è la differenza tra breve, medio e lungo periodo?

Questa è un'ottima domanda e la risposta varia da investitore a investitore. Ma la regola è che il breve periodo è quello minimo che ti è necessario per gestire in maniera sicura le operazioni. Per un trader online può essere rappresentato da una manciata di secondi; per un privato sempre in movimento per lavoro può anche essere una settimana.
Il medio periodo è l'orizzonte temporale minimo nel quale investi senza pretendere subito un ritorno positivo, cioè il minimo periodo che sei disposto a attendere prima di giudicare la bontà dell'operazione.
Il lungo periodo è il periodo massimo che sei disposto a attendere prima di disinvestire. Per i giovani possono essere pochi anni, viste le molte esigenze, per una persona senza problemi economici può anche durare tutta la vita.

Riduci i tuoi investimenti dopo una serie di successi

Ridurre i propri investimenti proprio quando si inizia a prenderci gusto? Eh sì, sembra assurdo ma va fatto. Chi non lo fa rischia, a un certo punto, di trovarsi in una situazione in cui tutto va storto e non capisce il perché!

CONSIGLIO

Io già non capisco perché sia necessaria questa riduzione.

È un'esperienza che solo chi ha avuto a che fare veramente con i mercati comprende fino in fondo. È una regola molto sottile, che evita di cadere in una trappola molto diffusa. Ma andiamo per gradi. Quando tu investi, più ancora se fai trading, tendi a concentrare molte energie mentali e molto tempo sui mercati, ma più in particolare sui titoli su cui hai investito. Ciò è necessario, altrimenti corri il rischio di non accorgerti in tempo di qualsiasi cambiamento che influenzi l'andamento dei tuoi titoli. Però, a meno che tu non stia investendo su molti mercati diversi tra loro, meglio se in diverse aree geografiche, tenderai, giorno per giorno, a concentrarti troppo sui tuoi titoli, sul tuo mercato. In particolare se le cose vanno bene e ti sembra quindi di aver capito tutto o, almeno, di aver colto tutti gli elementi più importanti. Così facendo, però, inizi a trascurare altri mercati e altre notizie, che all'inizio non sono molto importanti o comunque non portano subito cambiamenti significativi, ma con il tempo possono veramente ribaltare la situazione.

Quindi staccare un po' la spina dà il tempo di riflettere.

Esatto! Riducendo un po' le proprie posizioni, naturalmente quando il mercato lo rende più opportuno, cioè quando la tendenza inizia a cambiare, fa sì che si abbia più tempo per informarsi sulle variabili che si sono trascurate e che ci si possa ridisegnare un quadro più completo.

Quindi, se è meglio ridurre gli investimenti quando le cose vanno bene, a maggior ragione lo si dovrebbe fare quando le cose vanno male.

Altroché! Anzi in questo caso occorrerebbe arrestare del tutto la propria attività, specie se si tratta di trading, perché se si continua a perdere è probabile che non ci si stia capendo nulla. Non c'è da vergognarsi, ogni tanto succede anche ai professionisti. In questo caso fermarsi serve non a riflettere, ma proprio a ricominciare da capo dopo aver capito tutto quello che non si era capito. Salvo interrompere nuovamente se i risultati dovessero essere nuovamente negativi.

E chi proprio non può fare a meno del trading.

Dovrebbe ridurre il capitale investito o passare a un'operatività meno esasperata per ricavarsi anch'egli del tempo per riposare e riflettere. Anche il riposo è un elemento fondamentale. La mente deve essere lucida e razionale. La tensione e la stanchezza portano soprattutto errori.

Capitolo 9

Gli errori da evitare nell'investimento

In questo capitolo

- L'emotività è il peggiore pericolo di un investitore
- Quali sono i principali e i più comuni errori quando si investe
- Che cos'è un evento raro e perché non si deve sempre temere

Non investire emotivamente

Gli errori nell'investimento

L'investimento è un'attività aleatoria, perché il suo esito dipende da fattori in gran parte imprevedibili. Per questo motivo le decisioni vengono prese in condizioni di **incertezza**, la quale rende difficile capire a posteriori se il risultato di una decisione di investimento non è stato soddisfacente per colpa del mercato o per colpa di errori di metodo. Per l'investitore, soprattutto per quello alle prime armi, questa difficoltà rende difficile la gestione del proprio risparmio. Può distorcere qualsiasi giudizio sulla convenienza delle proprie azioni passate, nel senso che può far credere erroneamente che gli errori siano profittevoli, così come può far credere, sempre in maniera ingannevole, che la prudenza sia inutile o troppo costosa. Questa è però la natura vera dei mercati finanziari. Pertanto, l'investitore consapevole deve accettarlo e imparare a non farsi prendere dall'emotività, perché oltretutto i mercati finanziari spesso sono contraddittori, quindi non possono offrire quella sicurezza di cui si va alla ricerca.

Combattere le emozioni, ancorché difficile, è un modo per ridurre gli errori e per avere il più possibile il controllo della propria situazione finanziaria. Un errore comune è quello di seguire le "soffiate", cioè i consigli di quelle persone che si credono competenti o che lavorano nel settore finanziario. Spesso si tratta di consigli del tutto privi di valore. Altrettanto spesso sono informazioni che il mercato ha già abbondantemente scontato, quindi la cosa più probabile è che la tendenza dei prezzi su cui si basa il con-

(continua)

(segue)

siglio che si riceve sia in realtà pronta a invertirsi, producendo delle perdite all'investitore.

Seguire i grandi investitori può sembrare un'ottima strategia, ma anche in questo caso le informazioni su ciò che stanno facendo arrivano in ritardo, quando i prezzi già ne tengono conto. Non tutte le strategie messe in atto dai grandi investitori sono replicabili dal piccolo investitore. Inoltre, queste strategie non sempre vengono comprese correttamente. Se per esempio una grande banca d'affari americana acquista un titolo, non significa che vi investe la metà del proprio patrimonio, come invece corrono a fare alcuni investitori privati. Quando i grandi operatori di mercato si esprimono in termini lusinghieri nei confronti di un'azione o una valuta, il loro investimento in quei titoli sarà solo parziale e farà parte di un portafoglio internazionale ben diversificato. L'annuncio dell'ingresso nel capitale di una società può far muovere il prezzo di un titolo, ma in realtà l'investimento della grande banca può rappresentare solo una parte frazionale del proprio portafoglio.

Un altro errore che molto spesso comporta delle gravi conseguenze è quello di combattere la tendenza, cioè di acquistare in un momento di forte ribasso o di vendere in un momento di forte rialzo. In altre parole, non bisogna mai pensare che il mercato stia sbagliando, perché il mercato è semplicemente l'ambiente dove si incontrano domanda e offerta. A volte è senz'altro conveniente comprare i titoli quando tutti ne parlano male, o venderli quando tutti ne parlano bene. Ma questo deve avvenire sulla base di un minimo di consapevolezza di ciò che sta davvero avvenendo sul mercato e di ciò che è davvero conveniente per il risparmiatore.

Non bisogna darsi degli obiettivi troppo rigidi nell'investimento. Occorre anzi essere molto flessibili e capire che non si può guadagnare più di quanto il mercato ce lo lasci fare. Tutte le tendenze di mercato sono piuttosto irregolari e cercare di replicare i risultati ottenuti in precedenza può voler dire chiudere l'operazione troppo presto o troppo tardi.

Quando non si capisce ciò che sta avvenendo nel mercato o sul titolo, meglio non fare nulla. Questo perché spesso non si comprende ciò che accade, non perché non si abbia sufficiente capacità di analisi, ma piuttosto perché non sta accadendo nulla, cioè il mercato non è ancora riuscito a prendere una direzione chiara, in quanto non si è ancora sviluppata un'opinione prevalente. Spesso, quindi, quando si crede di non capire nulla, si sta in realtà capendo tutto!

Continuiamo il nostro viaggio all'interno dei segreti del buon investimento. Perché è importante sapere quali sono gli errori più comuni?

Perché stigmatizzare certi comportamenti chiarisce in modo chiaro di che cosa stiamo parlando e crea la giusta mentalità per leggere con profitto il libro, per fare propri i principi che qui sono esposti e applicarli fin da subito.

Quindi tu pensi che negli errori più diffusi i lettori si possano riconoscere immediatamente?

Penso di sì, perché tutti abbiamo sbagliato nella vita, anche noi addetti ai lavori. Non c'è proprio nulla di cui vergognarsi. Vedi, i principi della finanza in sé sono molto semplici. Ciò che è complicato è la mentalità, l'atteggiamento che bisogna seguire nell'applicare questi principi. Per avere successo negli investimenti non basta imparare delle tecniche, occorre anche educarsi, cioè addestrare il proprio pensiero e imparare a dominare le proprie emozioni.

Bene, allora cominciamo. Dunque qual è l'errore più grave?

L'errore più grave è anche il più diffuso ed è proprio quello di investire emotivamente e non razionalmente.

Ma l'emotività non subentra dopo l'investimento, quando nasce l'apprensione per l'andamento e la paura di perdere?

In realtà l'emotività nasce, o meglio, prende il sopravvento molto prima, già nella fase in cui si valuta se investire o meno. In quei momenti può prevalere la voglia di guadagnare molto, quella che gli americani chiamano *greediness* o ingordigia, che riduce la percezione del rischio, quasi come se gli alti rendimenti fossero dovuti. A livello emotivo fa più danni l'ingordigia che non, in seguito, la paura di perdere.

Come si può combattere l'emotività, allora?

Non è semplice, perché l'emotività è istintiva, automatica. Per combatterla bisogna dunque trasformare l'investimento da scommessa a puro business. Occorre avere un atteggiamento distaccato, disilluso. Non è come con la lotteria dove, a fronte di una scommessa minima, si può guadagnare moltissimo. La finanza è un semplice rapporto contrattuale, nel quale i mercati pagano una certa percentuale sicura e il resto è a rischio e pericolo dell'investitore. Non c'è magia, ma piuttosto un *do ut des*, un dare per avere. Quindi bisogna aver presente quali sono il guadagno e la perdita massima possibile, le probabilità che si verifichino e poi operare un calcolo di convenienza, molto ragionieristico e poco avventuroso.

E perché, secondo te, non si usa questo metodo, non si ha questo atteggiamento?

Per vari motivi, tutti legati da una matrice comune e cioè l'inadeguata cultura finanziaria del nostro Paese rispetto alla sofisticazione raggiunta dai mercati e dagli strumenti finanziari. Inoltre, le cause dell'atteggiamento emotivo di fronte agli investimenti dipendono:

1. dall'informativa non sempre completa che per vari motivi viene fornita all'investitore;
2. dallo spirito di imitazione che contagia molta gente durante i periodi di euforia finanziaria;

3. dall'abitudine di investire senza un piano, cioè senza tener conto del tipo di attività finanziarie che si hanno già in portafoglio;
4. dall'eccessivo investimento in strumenti non quotati o di difficile liquidabilità;
5. dall'abitudine scorretta di investire troppo spesso in strumenti a lunga scadenza (per esempio le polizze vita) e poi verificarne l'andamento o addirittura liquidarli dopo pochissimi anni;
6. dalla non conoscenza di sé come investitori e in particolare della propria resistenza allo stress causato dalle perdite;
7. dalla cattiva abitudine di imitare gli investimenti altrui, magari effettuati da chi ne sa meno di noi e che per giunta non ci dice la verità sul loro andamento.

In tutti questi errori mi sembra di notare un elemento comune, cioè quello di compiere azioni di cui non si è in grado di valutare la portata.

Esattamente! È proprio come improvvisare un mestiere che non si conosce, o guidare senza avere la patente o tuffarsi in acqua senza saper nuotare.

D'accordo! Però capita a tutti di investire per la prima volta. Non mi sembra giusto che uno debba imparare l'arte dell'investimento a forza di perdite!

Infatti non è né giusto né corretto. E poi guarda che, o tanto o poco, ogni volta che si investe è quasi come fosse la prima volta, nel senso che vengono continuamente prodotti strumenti finanziari nuovi, almeno nella forma; oppure altri, già esistenti ma per pochi, vengono resi accessibili a tutti. L'esempio più eloquente è il trading online che dà la possibilità di farsi il borsino a casa propria. Questa evoluzione dovrebbe stimolarci a informarci di più, a mettere maggiormente a confronto i vari prodotti finanziari, a non aderire alla prima offerta che si riceve, a essere molto scettici con l'amico che dice di aver raddoppiato il capitale in pochi mesi e, soprattutto, ad aver paura dei guadagni troppo rapidi, perché sono proprio i più pericolosi.
È ancora troppo diffusa, a mio avviso, una concezione della finanza come sorella maggiore della lotteria. Ma è un concetto sbagliato. La finanza è un'attività a cui dedicarsi con la stessa esigenza di informazione e di attenzione della salute. Bisogna imparare a chiedere più informazioni prima di investire, a pensare di più alla sicurezza e di meno al guadagno. È difficile vivere di rendita, ma è molto facile bruciare i propri risparmi!

Sono d'accordo! E per concludere: è sufficiente evitare i sette peccati capitali dell'investimento per gestire al meglio i propri risparmi?

Forse non sempre è sufficiente per gestirli al meglio, ma è sicuramente sufficiente per iniziare a gestirli seriamente e a non gettarsi più nella mischia dei mercati, delle emozioni, dei consigli approssimativi. Sapere che cosa evitare rappresenta già la base di un metodo, che va certamente arricchito, ma che prende forma da delle regole semplici ed efficaci.

Chi è senza peccato scagli la prima pietra!

Tutti abbiamo sbagliato almeno un investimento nella vita, l'importante è che non diventi la regola, ma rimanga l'eccezione.

Non seguire le soffiate: non fanno guadagnare affatto

Questo non è proprio un argomento tecnico...

Infatti non ha nulla di tecnico. Eppure questa credenza miete un numero di vittime pari, se non superiore, a quello degli errori tecnici.

Ma dopo la prima "fregatura" non si smette di crederci?

È più facile che si cambi la fonte delle soffiate, ma si continua a crederci. Questo tipo di atteggiamento nasce dalla voglia di affidarsi a qualcuno che ne sappia più di noi. E fin qui nulla di sbagliato. Il problema è che c'è una bella differenza tra un vero consulente, il quale a volte sbaglia e non ha notizie privilegiate, e un guru, che pretende di sapere cose che altri non sanno o di vedere cose che altri non vedono. In questo caso si possono verificare due situazioni. O ci si affida a qualcuno poco onesto, il quale opera in controtendenza rispetto a noi, cioè ci dice di comprare perché lui deve vendere, oppure si segue un vero guru, cioè una persona onesta ma illusa, che durerà fino al crack di Borsa successivo, come dice giustamente Martin Pring, un famoso analista americano.

CONSIGLIO

Non ci sono, quindi, esperti migliori di altri?

Ci sono, ma è difficile individuarli, perché come ho detto prima, anche loro sbagliano. Il consiglio che posso dare per capire la differenza tra un vero professionista e una persona poco competente è quello di non fermarsi ad accettare subito l'indicazione, ma chiedere quali sono gli elementi che la giustificano, le ragioni della sua sicurezza. Se si ottiene una risposta tecnica, si può provare a fidarsi; se ci si sente dire, invece, che in qualche banca o in qualche SIM o in qualsiasi altro ambiente si sa che certamente succederà qualcosa, meglio lasciare perdere. Anche perché vi sono casi in cui i guru sono a loro volta vittime di altri guru, dai quali attingono le loro informazioni.

Meglio dunque chi lascia un margine d'incertezza?

Assolutamente sì. Se non altro si dimostra obiettivo. Ancora meglio poi chi ci indica anche che cosa fare se le cose non vanno come previsto e quali sono gli elementi che potrebbero far fallire l'operazione. Chi tace questi elementi, che potrebbero scoraggiare l'investimento, o è incompetente oppure è poco onesto. Non a caso la normativa finanziaria prevede che si indichino i rischi dei prodotti finanziari e delle operazioni che si compiono su di essi.

Non seguire la massa, perché di solito sbaglia

A quanto pare, però, pochi seguono questa regola, visto che molti risparmiatori cadono sempre negli stessi errori.

Il fatto stesso che gli errori siano diffusi significa che in molti vi cadono. A questo punto la domanda diventa: come mai così tanti sbagliano? Le ragioni sono di due tipi: culturale e psicologico. Da quando esistono i mercati finanziari accade regolarmente che, quando le cose vanno male, rimangono in pochi a operare e sono quelli che conoscono bene le Borse, le loro regole e le tecniche per guadagnare. Questo è l'ostacolo culturale. A mano a mano che la situazione migliora, diventa sempre più facile guadagnare, diventa meno importante cogliere il momento giusto per investire e quello giusto per realizzare, perché il mercato inizia a perdonare gli errori, dato il momento favorevole, e le possibilità di sopravvivenza, cioè di guadagno, dei meno esperti aumentano. Questo fa sì che ritorni a operare anche chi conosce poco i mercati. Questa apparente facilità dei guadagni è la componente psicologica che crea le bolle speculative.

Appunto, che cosa succede quando si formano le bolle?

Succede che il rischio cresce vertiginosamente perché la speculazione crea altra speculazione. Più le Borse salgono, più fanno notizia. Più fanno notizia, più gente viene invogliata a investirvi e illusa dalla prospettiva di guadagni facili. Ma, se è facile guadagnare, diventa ancora più facile illudersi che non occorra essere esperti per investire e sia sufficiente fare quello che fanno gli altri. Tutto il denaro che di conseguenza entra in Borsa alimenta ancora di più la bolla, la quale cresce in modo esponenziale.

Poi, a un certo punto la bolla esplode...

Già e a quel punto le illusioni crollano. Non si vende in tempo, perché si crede che ciò comporti una perdita, mentre invece si sta già perdendo. In questo modo ci si condanna a guardare il prezzo dei propri titoli che scende per mesi o anni, giurando a se stessi di non cascarci più. In questo modo rimangono a operare solo quelli che sanno cavarsela. Gli altri rientreranno la prossima volta che i guadagni sembreranno facili, cioè durante la bolla successiva.

Una regola crudele. Non c'è un modo per imparare a limitare i danni prodotti dall'eccessiva speculazione?

Certo che c'è. Basta seguire il principio secondo il quale conoscere i mercati significa sapere che il rischio è minimo proprio quando serpeggia il pessimismo generalizzato. Pessimismo diffuso vuol dire niente bolle. Anzi, semmai rischia chi si mette al ribasso.
Il pericolo sale invece quando ci si accorge che si investe con troppo entusiasmo, troppa fiducia, troppa leggerezza. Ecco perché a Piazza Affari i risparmiatori venivano chiamati, con un certo disprezzo, "Parco Buoi", perché non appena i buoi entravano in Borsa iniziava la mattanza.
La regola per evitare di fare la fine del bue è quella di studiare i mercati e le loro tecniche, in modo da riuscire a guadagnare sempre, così che sia possibile ridurre, invece che incrementare, il proprio rischio quando la bolla si gonfia e che sia possibile capire per tempo quando scoppia.

Non tentare di imitare i grandi investitori, cerca piuttosto di capire che cosa fanno

Perché limitarsi a capire e non tentare anche di seguirli?

Perché non sempre le operazioni che compiono i grandi investitori sono indicate anche per l'investitore medio. Se si tratta di acquistare un titolo non ci sono problemi. Il fatto è, però, che anche quando le grandi banche di investimento forniscono una raccomandazione d'acquisto su di un titolo, non lo fanno mai pensando solo a quel titolo, ma a tutto il resto del mercato, o almeno agli altri titoli principali, che spesso possiedono nel loro portafoglio. Quindi la logica con la quale vengono divulgati certi giudizi è molto più complessa di quello che potrebbe apparire.

E questo che conseguenze potrebbe avere?

La conseguenza più importante è che i risultati saranno spesso diversi da quelli che ci si aspetta. Infatti, il più delle volte vengono indicati titoli buoni, ma forse fin troppo, nel senso che vengono scartati altri titoli che, o per la liquidità non adeguata a un grande portafoglio o perché non sono compresi in un certo indice, non sono ritenuti idonei per il grande investitore, ma sono altrettanto interessanti, se non di più, di quelli proposti. L'esempio classico sono le azioni di risparmio, quasi mai indicate ma molto appetite, e a ragione, da svariati investitori.

E poi a volte anche i grandi operatori di mercato sbagliano...

Certamente, e anzi negli ultimi decenni di errori ne hanno commessi tanti. Però non generalizzerei. C'è chi ha sbagliato di più e chi lo ha fatto di meno. Comunque, ribadisco, certi giudizi rispecchiano politiche di portafoglio ben precise e non sempre replicabili con il semplice acquisto della singola azione.

E allora, dunque, è meglio limitarsi a capire?

Direi: anzitutto capire! Questo eliminerebbe una possibile fonte di delusione. Comunque il mercato è pieno di soggetti che possono dare spunti interessanti per chi segue la finanza. Basti pensare ai grandi finanzieri. Questi spesso acquistano i titoli di società che passano o stanno passando brutti momenti, ma con prospettive di ripresa. Detengono questi pacchetti per qualche anno e poi li rivendono, guadagnandoci spesso parecchio denaro. Direi che comunque, più che acquistare i titoli a cui essi sembrano interessati, è utile capire quando questi personaggi iniziano a muoversi, perché generalmente lo fanno quando i prezzi sono interessanti rispetto alle prospettive. È soprattutto la scelta della corretta tempistica ciò che i protagonisti della finanza possono suggerire.

Quindi mandare i grandi in avanscoperta e poi seguirli?

Non necessariamente seguirli. Diciamo che la loro attivazione deve essere un segnale importante, un elemento di cui tener conto assieme ad altri, come per esempio l'andamento dell'economia, dell'inflazione ecc.

Non combattere mai il trend, cioè non metterti mai contro il mercato

ATTENZIONE!

Il principio in sé sembrerebbe ovvio. Per quale motivo, infatti, un investitore o uno speculatore dovrebbe mettersi contro il mercato?

Appunto! È già così difficile guadagnare quando si cerca di assecondare il mercato, che proprio non vale la pena di combatterlo. Eppure non è poi così raro il caso in cui, di fatto, per le operazioni che si compiono si è in contrasto con esso. Ma iniziamo dal principio.
Che cosa vuol dire combattere un mercato finanziario? Vuol dire assumere posizioni contrarie alla tendenza in atto su di esso. Così, se la Borsa scende, si combatte il mercato se si è rialzisti, perché se la tendenza al ribasso

prosegue, noi perdiamo, mentre per guadagnare abbiamo bisogno che il trend s'inverta. Il problema è che spesso, quando le quotazioni dei titoli che noi possediamo scendono, non li vendiamo per paura di perdere. La realtà è che stiamo già perdendo! Più insistiamo a attendere per paura, più combattiamo il trend, maggiore sarà la nostra perdita.

Un punto di vista nuovo e interessante! Qualche altro caso in cui, magari senza saperlo, si combatte il mercato?

Un altro caso tipico e frequente è quando si continua ad acquistare un titolo mentre il prezzo scende, per fare media al ribasso. Però non tutti sanno che la media al ribasso è un atto di forza nei confronti del mercato e produce perdite fintantoché la tendenza non s'inverte e i prezzi non ricominciano a salire. Come tutti gli atti di forza esso può continuare solo per un periodo limitato, perché prima o poi la forza, nel nostro caso il capitale, si esaurisce.

Ma scusa, non viene spesso consigliato, per chi investe in fondi comuni, di attuare un piano d'accumulo proprio perché, se le cose vanno male, si acquistano quote che costano sempre meno?

Certo, ma questo è comunque un atto di forza nei confronti del mercato. Se noi suddividiamo il nostro capitale in tante quote che investiamo gradualmente, noi guadagniamo forza dal punto di vista finanziario perché, investendo in momenti diversi, cresce la probabilità di farlo in fasi particolarmente propizie e di essere compratori, invece che venditori, nei momenti negativi. In questo modo il tempo diventa nostro alleato e noi possiamo forzare il mercato.

Tuttavia, anche con un piano d'accumulo, alla fine si guadagna solo se ciò in cui si investe è cresciuto di prezzo.

Sì, ma intanto si riduce notevolmente la volatilità del valore del proprio investimento e si aumentano drasticamente le probabilità di successo, perché la scelta del momento in cui investire è meno importante, essendo diluita nel tempo.

CONSIGLIO

Concludendo, come si può evitare di combattere i mercati?

Con un'arma semplice ma efficace, la flessibilità. Essere flessibili significa aprire e chiudere le proprie posizioni in virtù dell'andamento del prezzo e non seguendo le proprie emozioni. Il mercato fa capire spesso dove vuole andare, solo che noi non sempre vogliamo vedere questi segnali, specie quando ci danno torto. Ma in Borsa è meglio subire una piccola perdita arrabbiandosi, piuttosto che accettare con filosofia una grande perdita.

Non operare solo al rialzo, ma anche al ribasso

Un invito alla scaltrezza o alla speculazione?

A entrambe! In realtà è un invito alla flessibilità. Uno degli elementi che manca molto spesso all'investitore medio è la voglia e la capacità di investire anche al ribasso. Eppure i ribassi sono inevitabili tanto quanto i rialzi, poiché essendo i mercati ciclici, prima o poi si sale e prima o poi si scende. Eppure si investe quasi esclusivamente al rialzo. In parte questo si giustifica con la difficoltà di operare al ribasso, per lo meno rispetto al classico investimento rialzista, per effettuare il quale è sufficiente acquistare un titolo. Questo spiega solo in parte la prevalenza degli investimenti rialzisti. Da tempo, però, esiste l'operatività in opzioni, che sono uno degli strumenti che permettono di cavalcare l'orso. Non sono un investimento per tutti, eppure molti di coloro che potrebbero operare non lo fanno perché temono i rischi dell'investimento ribassista. Ma investire al ribasso non è molto più rischioso che farlo al rialzo.

Appunto, quali sono i rischi e le opportunità della strategia ribassista?

L'opportunità viene, come dicevamo prima, dalla certezza che prima o poi i mercati scendono e dal fatto che, per motivi psicologici, i ribassi sono generalmente più brevi ma anche più violenti dei rialzi. I ribassi portano quasi sempre, se non panico, almeno molta agitazione, cosicché le posizioni vengono liquidate in fretta e i movimenti negativi diventano molto veloci. Inoltre, mettersi al ribasso offre la soddisfazione di essere tra i pochi che guadagnano quando i molti perdono. Questo faceva la gioia di molti degli incalliti ribassisti storici di Piazza Affari.
Per quanto riguarda i rischi, essi nascono proprio dalla maggior velocità dei trend negativi. Ciò fa sì che operare in ritardo crea maggiori pericoli. Insomma, ci si può distrarre meno.
I grandi operatori di mercato hanno poi il rischio di copertura, cioè vendono in anticipo titoli che poi potrebbero faticare a procurarsi, rischiando di non potere onorare il contratto o di farlo in termini troppo gravosi. Ma questo non è il caso del risparmiatore medio, perché non gli è consentito operare in questo modo.

E allora, quali sono gli strumenti a disposizione del risparmiatore medio per essere ribassista?

Ci sono i future sull'indice, vale a dire il FIB o il MiniFIB. Con essi si può andare indifferentemente sia al rialzo sia al ribasso. Vi sono poi le opzioni, cioè titoli che danno la facoltà, non l'obbligo, di eseguire una certa operazione solo se conviene. Per operare al ribasso, il modo più semplice è acquistare un'opzione put, che dà il diritto, ma non l'obbligo, fino a una certa scadenza, un mese o più, di vendere un titolo o addirittura tutto il FTSEMIB solo se conviene, cioè solo se nel frattempo il prezzo è sceso. Le opzioni costano poco rispetto al valore dell'operazione, ma hanno il difetto che, a differenza delle azioni, scadono, per cui si può perdere tutto. Esistono anche altri strumenti derivati, come ETF, covered warrant e certificate. Insomma l'offerta non manca.

Per concludere: a chi comunque vuole essere solo rialzista è utile conoscere questo principio?

Eccome! Questo principio operativo nasce, lo ripetiamo, dalla consapevolezza della ciclicità dei mercati. In Borsa, come nella Bibbia, c'è un tempo per ogni cosa: un tempo per comprare e un tempo per vendere. Questo devono saperlo tutti.

Non stabilire in anticipo i tuoi profitti

Sembra un invito alla prudenza. O alla flessibilità?

Direi soprattutto alla flessibilità, ma anche all'umiltà. Non fissare in anticipo quanto si vuole guadagnare significa soprattutto essere pronti a cambiare strategia quando le cose non vanno come ci si aspetta. Si tratta di evitare di rimanere con il classico "cerino in mano".

È molto difficile da mettere in pratica.

Dipende dall'emotività e dall'attenzione che si presta. Su quest'ultima non c'è molto da dire: per essere flessibili e pronti a adeguarsi occorre essere attenti e concentrati sui mercati. Riguardo all'emotività si può senz'altro spendere qualche parola in più: spesso le emozioni ci impediscono di essere flessibili. Il caso tipico e diffuso è quello dell'operazione in Borsa che inizia bene, vale a dire con un profitto, e poi, per qualche motivo, non viene chiusa al momento giusto. Allora viene tenuta aperta per puntiglio, per non perdere il profitto, per evitare l'arrabbiatura, ma in questo modo il profitto sfuma. Se nemmeno a quel punto l'operazione è stata chiusa, sempre per puntiglio, allora si va incontro a una perdita. Per cui si subisce, oltre al danno, anche la beffa.

Ma non sarebbe meglio cercare di porsi degli obiettivi?

Un conto è fissare un obiettivo e la cosa è senz'altro fattibile e lodevole. Un conto è accanirsi per raggiungerlo e questo non è sempre lodevole. Il risultato dell'investimento non dipende solo da noi, ma anche dal mercato; quindi, se il mercato ci lascia guadagnare meno, dobbiamo accontentarci. In finanza la testardaggine viene sistematicamente punita. La perseveranza deve essere costanza dell'adattamento all'andamento dei mercati e non mantenimento della posizione a tutti i costi.

Bisogna abbandonare molte certezze allora!

Per dirla meglio: bisogna imparare a operare con poche certezze. Per fare un esempio semplice: investire è un po' come andare in bicicletta o a cavallo. L'equilibrio su due ruote si mantiene adattando il proprio corpo al movimento del mezzo o dell'animale. E occorre un po' di tempo prima di acquisire questo equilibrio. Lo stesso principio vale in finanza. Bisogna imparare a muoversi in un mondo in cui non si può firmare un contratto e poi metterlo in un cassetto, ma occorre sorvegliare continuamente l'andamento dei mercati e dei propri investimenti e agire velocemente quando arriva il momento di farlo.

E chi non riesce a essere così vigile e attivo?

Deve investire in strumenti a basso rischio o delegare la gestione a chi è più attivo. Ma anche in questo caso deve verificare spesso l'operato del gestore.

Tuttavia, per certi investimenti, come per esempio alcune gestioni patrimoniali, non ci viene suggerito un orizzonte temporale medio-lungo?

L'orizzonte temporale medio-lungo riguarda la massimizzazione del risultato, cioè certi investimenti richiedono un certo tempo per dare il meglio, ma un gestore deve iniziare subito a far meglio del mercato, altrimenti non è il caso di affidargli il nostro denaro.

Se non capisci che cosa sta succedendo, meglio non fare nulla

Un semplice invito alla prudenza o è qualcosa di più?

È senz'altro un invito alla prudenza. Se non capisco qual è la situazione, è difficile prendere la decisione giusta. Ma è anche qualcosa di più, cioè una regola che impone di cercare sempre di capire prima di agire e non investire per semplice imitazione di qualcuno che sostiene di aver guadagnato o di qualcun altro che ci assicura che è conveniente farlo. Bisogna, al contrario, capire dove si sta investendo, quali sono i rischi e le opportunità e, soprattutto, se è il momento giusto per farlo. Naturalmente tutto ciò è difficile da mettere in pratica. Ma non si può investire senza consapevolezza di ciò che si fa. Investire non è come puntare al casinò. La puntata è una scommessa, l'investimento è un atto che deve essere basato su ragionevoli probabilità di successo.

Ma anche una scommessa, a volte, è un atto basato su ragionevoli possibilità di successo.

Per un giocatore professionista probabilmente sì. Ma a quel punto non è più un gioco, diventa una professione, rischiosa, ma pur sempre una professione. Possiamo dire che tutti dovremmo investire con la stessa consapevolezza con cui punta al gioco il professionista, ma parlo di un vero professionista, non di un malato del gioco. Le due figure sono ben diverse. Il primo ha trovato un metodo per controllare il rischio e massimizzare la vincita. Il secondo è attratto dal gioco e non ha una corretta percezione del rischio, o meglio non riesce ad agire in base a essa.

Lasciami allora fare una domanda cattiva: se capita spesso di non capire quello che succede sui mercati, vuol dire che ci si deve astenere spesso dall'investire?

Veramente se una cosa mi interessa e non la capisco cerco qualcuno che me la spieghi. Se poi ancora non l'ho capita e mi interessa davvero, ne cerco un altro, e continuo finché non incontro qualcuno che me la spiega in maniera chiara ed esauriente. Dunque chi non si intende molto di finanza si deve affidare a un buon consulente.
L'errore da evitare è semplicemente quello di compiere azioni di cui non si è in grado di valutare la portata. Tutto qui. Ma nei momenti di euforia ci si fa trasportare, eccome! Però anche in quel caso si deve rimanere ancorati a una visione logica e comprensibile e non pensare che il valore di un titolo salirà perché… "non può non salire". Questo modo di pensare ci riporta al cattivo giocatore, quello perdente, per intenderci.

E dai cattivi consulenti come ci si difende?

Cambiando consulente, non appena quello precedente ci fornisce un'indicazione sbagliata e, magari, *a posteriori* non è nemmeno in grado di spiegarci perché le cose sono andate male. Per carità, i mercati ingannano tutti, addetti ai lavori compresi. Ma il professionista serio ha un'idea di ciò che succede in ogni momento, perciò è sempre possibile chiedergli come vanno le cose e perché, e ottenere una risposta chiara. Chi è vago, chi invita a sperare o a non pensare alle perdite non è un buon consulente. È semplicemente un personaggio a cui non possiamo fare altro che delegare il compito di sbagliare.

Non darti degli obiettivi di tempo, datti degli obiettivi di prezzo

CONSIGLIO

Che cosa vuol dire esattamente?

Vuol dire non pensare mai: "Devo guadagnare entro oggi!", oppure "Ora il prezzo deve risalire per forza!", o ancora: "Devo rifarmi delle perdite assolutamente entro fine mese!". Pensieri e atteggiamenti di questo tipo comportano necessariamente una forzatura nei confronti del mercato, nel senso che l'investitore che la pensa in questo modo finisce con il fissarsi degli obiettivi di prezzo in rapporto al tempo che il mercato può non concedere. Significa che se il titolo in cui ho investito ha perso il 20% in due mesi, non sta scritto da nessuna parte che debba recuperare altrettanto entro il periodo di tempo che io stabilisco! Se e quando il prezzo di quel titolo recupererà lo deciderà solo e solamente il mercato. Dunque quel "...entro fine mese devo assolutamente..." è un po'come dire "...entro fine mese il mercato deve assolutamente!". Ma ciò non ha senso, perché il mercato va dove vuole e come vuole.

Quindi ci vuole pazienza? Oppure serve anche qualcos'altro?

Io credo che sia soprattutto necessario il rispetto per i mercati finanziari, unito alla loro conoscenza, almeno quella di base. Bisogna sapere che il comportamento del mercato è la combinazione di ciò che molti soggetti fanno, cioè, sostanzialmente, di ciò che tutti gli altri fanno. Se noi pensiamo la questione in questi termini, è chiaro che il successo sui mercati finanziari deriva dal miglior adattamento possibile al comportamento altrui. Ma ciò è possibile solo se capiamo per tempo dove va il mercato e sappiamo assumere le posizioni che consentono di sfruttare con profitto questo movimento. Noi possiamo solo capire ciò che il mercato fa, non pretendere che quello faccia ciò che piace a noi. Se partiamo da quest'ultimo presupposto la rovina è certa! Quindi, di per sé, la pazienza non conduce a nulla. E lo sanno bene coloro che hanno acquistato titoli sui quali nel tempo hanno accumulato una grossa perdita. Ne hanno avuta di pazienza! Ciò che va fatto sui mercati finanziari non è aver pazienza, o sperare, o arrabbiarsi, ma, lo ribadisco e non mi stancherò mai di ripeterlo, adattarsi. Ecco perché dico che occorre darsi degli obiettivi di prezzo: perché significa fissare in anticipo una perdita massima oltre la quale non si andrà, e significa sapere che sarà sempre il mercato a decidere quando dovremmo concludere il nostro investimento e, di conseguenza, quale sarà il nostro profitto.

Ma allora, perché i risparmiatori continuano a sbagliare?

Perché ogni volta cadono sistematicamente nella trappola dell'emotività: se guadagnano, si sentono infallibili e sono spinti a correre rischi eccessivi; se perdono, non accettano la perdita, quindi non la limitano, anzi la osservano mentre cresce, sperando che prima o poi le cose vadano per il verso giusto. Ma questo, lo ribadisco, non è un metodo professionale per gestire i propri interessi. Nessun imprenditore gestisce l'azienda seguendo primariamente le proprie emozioni e quelli che lo fanno in genere non durano molto sul loro mercato.

Non temere gli eventi rari, cerca invece di sfruttarli

Come si fa a sfruttare un evento raro?

Si tratta di partire dal principio che, proprio perché raro, i mercati lo tengono in scarsa considerazione e magari le attività finanziarie che in qualche modo vi sono legate si possono acquistare a un prezzo stracciato. Ma andiamo con ordine. Vediamo di capire che cosa si intende per evento raro sfruttabile.

RICORDA!

Credo proprio che sia il punto di partenza.

Allora, i mercati finanziari, nei loro movimenti di tutti i giorni, si muovono per lo più in risposta a eventi abbastanza regolari, quali per esempio le notizie che man mano arrivano sull'andamento dell'economia, le notizie specifiche delle società quotate, l'andamento degli altri mercati ecc. Per lo più questi eventi non generano dei veri e propri strappi nei prezzi, cioè si limitano a produrre variazioni abbastanza naturali. Per farti un esempio: un simile flusso di notizie fa variare mediamente il prezzo di un'azione dell'1% al giorno. Dunque questi non sono eventi rari, ma regolari, ripetitivi. Inoltre sono quasi sempre eventi reversibili, cioè si tratta di un flusso di informazioni che spesso si contraddice, per cui a una notizia positiva è molto probabile che segua una notizia negativa. Molto spesso, infatti, capita di dover leggere notizie che non hanno tutta la rilevanza che si potrebbe attribuire loro, data la variazione di prezzo che hanno provocato. Ed effettivamente, tutta questa importanza non ce l'hanno perché è solo questione di tempo, ma prima o poi arriva qualche altra notizia di tenore esattamente opposto. Così, sempre per fare un esempio, arriva la notizia che una certa società si è aggiudicata una certa commessa e a quel punto il valore delle sue azioni sale in Borsa. Dopo un po' di tempo succede regolarmente che arrivi una notizia negativa sulla stessa società (la perdita di un'altra commessa, qualche problema finanziario, qualche valutazione negativa da parte di qualche analista ecc.), oppure che arrivino notizie positive su altre società. Gli investitori liquideranno i capitali impiegati sulla prima società per andare ad acquistare i titoli di altre. Tutto questo non è nient'altro che il normale alternarsi di acquisti e vendite in Borsa.

E allora che cos'è un evento raro? Un fallimento? Uno scandalo?

Sì, quelli sono esattamente gli eventi rari. Ma la loro importanza non sta nella loro rarità, bensì nel fatto che spesso provocano effetti duraturi, che non si esauriscono appena arriva una notizia meno importante di segno opposto. Normalmente gli investimenti che i risparmiatori effettuano sono tali che questo tipo di notizie può solo arrecare danni. Infatti, la maggior parte degli investitori opera esclusivamente al rialzo. Però difficilmente effettuano veri e propri investimenti quando i titoli sono ai minimi storici. Così facendo, perdono quelle occasioni positive rappresentate dagli eventi rari di segno positivo, come per esempio le riprese economiche, i risanamenti aziendali, l'arrivo di nuovi soci che rafforzano le aziende ecc. Se le cose stanno così, va da sé che gli unici eventi rari a cui gli investimenti dei risparmiatori sono esposti sono solo quelli negativi, cioè tutti gli incidenti aziendali di cui tu parlavi, ma anche le crisi di Borsa, le crisi economiche, gli scandali finanziari ecc. Siccome prima o poi questi eventi si verificano, è facile capire che, per quanto riguarda l'esposizione a questo tipo di avvenimenti, l'investitore medio ha tutto da perdere.

CONSIGLIO

Sì, mi sembra un elemento molto importante. Come fare allora per rovesciare le probabilità a proprio favore?

Purtroppo non è affatto facile perché, come ti dicevo, per cercare di sfruttare gli eventi rari positivi bisogna acquistare i titoli su cui essi sono più probabili, ma per lo più si tratta di titoli che non stanno vivendo un grande momento, o per vicende legate alla società emittente oppure perché si è in una fase di debolezza della Borsa. La regola è che il vero valore si acquista laddove al momento non c'è.
Esiste una notevole letteratura finanziaria di basso livello che spiega come diventare ricchi in poco tempo mediante l'utilizzo di tecniche a volte astruse, altre volte troppo legate a singole circostanze difficilmente ripetibili. La verità è che i titoli che si apprezzano di più sono quelli che vengono comprati durante i loro momenti opachi, durante le fasi in cui il mercato non si interessa affatto a loro. Certamente ogni tanto arriva sui mercati qualche nuova "gallina dalle uova d'oro", cioè qualche azienda che viene quotata in Borsa e, pur essendo molto interessante e promettente fin dal primo giorno, continua a vedere il suo valore crescere per un lungo periodo di tempo. Ma queste sono le eccezioni.

Mi viene in mente anche un'altra possibile tecnica, e cioè quella di acquistare delle opzioni. Giusto?

Giustissimo! Questa è esattamente un'ottima tecnica per scommettere sugli eventi rari. Come abbiamo visto in precendenza nel libro, un'opzione è un contratto che ci dà il diritto, ma non il dovere, di effettuare un'operazione (acquisto o vendita) su di un'attività finanziaria entro una certa scadenza. Va da sé che sceglierai di effettuare l'operazione solo se sarà conveniente, altrimenti non farai nulla e avrai come perdita solo il costo dell'opzione, che è quasi sempre molto inferiore a quello dell'operazione vera sul titolo. È ovvio poi che tanto meno è probabile che l'operazione possa essere vantaggiosa, tanto meno costerà l'opzione. Durante un forte rialzo di Borsa, per esempio, il prezzo delle opzioni put è basso ma consente all'investitore di proteggersi contro il pericolo di un improvviso ribasso.

In questo modo le opzioni diventano una sorta di assicurazione.

Certo, un'ottima assicurazione a un prezzo veramente ridotto.

Che percentuale del proprio portafoglio dovrebbe essere investita in eventi rari?

Davvero una minima parte, perché quando essi si verificano gli sconvolgimenti di prezzo che comportano sono talmente rapidi che anche con un piccolissimo investimento si guadagna davvero molto. Inoltre, essendo eventi rari, si perde molto spesso. Pertanto, una perdita frequente deve essere necessariamente molto piccola.

Capitolo 10

Circostanze

In questo capitolo

- Che cos'è la speculazione
- Niente di nuovo sul fronte dei mercati finanziari
- Quando e perché è meglio chiudere un'operazione
- Alcuni insegnamenti dall'esperienza degli operatori di Wall Street

Profitti e perdite sono figli della stessa madre

La speculazione

Entrare in un **mercato speculativo**, come per esempio quello finanziario, significa partecipare a una gara in cui il profitto dell'uno deriva dalla perdita dell'altro. In questo campo di gara il piccolo risparmiatore non ha la forza di imporre la propria volontà al mercato, come invece riescono a fare in alcuni casi le grandi banche. Per questo motivo è necessario sapersi adeguare con flessibilità e rapidità a ciò che avviene in Borsa.

Nella speculazione **profitti e perdite sono indivisibili**, in quanto vengono generati dallo stesso meccanismo, cioè la volatilità dei prezzi. I prezzi salgono molto perché prima erano scesi molto e viceversa. In questo senso si può dire che non vi è veramente niente di nuovo sui mercati, perché a essere ripetitivo è prima di tutto il modello di partecipazione dei vari operatori che, come abbiamo detto, è di tipo fortemente competitivo.

Ma d'altra parte è proprio la speculazione a essere il motore dei mercati. Abbiamo visto nei capitoli precedenti che la ciclicità dei mercati finanziari dipende dalla ciclicità dell'economia. Entrambe sono generate dal cambiamento delle aspettative riguardo al futuro. Chi non capisce come funziona questa ciclicità è destinato a perdere, ma chi la sa sfruttare può guadagnare più di quanto sarebbe giustificato dallo sviluppo economico.

La madre sarebbe l'investimento? In questo caso sarebbe più corretto parlare di padre!

Beh, se vogliamo, possiamo individuare nell'investimento il padre dei profitti e delle perdite. Ma allora la loro madre, ciò che davvero li genera, è un'altra ed è la variabilità dei mercati.

Ma la variabilità non è invece la madre del rischio?

Certo, ma abbiamo spiegato prima che il rischio genera i rendimenti, i profitti, così come causa le perdite.

E quindi il rischio genera profitti e perdite...

Esatto. Il punto è proprio questo. La finanza è tutta qui. Eppure sono ancora in molti a non conoscere questa legge fondamentale, o a conoscerla male. E non certo per colpa loro, ma soprattutto a causa della scarsa capacità di diffusione dei concetti della finanza nel nostro Paese, a cominciare dalle scuole. Ma non andiamo fuori tema. Abbiamo già parlato del rischio in altre occasioni. Concentriamoci qui sulla variabilità dei mercati.

RICORDA!

E che differenza c'è tra variabilità dei mercati e rischio?

La variabilità dei mercati è un fatto che tu osservi, il rischio è la possibilità che questa variabilità ti faccia perdere del denaro. Se non investi nulla, la rischiosità dei mercati ti riguarda ben poco.

Chiarissimo! Dunque parliamo della variabilità.

Certo. E iniziamo a parlarne dicendo che questa variabilità dipende da due tipi di componenti: una componente ciclica, che è chiaramente legata all'andamento dell'economia, e una componente erratica o "causale", legata a eventi specifici e spesso imprevedibili o poco prevedibili. Queste due componenti, unendosi tra loro, fanno sì che i mercati siano spesso in movimento, anche se in maniera discontinua. Ottenere profitti significa cavalcare questo movimento nella maniera giusta, cioè scommettendo nella direzione corretta. Il rischio è la possibilità che in qualunque momento la tendenza si inverta per colpa della componente ciclica o di quella erratica. In quei momenti bisogna cercare di non esserci. Ma il meccanismo che muove i prezzi, che li modifica di giorno in giorno, è unico, dunque unica è la matrice che genera opportunità e rischi.

CONSIGLIO

Come fare per non esserci quando la tendenza diventa sfavorevole?

Si possono fare due cose: anticipare il cambiamento della tendenza, oppure agire con il minimo ritardo possibile. Diciamo subito che anticipare è molto difficile. Occorre uscire dal mercato o da un titolo quando ancora le cose vanno bene, ma proprio perché vanno ancora bene è difficile capire quando farlo. Ci sono tuttavia alcuni strumenti che aiutano a decidere. Innanzitutto l'analisi fondamentale. Quando i titoli iniziano a venir pagati 100 volte gli utili, o quando l'economia inizia a crescere con fatica sempre maggiore, è quantomeno saggio alleggerire le posizioni e cominciare a ritirarsi da un mercato che è sempre meno tecnico e sempre più folle.

Mentre il modo migliore per ritirarsi dopo che la tendenza ha iniziato a essere sfavorevole?

Per ritirarsi nel modo migliore bisogna comunque essere tempestivi. Non troppo presto, per non essere ingannati dai falsi segnali, ma nemmeno troppo tardi per non subire perdite importanti. La regola deve essere quella di stabilire in anticipo la massima perdita al raggiungimento della quale chiudere il proprio investimento, indipendentemente dall'umore e dalle voci che si sentono in giro.

Non vi è niente di veramente nuovo sui mercati

Un principio che contrasta con tutta l'attività promozionale delle reti commerciali.

Dipende da come si guarda al problema. Un conto sono i prodotti finanziari, e in quel caso vi possono essere delle novità; ma un altro conto sono i principi di base di funzionamento di mercati e titoli, e quelli sono gli stessi da decenni e temo che rimarranno tali anche in futuro.

Perché lo temi?

Perché se le cose rimarranno così, sarà sempre necessaria una buona conoscenza dei mercati per potervi guadagnare. E saranno molti che vi perderanno del denaro perché vi operano senza conoscerli.

Certo vi è questo rischio. Ma spiegami perché è così difficile che vi sia qualcosa di nuovo sui mercati.

Per la natura stessa dei mercati che sono ciclici e che sono speculativi. Abbiamo già detto che i mercati finanziari nascono per la contrattazione a termine, cioè con la consegna delle merci ben dopo la conclusione dell'affare. Questo faceva sì che si potesse acquistare o vendere in anticipo senza sapere il quantitativo della merce complessivamente disponibile sul mercato. I primi mercati trattavano prodotti agricoli e quindi prima del raccolto non si poteva sapere quale sarebbe stata l'offerta complessiva. Questa peculiarità ha fatto sì che fin dall'origine i mercati a termine fossero mercati speculativi, cioè ambiti nei quali il futuro contava più del presente, ma su di esso si dovevano estrapolare delle previsioni. Ognuno quindi doveva avere una sua opinione, doveva avere un prezzo ideale diverso da tutti gli altri. Tuttavia, tutti guardavano emotivamente il prezzo di mercato ampliandone le fluttuazioni, invece che contenerle e provocando così le bolle speculative.

E i crolli quando le bolle scoppiavano...

Sì, purtroppo sì. Però poi le bolle si riformano regolarmente quando ritorna l'euforia, che attrae investitori non consapevoli.

Perché allora tutto ciò si ripete regolarmente?

Perché ogni volta, durante i momenti d'euforia, nasce l'illusione del denaro facile. Inoltre, l'euforia per un po' riesce a perdurare perché non si ha un riscontro immediato alle aspettative, poiché riguardano il futuro. Quindi non sembra esserci limite ai sogni di guadagno e si continua a comprare, anche a prezzi folli. Poi, a un certo punto si rompe tutto.

Come fare, allora, per non ricascarci?

Imparare dal passato, soprattutto. Imparare che quando vi è la corsa al mercato azionario, le cose iniziano a essere pericolose. Molto meglio quando tutti sono delusi dal crack precedente; in quei momenti c'è decisamente meno rischio.
Comunque, il fatto che le novità vere siano poche fa sì che si abbia tutto il tempo di studiare e di imparare. Gli insegnamenti vecchi di anni vanno ancora benissimo. Anzi, bisogna stare in guardia proprio da chi dice che è cambiato tutto, che ora le cose andranno in maniera differente.

La speculazione è linfa e veleno per i mercati

La speculazione è senz'altro un argomento difficile da trattare, perché, proprio come dici tu, se non ci fosse probabilmente non ci sarebbero i mercati, ma al tempo stesso può diventare molto pericolosa per i mercati stessi.

Hai perfettamente ragione. La speculazione rappresenta l'essenza stessa dei mercati finanziari, che sono perlopiù mercati che scambiano titoli rappresentativi di qualcos'altro: debito, capitale, valute, merci ecc.
Una delle funzioni per cui nascono e vengono mantenuti attivi i mercati finanziari è proprio quella di consentire già oggi gli scambi di beni in base quello che si riterrà essere il loro valore futuro. Pensa alle operazioni sui cambi: i mercati che consentono di scambiare oggi una valuta sulla base di ciò che il mercato stesso ritiene sarà il suo valore nel momento in cui

la valuta stessa sarà consegnata. Ma questo significa consentire che nel prezzo che viene fissato dai mercati sia contenuta una notevole parte di aspettative, di previsione, di speranza. Poter trattare oggi i prezzi futuri significa dare spazio alla speculazione. È un legame inscindibile.

Tuttavia a un certo punto arrivano gli eccessi...

Certamente, è successo tante volte e succederà ancora altrettante volte. E questo accade perché, a un certo punto, il fatto che il prezzo di un'attività finanziaria salga molto rapidamente genera l'aspettativa che ciò continuerà per un periodo di tempo a cui non si sa dare un termine. A quel punto i mercati iniziano a trattare non l'attività finanziaria, ma il suo prezzo. Non ci si preoccupa più che ci sia un vero legame tra il prezzo fissato dei mercati finanziari e il vero valore dell'attività finanziaria. Anzi si cerca nel valore reale una giustificazione al prezzo fissato dalla speculazione! Cioè si dà ragione *a priori* ai mercati finanziari e ci si stupisce di come ci sia qualcuno (sempre di meno, man mano che l'euforia diventa contagiosa) che sostiene che non vi è una corrispondenza tra il prezzo di Borsa e il prezzo reale dell'attività finanziaria.

Perché questo succede così spesso?

Perché del vero valore dell'attività finanziaria importa poco. L'obiettivo principale di chi investe non è capire qual è il vero valore di ciò su cui investe, ma piuttosto che il suo investimento produca guadagno. Per cui, in realtà, molti di quelli che comprano durante l'euforia non si pongono nemmeno il problema del vero valore di ciò che stanno comprando, ma sono interessati semplicemente a che l'attività finanziaria che acquistano li faccia guadagnare molto e in fretta. Si diventa miopi, in senso finanziario naturalmente, perché si pensa troppo al guadagno e poco ai rischi che si corrono. D'altra parte non si può non pensare al guadagno, altrimenti non si investirebbe.

Dunque l'alternarsi delle vicende legate alla speculazione continuerà finché ci saranno i mercati finanziari?

Non potrebbe essere altrimenti. Ma, ribadisco, è troppo comodo pensare alla speculazione solo come a qualcosa di negativo nei momenti in cui essa provoca danni, perché altre volte con essa si guadagna. Vorrei che i lettori si convincessero che la speculazione è un male necessario, oppure, se vuoi, è un bene pericoloso. La cosa importante è che la si concepisca come un elemento utile ma rischioso al tempo stesso. Se si capisce questo, si capiscono i mercati finanziari; tutto il resto è solo una serie di norme tecniche.

La speculazione si nutre di notizie, di ogni notizia

Qual è l'incidenza della stampa e dei media sull'andamento dei mercati finanziari e, soprattutto, sul verificarsi di certi eccessi?

La stampa, la TV e Internet hanno senz'altro un ruolo importante nel determinare l'andamento dei mercati finanziari, ma non bisogna nemmeno sopravvalutare il loro ruolo, perché se la speculazione crea bolle di prezzo non è per colpa dell'informazione. O meglio, non è solo per colpa dell'informazione, perché a volte anche i mass media cadono nell'emotività di cui abbiamo già spiegato la dannosità. Ed è un' emotività che viene trasmessa agli operatori e ai risparmiatori. Per esempio, i titoli dei giornali economici o degli inserti economici dei maggiori quotidiani, durante i periodi tranquilli di mercato, sono molto moderati e incentrati sulle singole vicende; ma quando inizia l'euforia, tipo quella del 1999, iniziano ad apparire i titoli come per esempio: "Ecco le azioni che hanno guadagnato il 10% in settimana!", oppure "Ecco le azioni che hanno raddoppiato quest'anno!". Il giornalista descrive un fatto di cronaca: è perfettamente vero che alcune azioni guadagnano il 10% in una sola settimana e che altre azioni possono vedere il loro valore raddoppiare in un solo anno. Tuttavia, chi legge solo affermazioni come queste non si pone il problema fondamentale, e cioè: per quanto tempo le azioni possono rendere il 10% in una sola settimana e raddoppiare in un solo anno? E soprattutto: che cosa succede quando la tendenza cambia?

Sì, durante i periodi di euforia forse l'informazione dovrebbe richiamare maggiormente l'attenzione anche sui rischi. Tuttavia, in quel periodo, un media, ossia un giornale, un canale televisivo, un sito Internet, che dia l'impressione di "menare gramo" perde rapidamente il consenso del pubblico.

Sì, me ne rendo conto. E mi rendo conto anche che questo non è un problema da poco, perché l'informazione è possibile solo se c'è qualcuno che la finanzia. E questo qualcuno è senz'altro il pubblico, in ultima analisi. Vuol dire allora che bisogna saper ricordare quali sono i rischi, evitando però di perdere le simpatie del pubblico. Qualcuno durante l'euforia ti snobberà, ma tanti a euforia finita ti ringrazieranno!

Forse sì. È una bella sfida! Però con l'impressione che quando dici che la speculazione si nutre di notizie intendi dire anche altro...

Certo. I mercati finanziari hanno bisogno dell'informazione non meno di quanto l'informazione abbia bisogno dei mercati finanziari. Probabilmente molto di più.

Spiegami questa tua affermazione.

Vedi, una cosa che pochi sanno è che i mercati finanziari, specialmente i mercati delle singole attività finanziarie, non sono ugualmente liquidi per tutto l'anno. Cioè, non vedono lo stesso interesse, lo stesso volume di scambi, in maniera costante nel tempo. E non sto parlando dei momenti di massimo interesse, cioè OPA, aumenti di capitale, notizie importanti. In quei momenti è ovvio che l'interesse sia superiore rispetto ad altri. Parlo proprio degli scambi di tutti i giorni. Pensaci: perché mai acquisteresti un'attività finanziaria?

È una domanda?

Sì.

Beh, un perché è quello per cui penso che il suo valore possa salire.

Appunto! E cosa fa salire il valore di un'attività finanziaria?

Vari fattori: notizie positive, studi ecc.

Fuochino! Quelle sono le pre-cause, cioè sono cose che fanno succedere altre cose. In realtà, il prezzo di un'attività sale non quando, come spesso si dice, arrivano i compratori, ma piuttosto quando questi sono disposti ad acquistarla a un prezzo maggiore che in precedenza. E sono disposti a farlo quando arrivano le notizie di cui tu parlavi. Ma allora capisci quant'è importante che ci siano le notizie per far cambiare il prezzo a cui gli scambi avvengono? E guarda che gli scambi avvengono soprattutto quando cambia la percezione generale del valore di un'attività finanziaria. Se tutti pensano che un titolo valga 100 e sui mercati viene quotato a 100, che senso ha comprarlo se non ci sono aspettative che il suo valore aumenti in futuro? Capisci? Compri se pensi che succederà qualcosa che lo faccia diventare un buon affare. Altrimenti non farai nulla. Ma, se tutti o quasi tutti non fanno nulla, va da sé che i mercati non si muovono. Quindi i mercati, per essere attivi, hanno un gran bisogno di novità. È grazie alle novità se essi sono vivaci, ricchi di partecipazione, in termini tecnici sono liquidi.

Quindi l'informazione, alimentando la speculazione, dà liquidità ai mercati?

Proprio così! Al punto che quando non vi sono informazioni spesso succede che qualcuno si inventi delle frottole che cerca poi di diffondere per cercare di alimentare l'attività. Ovviamente queste sono pratiche da condannare. Ma rappresentano anche una prova censurabile ma tangibile di quanto sia importante l'informazione per favorire l'attività sui mercati finanziari. Altrimenti a che cosa servirebbe scambiare ogni giorno tutti quei titoli?

Dunque l'industria dell'informazione è un bene per i mercati?

Certo, purché non esageri.

Ognuno ha il proprio investimento ideale

Più passa il tempo e più, purtroppo, si succedono gli scandali finanziari. Il risparmiatore si domanda: "Esiste davvero l'investimento ideale?"

La risposta è naturalmente affermativa! L'investimento ideale esiste, eccome! Solo che non è proprio quello che uno potrebbe sognare. Infatti, quali sarebbero le caratteristiche ideali di un'operazione finanziaria favolosa?

Beh, è facile dirlo: alto rendimento, bassi rischi.

Giusto! Alto rendimento e bassi rischi, non fa una piega! Ma il difficile viene adesso. Che cosa intendiamo per alto rendimento? O meglio, come lo quantifichiamo?

Diciamo guadagnare almeno il 20-30%?

Diciamolo pure, tanto il mercato offre queste opportunità.

Sì, ma a costo di un alto rischio.

Purtroppo sì! Il mercato non fa altro che pagare il rischio. Più si rischia, più si viene pagati e viceversa. Ma proviamo a ragionare in una maniera nuova. Se io ti dicessi che esiste un investimento che offre o può offrire il 30%, ti interesserebbe?

Sì, ma mi informerei anche sui rischi collegati a quell'investimento.

E faresti bene! Eppure, se in qualche modo riuscissi a gestire il rischio, la prospettiva ti attirerebbe?

Certo, ma qual è il modo per gestire il rischio?

Occorre fare due cose:

1. investire un importo decrescente mano mano che il rischio cresce;
2. più l'investimento è rischioso, più spesso devo interessarmi del suo andamento.

Quindi più rischio, meno investo e meno mi fido?

Sì, sostanzialmente sì.

D'accordo, ma non mi hai ancora detto qual è l'investimento ideale.

Non te l'ho detto ma te l'ho fatto capire. L'investimento ideale è quello che gestisce al meglio il rischio in modo da poter andare alla ricerca di rendimenti interessanti. Di conseguenza, è quello tagliato su misura per l'investitore, come un abito. Per cui l'ideale per chi è in grado di gestire il rischio può senz'altro essere la ricerca di buoni rendimenti. Per chi invece non riesce a gestirlo, è necessario accontentarsi ma dormire tranquillo. L'investimento ideale è quello che ti fa sentire sicuro anche nel caso in cui le cose vadano storte, senza dover ipotizzare che tutto vada al meglio per forza. Occorre diffidare sempre di quelle opportunità che sono remunerative solo in alcuni casi e in altri sono penalizzanti. L'adeguatezza dell'investimento si giudica da quello che succede nel caso peggiore, non in quello migliore.

Ma così scarterei quasi tutti i titoli azionari.

Non necessariamente, l'importante è investire la cifra adeguata. Se tu puoi permetterti di perdere non più di 500 euro, in un titolo che potenzialmente può farti perdere il 50% investirai non più di 1000 euro. Così, anche se il titolo di per sé è pericoloso, il tuo capitale rimane sotto controllo.

È più difficile chiudere un'operazione che aprirla

Un principio un po' sorprendente. Di solito si pensa che occorra coraggio per iniziare a fare trading, o, comunque, per iniziare un'operazione.

Il coraggio occorre, eccome! Ma più che coraggio direi convinzione, sicurezza di sé! Però l'evidenza dei fatti dimostra che è ancora più difficile chiudere un'operazione piuttosto che aprirla, sia quando le cose vanno bene sia quando vanno male.

Per quale motivo?

RICORDA!

Perché chiudere significa determinare in maniera definitiva il risultato dell'operazione, eliminare la possibilità di un esito maggiormente favorevole. A volte, quando le cose vanno bene non si vorrebbe chiudere mai perché si pensa di poter guadagnare molto, ma quanto esattamente non si sa! Ci si illude facilmente, specie quando i prezzi salgono molto rapidamente. Ma più violento è il movimento, più violenta è poi la correzione. Più in fretta si guadagna, più in fretta si perde! Si teme sempre di chiudere nel momento sbagliato, di precludersi una buona fetta del guadagno. Ma l'esperienza decennale degli operatori dimostra che è una paura non giustificata e ha coniato detti molto validi, come: "Vendi, guadagna e pentiti!", o "Pochi, maledetti e subito!", riferito ovviamente ai soldi. Il che significa che nell'incertezza è meglio chiudere, anche a costo di lasciare una parte del profitto.

E quando invece si perde?

Questo è il regno della credenza secondo la quale vendere vuol dire perdere. In realtà si perde non appena il prezzo di mercato scende al di sotto di quello d'acquisto. È vero che vendere impedisce di sfruttare una ripresa del prezzo, ma impedisce anche che la perdita aumenti. Anche in questo caso abbiamo un valido motto che dice: "Se stai sperando, stai già perdendo!"

CONSIGLIO

Dunque quando chiudere?

Quando lo dice il mercato, cioè quando la perdita diventa pari a quella massima programmata, il cosiddetto stop loss; oppure quando il profitto inizia a essere intaccato in misura pari a quella che si è programmata, lo stop profit. Il ritmo delle nostre operazioni deve essere dato dal mercato e non dalle nostre emozioni.

Più vuoi essere sofisticato, più hai bisogno di tempo

RICORDA!

Anche questa regola sembra ovvia, o per lo meno intuitiva. Sappiamo tutti che l'ingegno richiede tempo per essere applicato.

Sì, certo, purtroppo è così. Ma nel caso della finanza questo principio si spinge oltre e arriva a creare una sorta di contrapposizione tra il genio e la possibilità di applicarlo ai mercati.

Vi è una vecchia regola a Wall Street che dice che un individuo passa i primi dieci anni a imparare a conoscere i mercati e le corrette tecniche di trading, i successivi dieci anni a far soldi, e i dieci anni ancora successivi a gestire il proprio denaro per guadagnarne altro. Questo vuol dire che per arricchirsi con la finanza è necessario, per prima cosa, imparare a conoscerla, poi guadagnare con le operazioni semplici e solo successivamente si possono effettuare le operazioni più grandi e complesse.

Inizia a diventare interessante. Ma sembra comunque sempre abbastanza ovvio.

E lo è, o meglio così sembra, perché in realtà sono pochi quelli che riescono a fare tutto il percorso. Già conoscere la finanza è impresa non facile, senza un minimo di studio e di applicazione. Poi vi è la grossa selezione operata dal trading. Non tutti quelli che iniziano riescono a farlo diventare un'attività sistematica e fruttuosa. Infine, sono ancora meno quelli che riescono a guadagnare tanto da poter intraprendere operazioni finanziarie di alto livello. Il detto di Wall Street nasconde la dura legge della selezione.

In effetti non è che incoraggi a dedicarsi alla finanza.

Eppure suggerisce un concetto molto importante, che è quello di andare per gradi, anche se ciò richiede molto tempo. Non è necessario diventare dei superfinanzieri, è sufficiente arrivare a gestire il proprio denaro in maniera da avere un reddito aggiuntivo, piuttosto che una preoccupazione in più. Per poter fare questo prima occorre informarsi, poi partire dalle operazioni semplici, perché sono quelle che si comprendono meglio e permettono il controllo completo. E proprio questo è il segreto della finanza, vale a dire il controllo di ciò che si fa, la padronanza delle proprie azioni. Ecco perché le operazioni complesse richiedono più tempo: sono più lunghe da studiare, più lunghe da costruire, più difficili da controllare. Possiamo dire che questo principio è un invito a non illudersi di essere dei geni della finanza e a ricordare sempre che le operazioni complesse richiedono molto tempo e molto lavoro, sia prima sia durante il loro svolgimento. Chi le intraprende senza dedicarvi il giusto tempo corre un rischio eccessivo.

CONSIGLIO

Quindi investire deve diventare una sorta di professione.

Deve per lo meno cessare di essere una specie di scommessa, così come, purtroppo, è ancora per molti. Inoltre, dovrebbe diventare una delle abilità richieste a una persona adulta, così come la cura di se stesso e della propria famiglia. Tutte cose che, come sappiamo, non possono essere improvvisate. E poi, io credo, si dovrebbe imparare a essere più diffidenti, a chiedere più certezze a chi ci propone un investimento. A domandare innanzitutto che cosa succede se le cose vanno male, piuttosto che farsi entusiasmare da quello che accade se le cose vanno bene. Anche controllare più spesso l'andamento dei propri investimenti, soprattutto quando le cose vanno male, anche se la cosa è spiacevole. Infine, la cosa più importante: seguire le regole vincenti della finanza, anche e soprattutto quando le cose non vanno per il verso giusto.

Le cose senza valore: polvere, paglia e piume, salgono per prime e più facilmente

Sembra più un detto dei nostri nonni che una strategia finanziaria!

È sia l'una sia l'altra cosa. È un vecchio detto americano, apparentemente banale, a cui sta dietro una grande verità. Ed è talmente valido che rappresenta una delle regole che vengono abbondantemente usate a Wall Street.

A che cosa allude, dunque, questo proverbio?

Questo proverbio invita a una riflessione sul valore. Molto spesso ci si domanda qual è l'azione che salirà di più. La risposta è la più banale, e cioè è molto probabile che sia una di quelle che sono scese di più. Ma il motivo non è banale visto che va cercato nel ciclo del valore...

Ciclo del valore, mi sembra un'espressione nuova!

Sì, in effetti lo è. Anche se abbiamo già visto che la Borsa è un mercato ciclico, cioè non sale o scende in continuazione, ma alterna, con un certa regolarità, momenti di crescita a momenti di calo. Ormai sappiamo che il motivo è legato alla percezione del valore che in futuro avranno le società quotate. Se le prospettive economiche sono positive, ci si aspetta che le aziende vedano crescere i loro profitti e alla fine crescano anch'esse, aumentando di valore. La Borsa allora sale, ma sale prima che le aziende siano cresciute, sale cioè sulla semplice aspettativa che questo succeda. Lo stesso accade con i ribassi. A un certo punto ci si rende conto che la crescita economica è insostenibile, è esagerata, e allora si rivedono al ribasso le stime degli utili futuri delle aziende, molto spesso si pronosticano perdite e il prezzo delle azioni scende. Anche in questo caso ciò succede in Borsa prima che avvenga effettivamente sulle società. Quindi la Borsa non si nutre del vero valore delle aziende, ma del valore percepito, del valore atteso. Allora, quando le aziende vengono valutate al minor valore, cioè alla fine di un ribasso, è il momento giusto per comprare con la prospettiva dei guadagni maggiori.

Ma non c'è il rischio che alcune aziende falliscano?

Altroché! Però è anche il momento in cui i titoli di molte buone aziende vengono letteralmente svenduti ed è in genere quando i finanzieri d'assalto le acquistano per poi rivenderle in momenti migliori.

Quindi, concludendo, possiamo dire che il proverbio della sabbia, della paglia e delle piume ci invita a non essere superficiali o troppo pessimisti nei momenti bui di Borsa...

Proprio così. Ci insegna a comprare quando il valore apparentemente non c'è e ci anticipa che, quando poi tornerà, ne beneficeranno più abbondantemente le società che avevano sofferto di più. È una buona regola per fare gli affari migliori.

Mi sembra un po' rischiosa, ma mi piace!

Gli investitori folli a volte possono guadagnare, ma quelli saggi sanno quando è il momento di perdere

Un motto in apparenza un po' strano, come altri di questo programma. Si intuisce qualcosa di interessante, ma si fa fatica a focalizzarlo.

Il motto è centrato sulla differenza tra il fare consapevole e il fare inconsapevole. L'investitore folle, in maniera del tutto casuale, può anche mettere a segno una buona operazione. Però quando le cose iniziano ad andar male non ha un metodo per aiutarlo e rimane in balia di se stesso e del suo istinto, cioè della sua emotività. Questo perché, senza una base tecnica, la sua capacità di intuizione non può che basarsi su elementi inconsapevolmente emotivi tipo: "Sento puzza di bruciato!", oppure"Oggi sento che non va bene!", o anche "È iniziato un periodo sfortunato!"
Se poi è il suo consulente o una persona con cui si confida a spingerlo a compiere certe operazioni, il risultato cambia di poco: anziché dare la colpa all'istinto o alla sfortuna, se la prenderà con la persona di fiducia o ricorrerà nuovamente a essa, accumulando errori su errori.

CONSIGLIO

Invece l'investitore saggio come si comporta?

L'investitore saggio ha un metodo e quindi sa che le perdite fanno parte del gioco. E proprio perché ha un metodo, quando deve chiudere un'operazione con una piccola perdita ed evitare di gettare troppo denaro, è consapevole dell'importanza di questo tipo di strategia. È molto più tranquillo perché sente di avere la situazione sotto controllo e guarda i mercati senza perdere lucidità. Ribadisco il concetto: l'investitore folle agisce d'istinto o perché indotto da qualcuno, l'investitore saggio ha un metodo. Da questo concetto si intuisce facilmente il principio secondo cui chi investe senza un metodo è folle!

RICORDA!

Ma è davvero così difficile saper perdere?

È la cosa più difficile. Ed è anche la più importante quando si tratta di gestire una posizione. Saper perdere in maniera intelligente, quindi perdere poco e nel momento giusto, è un'abilità che riduce sensibilmente l'emotività legata all'investimento e lo fa diventare un'attività tecnica, razionale.
Non si può arrivare a guadagnare sistematicamente se non si impara a perdere, perché non si impara a proteggere il proprio capitale dalle perdite che prima o poi sicuramente arrivano. A quel punto, alle prime perdite diventate consistenti perché non interrotte in tempo, ci si scoraggia e si logora il proprio capitale. In questo modo non si dura a lungo sui mercati.

Il guadagno casuale può capitare a chiunque, il guadagno sistematico è solo di chi ha un metodo.

Ed è facile arrivare ad avere un metodo?

In teoria non è molto difficile, in pratica le cose sono un po' più complesse. Il problema è che si deve combattere la propria emotività, che è un nemico terribile perché è umano. In più si tratta di applicare un metodo nuovo nel quale si impara ad aver fiducia con il tempo, quindi durante il cammino si può facilmente incorrere nelle ricadute. In quest'opera di cambiamento è senz'altro favorito chi di perdite ne ha subite tante e non ha ancora perso la voglia di stare sui mercati. A quel punto è talmente stanco delle proprie esperienze passate che lo stimolo ad applicare un metodo nuovo è molto forte.

Meglio una sconfitta gratis che una vittoria a caro prezzo

Mi sembra piuttosto singolare come principio...

E lo è! Ma è semplicemente uno di quei tanti apparenti controsensi che sono utili per sopravvivere sui mercati finanziari.

D'accordo! Ma in che senso è meglio perdere gratis piuttosto che vincere a caro prezzo?

È un problema di mentalità. Innanzitutto questo principio fa riferimento alla semplicità che deve sempre guidare il modo in cui noi gestiamo le nostre operazioni. Bisogna sempre preferire la maniera più semplice di raggiungere un risultato, lasciando da parte tutti i piaceri psicologici legati al raggiungimento dei traguardi difficili.
La finanza non è uno sport estremo, è semplicemente una gara in cui bisogna vincere sempre! Ma per vincere sempre devi riuscire a trovare il maggior numero di volte possibile l'avversario più facile, non il più difficile! Non occorre essere virtuosi, occorre essere costanti. Dunque chi ha imparato a sopravvivere sui mercati finanziari ha imparato anche a far a meno delle complicazioni inutili. Oltretutto, poi, le complicazioni rendono più difficili le scelte, dunque meno tempestive, ma sappiamo che in finanza il tempo è denaro. Pertanto possiamo dire con molta tranquillità che la complicazione è un ostacolo che va aggirato tutte le volte che è possibile farlo.

E come si fa a essere costanti sui mercati finanziari?

Occorre innanzitutto liberarsi della voglia di aver ragione a tutti i costi, nemico spesso subdolo che nella vita ci costa diversi errori e a volte anche delle sofferenze. Che cosa intendo dire? Quante volte ci siamo ostinati a perseguire una strada anche dopo che ci siamo resi conto che non era la migliore o la più semplice o la più conveniente, semplicemente per il fatto di non ammettere a noi stessi che non avevamo preso la decisione giusta, che non siamo stati sufficientemente furbi, che si poteva trovare una maniera migliore di fare la stessa cosa. Ora proietta tutto ciò sui mercati finanziari.

Immagina un investitore che acquista un titolo azionario. Dopo un po'quel titolo inizia a perdere valore, ma l'investitore non lo vende subito, anche se ciò comporta solo una piccola perdita, perché questo equivarrebbe ad ammettere di aver sbagliato. Pertanto detiene il titolo, lo vede calare ulteriormente, si arrabbia e si mortifica sempre di più, fino a quando, quasi per magia, il titolo ricomincia a salire e, supponiamo dopo un anno, è possibile rivenderlo ottenendo un piccolo utile, diciamo pari al rendimento dei BoT nello stesso periodo. Questo è un modo efficiente di aver investito il proprio denaro?

Beh, tutto sommato, un piccolo risultato l'ha ottenuto...

Invece è un pessimo risultato. Perché se il nostro investitore avesse impiegato direttamente il suo denaro nei BoT avrebbe ottenuto lo stesso guadagno, ma con molto meno rischio e meno sofferenza. Quindi possiamo dire che il nostro investitore, pur di non ammettere di aver sbagliato, si è comportato in maniera inefficiente, cioè ha ottenuto un risultato non nella maniera migliore. Il tutto per una questione di principio! Con questo semplice esempio abbiamo spiegato come in finanza bisogna imparare alla svelta a lasciar perdere le questioni di principio.

Quindi, se ho ben capito, bisogna imparare a liberarsi da paradigmi quali la vittoria e la sconfitta, per imparare ad aggrapparsi maggiormente ad altri concetti quali il costo, il ricavo, l'utile, la perdita, che sono decisamente più materiali. È così?

Si, è proprio così! Bisogna imparare a essere molto più cinici e molto meno emotivi. In finanza una sconfitta che non costa nulla non è affatto una sconfitta. Una vittoria che costa cara non è poi una gran vittoria. L'unica vittoria che conta è rappresentata dal proprio patrimonio che si incrementa. Se si perdono soldi è sempre una sconfitta!

La propensione al rischio non è propensione all'investimento

La propensione al rischio non è propensione all'investimento, ma ne fa parte, la condiziona, giusto?

Giusto, la propensione al rischio condiziona la propensione all'investimento. Tuttavia, quello della propensione al rischio rappresenta un concetto più legato alla sfera psicologica e a quella comportamentale, mentre la propensione all'investimento è solo una delle dimensioni della propensione al rischio stessa e da essa è condizionata.

RICORDA!

Quali sono, allora, le altre dimensioni della propensione al rischio?

Un altro importante aspetto è legato a situazioni economiche quali:

1. Disponibilità finanziarie liquide e non.
2. Reddito personale e della famiglia.
3. Debiti personali e della famiglia.
4. Progetti di acquisti e di investimenti, anche al di fuori della finanza: automobile, casa, beni e strumenti di lavoro ecc.
5. Rischi da coprire: infortuni, invalidità, danni alla propria casa, alla propria azienda e altri.
6. Presenza di altri impegni finanziari: garanzie prestate, amici da aiutare, rapporti affettivi vari, impegno sociale e così via.

Queste situazioni condizionano sia la propensione al rischio sia quella all'investimento. Tuttavia, la propensione al rischio influenza anche altri aspetti della vita oltre agli investimenti, come per esempio la professione che si sceglie, gli impegni che si prendono ecc.
Il nostro rapporto con il rischio condiziona il modo in cui viviamo la vita. L'investimento è solo una delle nostre attività.

Ci sono però anche elementi di tipo psicologico.

Certamente! Una componente fondamentale della propensione al rischio è l'atteggiamento di base verso gli eventi rischiosi. Tutti sanno che ci sono persone a cui il rischio pesa meno di altre. Alcuni individui lo amano addirittura, perché lo trovano eccitante. Tuttavia, pochi ancora sanno che questo atteggiamento non è dato una volta per tutte ma varia nel tempo.

RICORDA!

Varia in base a cosa?

Varia, in ambito finanziario, fondamentalmente in base:

1. Alla situazione patrimoniale.
2. Alla situazione reddituale.
3. All'età.
4. Alla situazione sociale.
5. E naturalmente all'esperienza finanziaria.

Quindi si può dire che il carattere dell'investitore cambia?

Certo che cambia, e anche più di quanto si pensi! Di fatto, la finanza, come ogni altro ambito importante a cui ci dedichiamo, ci cambia e molto più di quanto ci rendiamo conto. La finanza è uno dei contesti in cui si forma la nostra esperienza personale, quindi ci regala gioie e dolori, se vogliamo dirla in termini comuni, o esperienze, per usare un termine più legato alla psicologia. Tutto ciò contribuisce a formare il nostro vissuto e dunque ci condiziona. Noi cresciamo nel nostro rapporto con la finanza come in quello con le altre cose della vita. Però la finanza è uno degli ambiti più rischiosi della vita, perché gli errori costano molto cari. Quindi occorrerebbe, come abbiamo già detto, una maggiore educazione già a livello scolastico, come in tutte quelle discipline nelle quali gli errori comportano costi intollerabili socialmente.

Come si modifica il rapporto dell'investitore con la finanza?

Il rapporto con la finanza è sempre, purtroppo, minacciato dalle emozioni. Negli anni dei boom borsistici sono stati in molti a credere che la finanza ci poteva rendere ricchi in poco tempo e senza grossi sforzi. Così come durante le crisi sono in troppi a perdere cifre considerevoli e a giurare a se stessi di non ricaderci più, salvo poi ricaderci davvero in occasione dell'euforia successiva.

Come mai ciò avviene?

Avviene perché investire significa compiere un'azione attendendosi da essa degli effetti che si verificano non immediatamente ma dopo un certo lasso di tempo. Quindi, una decisione del genere si prende non in base a delle certezze, ma piuttosto a delle aspettative, a delle attese ragionevoli. Dunque il meccanismo di selezione dell'investimento fin dall'inizio ci costringe a formulare delle ipotesi, attività già rischiosa di per sé, perché esiste la probabilità di errore anche se viene condotta in maniera scientifica. Quando poi su questo meccanismo delicato si innesta l'emotività, cioè l'ottimismo o il pessimismo, ecco che gli errori si amplificano. Comunque, in questo errore cadono anche gli addetti ai lavori, solo che essi hanno comunque un metodo per effettuare i loro investimenti, dunque riescono quasi sempre a controllare gli errori e a limitare i danni.

Hai detto "quasi" sempre?

Ho detto proprio quasi sempre, perché vi è una parte di addetti ai lavori, piccola per fortuna, che si fa sopraffare dall'emotività e non riesce a limitare i danni provocati dai propri errori.

Dunque anche gli esperti piangono…

Piangono più di quanto riescano a far capire con i loro sorrisi di circostanza e con i loro "l'avevo detto!", sempre di circostanza. Piangono perché a volte perdono, oltre ai soldi, anche il posto di lavoro e la reputazione.

CONSIGLIO

Qual è la lezione che scaturisce da questo principio?

È l'ennesimo invito all'umiltà, all'attenzione e al mettersi in discussione più spesso di quanto si faccia normalmente. Questo non significa riflettere troppo prima di agire, perché in questo modo si perderebbero molte delle occasioni che i mercati offrono. Significa invece imparare un metodo per riconoscere rapidamente le occasioni, significa verificare di frequente l'andamento dei propri investimenti e significa imparare dai propri errori analizzandoli, senza prendersela con il mondo.
Il tutto richiede un grosso sforzo di informazione e di autodisciplina, ma il patrimonio ne trae un grande beneficio.

Un nuovo modello di consulenza

A questo punto mi sembra doveroso parlare di consulenza. Qual è l'opinione sul livello attuale della consulenza che viene offerta in Italia ai risparmiatori?

A mio giudizio il livello medio non è elevato e in alcuni casi è insufficiente. La rivoluzione organizzativa che è avvenuta nel mondo bancario, a mio giudizio, ha ridotto la professionalità del personale addetto agli investimenti dei clienti. Un tempo vi erano molti addetti di borsino che in Borsa vi erano stati davvero. Ora vi sono molti giovani a cui non si è fatto in tempo a fornire, o non si è ritenuto necessario fornire, il giusto livello di preparazione. Ormai non è più un segreto che la stragrande maggioranza del tempo dedicato alla formazione del personale che ha rapporti con la clientela viene impiegato per la formazione commerciale, più che quella tecnica. Nel frattempo però i mercati finanziari diventano sempre più veloci e complessi. Dunque vi è spesso un controsenso di base già nelle scelte che riguardano il personale. Vi sono però anche tanti operatori responsabili che colmano da soli le lacune che ritengono di avere, acquistando libri e giornali specializzati o, addirittura, pagandosi di tasca propria la formazione tecnica. Sono senz'altro personaggi lodevoli.

E per quanto riguarda i promotori finanziari?

In questo caso direi che il livello medio è decisamente più elevato. Innanzitutto i promotori finanziari, prima di diventare tali, devono superare un esame tecnico nazionale. Poi sono dei veri e propri imprenditori, ai quali non piace certo rischiare di fare brutta figura di fronte al cliente. Naturalmente vi sono stati promotori non adeguati al loro ruolo, specie negli anni dei vari boom. Ma molti di loro si sono poi ritirati dal mercato. Tuttavia, anche nel caso di promotori finanziari, purtroppo mi risulta che la maggior parte del tempo trascorso in aula di formazione sia dedicato alle materie commerciali, più che a quelle tecniche.

Perché questa sproporzione tra tempo dedicato alla formazione commerciale e tempo dedicato alla formazione tecnica?

Perché molte istituzioni finanziarie sono convinte che la cosa più importante sia vendere i loro prodotti finanziari, e per fare ciò sono convinte che la cosa più importante sia la tecnica commerciale. A mio giudizio sono entrambe due convinzioni sbagliate.

Spiegami perché.

Cominciamo dall'inizio. Qual è l'elemento più importante di un rapporto di consulenza, secondo te?

Direi la fiducia e la competenza.

E dici bene. Ma che cosa è più importante, la fiducia o la competenza?

Secondo me è la competenza. Come fai a fidarti di una persona che reputi incompetente?

Bravissima! Non ci faremmo mai mettere le mani addosso da un chirurgo che non sa dov'è la milza! E non andremo mai da un avvocato che non sa che cos'è la carta bollata. La stessa cosa vale per la finanza. Non è importante quanto sei bravo a vendere, è importante quanto capisci di mercati e di investimenti. Se ne capisci, i clienti si fidano e la vendita diventa più semplice e veramente utile per il cliente. Se non ne capisci, rischi di vendere prodotti inadeguati alle esigenze del cliente, combinando guai anziché aiutarlo a fare i propri interessi.

Allora perché si punta così tanto sulle tecniche e commerciali?

Per diversi motivi, ma il principale credo che sia il timore che, anziché pensare a promuovere i prodotti finanziari dell'azienda, l'operatore si diletti a fare il gestore.

Ma essere competenti non significa automaticamente voler fare i gestori...

Infatti. Probabilmente questo non è stato ancora ben capito da tutti.

Che cosa pensi dei consulenti indipendenti, i cosiddetti "fee only"?

Per ora l'offerta è limitata e, a mio giudizio, di qualità non del tutto adeguata. Qui il rischio è che ci si possa improvvisare consulenti, senza prima avere avuto un minimo di esperienza bancaria. E poi manca ancora una normativa che regoli con precisione il settore. Siamo ancora nell'epoca pionieristica.

Come dovrebbe essere, per te, il consulente ideale?

Il consulente è colui che aiuta a decidere. Pertanto non può che essere una persona preparata a capire i mercati, ma anche e soprattutto i clienti e le loro esigenze. Quest'ultima abilità è senz'altro la più delicata, perché presuppone una buona attitudine ai rapporti umani, anche se professionali. Sappiamo che, come abbiamo visto prima, la propensione al rischio e, in generale, le esigenze di investimento variano da persona a persona. E non sempre sono del tutto chiare al cliente stesso! Pertanto, il cliente non va solo seguito, ma va anche educato, va informato, occorre fornirgli tutti gli elementi, anche psicologici, affinché possa decidere correttamente. La formazione per quest'ultimo tipo di attività ancora non viene effettuata, ma sarà sempre di più l'attività vincente, specialmente dopo gli ultimi scandali finanziari che hanno minato seriamente la fiducia dell'investitore medio nei confronti delle istituzioni finanziarie.

E un consulente del genere sarebbe ancora un buon venditore dei prodotti finanziari della sua azienda?

Altroché, sarebbe un ottimo venditore! Godrebbe infatti della piena fiducia dei propri clienti, saprebbe davvero indicare loro il prodotto migliore e sarebbe anche in grado di fornire alla sua direzione delle indicazioni per allestire i prodotti migliori a soddisfare le esigenze di mercato in quel momento.
Io non ho nulla in contrario alla vendita dei prodotti finanziari, anzi! L'importante è che il rapporto di consulenza miri all'eccellenza e che i prodotti siano della massima qualità possibile. Queste cose si fanno già in altri campi, pensa per esempio alle assicurazioni: un buon assicuratore sa venderti la polizza migliore per soddisfare le tue esigenze. Il prodotto spesso è costoso, però risolve i tuoi problemi e dunque ti consente di vivere con lo stato d'animo giusto.

... la serenità.

Appunto! Ti sembra poco?

Appendice

I 10 concetti più importanti

Al termine della lettura del libro possiamo riassumere i 10 concetti più importanti, per aiutare il lettore a fissarli nella sua mente.

1. Per operare con successo nei mercati finanziari non è necessario sapere molte cose, ma occorre conoscere bene poche cose.
2. I mercati finanziari producono prezzi di tipo speculativo, cioè basati su ipotesi riguardanti il futuro valore delle attività scambiate, che non è determinabile con certezza, ma solo approssimabile in base alle informazioni del momento e a ipotesi sul futuro. Per questo motivo si verificano le oscillazioni di prezzo.
3. Occorre controllare regolarmente l'andamento del prezzo di qualsiasi attività finanziaria in cui si è investito. Sono pochissime, infatti, le tipologie di investimento che producono risultati positivi in qualunque situazione e sono perlopiù quelle che offrono i rendimenti più bassi.
4. Nei mercati finanziari il rischio e le opportunità sono inscindibili. Pertanto, ogni investimento che non offra protezione del capitale può produrre delle perdite e ogni investimento che protegga il capitale comporta un costo.
5. Nei prodotti di investimento bancari esiste sempre un conflitto di interessi, che va conosciuto per poter giudicare l'adeguatezza dell'offerta alle proprie esigenze.
6. L'informazione finanziaria tende a essere influenzata dall'andamento dei mercati esattamente come accade agli operatori. Dunque non sempre è possibile accedere ad analisi e commenti obiettivi.
7. L'aspetto fiscale dei propri investimenti va gestito come quello della propria attività lavorativa, in quanto è possibile compensare i crediti derivanti dalle perdite con l'imponibile derivante dai profitti.
8. Occorre sempre valutare attentamente l'orizzonte temporale ottimale di ciascuna forma di investimento, in particolare nel caso dei fondi pensione e dei prodotti assicurativi. Non tutti gli investimenti sono facilmente liquidabili. Inoltre i grandi guadagni richiedono tempo.

9. Il risparmio gestito non riesce sempre a offrire i risultati attesi, pertanto va trattato come qualsiasi altra forma di investimento: occorre verificarne periodicamente la validità.
10. Bisognerebbe evitare di investire in attività finanziarie di cui non si sono ben capite le caratteristiche. Non bisognerebbe mai decidere di investire solo perché il rendimento atteso del proprio investimento sembra essere particolarmente invitante.

Bibliografia

Caparrelli F., *Economia del mercato mobiliare*, McGraw-Hill, Milano 2004.

Fabozzi F.J., *Bond markets, analysis and strategies*, Prentice Hall, Londra 2000.

Galbraith J.K., *Il grande crollo*, Bollati Boringhieri, Torino 1991.

Galimberti F., Paolazzi L., *Economia Politica*, Le Monnier, Firenze 2000.

Graham B., *The intelligent investor*, Collins, New York 2006.

Hirsch J.A., Hirsch Y., *Stock Trader's Almanac 2015*, Wiley, Hoboken (NJ) 2015.

Hull J., *Introduzione ai mercati dei futures e delle opzioni*, Il Sole 24 Ore, Milano 1995.

Malkiel B.G., *A zonzo per Wall Street*, Sperling & Kupfer Editori, Milano 1999.

Rubinstein M., *Derivati*, Il Sole 24 Ore, Milano 1999.

Savona P., *Politica economica e new economy*, McGraw-Hill, Milano 2002.

Siegel J.J., *Rendimenti finanziari e strategie d'investimento*, Il Mulino, Bologna 2003.

Soros G., *L'alchimia della finanza*, Ponte alle Grazie, Firenze 1995.

Tamburini F., *Storie di Borsa quotidiana*, Il Sole 24 Ore, Milano 2008.